A CRITICAL CONCORDANCE
TO THE
LETTER OF PAUL TO THE PHILIPPIANS

A CRITICAL CONCORDANCE
TO THE
LETTER OF PAUL TO THE PHILIPPIANS

THE COMPUTER BIBLE
Volume XXIII

by

A. Q. Morton

S. Michaelson

J. David Thompson

BIBLICAL RESEARCH ASSOCIATES INC.

J. Arthur Baird

David Noel Freedman

Editors

CONTENTS

		Page
I.	WORD COUNT: REVERSE INDEX	1
II.	WORD COUNT: FORWARD INDEX	5
III.	WORD COUNT: WORDS CLASSIFIED BY FREQUENCY BEFORE FORWARD INDEXING	9
IV.	FREQUENCY PROFILE	13
V.	FORWARD CONCORDANCE	15
VI.	REVERSE CONCORDANCE	55

TECHNICAL DATA

This Greek volume was made possible by the development of a set of computer programs which convert the encoded forms of the Latin characters as they exist on magnetic tape into matrices of dots which, when sent to a dot matrix plotter, result in the Greek lines reproduced here. The use of the dot matrix plotter (a Versatec D900A) allows a great deal of flexibility in altering the character font, adjusting the line format and the size and density of the characters, which conventional computer printers do not. Its use is also inexpensive compared to the costs of having a character font designed and cast in the kind of type used by most computer printing machines. Its primary drawback, and a relatively small one, is that a greater amount of computer processing is required to generate the plot matrix than to drive a conventional computer printer. It is also slower than an average computer printer.

The plot matrices were generated on a Honeywell 6080 computer with Extended Instruction Set (EIS) from the tapes written by the concordance programs. The matrices for the characters were coded into the program and each assigned a width based on the size of the character it contained, thereby preventing consecutive narrow characters from being surrounded by a large amount of space while wider characters are more closely spaced. These character matrices were then merged together in the same order as the Latin characters on the concordance tape and written to a plot driver tape.

This plot driver tape was fed into a Texas Instruments 980B mini-computer to which the Versatec plotter is connected. The merged matrices plotted on the Versatec generated what you see reproduced in this volume. The plot driver tape generation program is reasonably flexible and can be adjusted to print lines in many formats and character sets.

J. David Thompson

INTRODUCTION

The Computer Bible is a long range project consisting of a series of critical concordances of all portions of the Bible. These are being produced by a varied group of scholars in different parts of the world, and will be published as they are completed.

There are three levels at which concordances are being produced. The first is the standard key-word-in-context concordance, which is primarily a reference tool. In this situation, the concordance is secondary to the biblical text which is the primary source of study. A second level concordance, on the other hand, is not only a reference aid, but represents a new kind of research tool where the concordance itself becomes a source of primary data along with the original text. It is in the study of the concordance itself that patterns appear revealing new types of information about the original text. The second level concordance is set up to deal with critical problems of what has been called "Lower Criticism," matters of language, text, morphology, grammar and syntax. Then there is a third level at which one can produce concordances, and we shall call this the level of "Content Analysis." Such a concordance deals with problems of form, source, audience, editor and the like, and with the literary content of the material. As the concordance reveals various patterns of correlation, so does it function as primary data for research parallel to the original text or its translation. The Critical Concordance to the Synoptic Gospels, Vol. I of this series, is such a concordance. At each succeeding level, new types of data appear, revealing what is often totally new information about the Bible.

This present volume is a second-level concordance. The computer program which produced it is a sophisticated one. Its conception and development started with Mr. P. Bratley of the English Language and Computer Science Departments of the University of Edinburgh whose program produced concordances for the Dictionary of the Older Scottish Tongue following the initiative of its editor, Mr. A. J. Aitken. Around this program and its ideas was written the COCOA concordance program by Dr. J. Howlett of the Science Research Council Atlas Computer Laboratory at Chilton. Dr. D. B. Russell produced the first version of the program and the concordance of the Homeric Poems, and Mrs. E. M. Gill did the first work on the New Testament. The project was then transferred to Edinburgh Regional Computing Center and adapted further by W. Aitken and by Neil Hamilton-Smith on whom the major responsibility has fallen. Always associated with the work have been Professor Sidney Michaelson and Rev. A. Q. Morton of the Department of Computer Science of the University of Edinburgh. The Greek text of the concordance is based upon the Greek New Testament edited by Aland, Black, Metzger and Wikgren, London and New York, 1968. From its early stages, the British team has worked in close cooperation with the American Biblical Research Associates and it is through this association that the present volume has now reached publication.

USING THE CONCORDANCE

A Concordance such as this is a sophisticated research tool, and needs some explanation in order to be used effectively. The thing to remember is that this is most creatively employed as primary data alongside the original text. It is not just a reference tool. The arrangement of the material is such as to open the possibility that the concordance itself will reveal new types of information. This introduction will try to suggest possible types of new data; but experience has shown that the most creative discoveries are usually inadvertent, and take the researcher quite by surprise. The best way to use such a concordance, therefore, is with a completely open mind. The present volume is divided into six parts, each arranging material in different ways for different kinds of study.

PART ONE is a REVERSE INDEX AND WORD COUNT. All the words in the gospel are arranged alphabetically according to the last letters in the word, working from right to left. Beside each word is then listed the number of occurrences of that word. This reverse indexing brings together person, gender, number, case, tense and mood endings for many types of morphological study. For example, one might detect here some tense peculiarities that would point to the Greek or Hebrew origins of the basic material, the author or possible redactors.

PART TWO is a FORWARD INDEX AND WORD COUNT of all the words in the gospel, alphabetically arranged and giving the number of occurrences of each word. This facilitates the location of the frequency of any word, and also brings various word roots together for comparison. It gives us a more detailed picture of the verbal habits of the author or authors and a quick summary of the language character of the book. This is especially useful for comparison with other sections of the Bible.

PART THREE is a WORD FREQUENCY LIST arranged according to descending numerical occurrence. This enables us to know how often each word occurs in each of its forms. For example, we see that *kai* occurs 107 times. By combining this data with the figures in the frequency profiles, one can see that *kai* comprises 6.6% of the total word count of Philippians, another possible indication of authorship. This kind of data can be obtained from Moulton and Geden, but the present concordance will speed up such research enormously.

PART FOUR is a FREQUENCY PROFILE, containing no words, but rather six columns of figures. The first column gives the number of occurrences of the group of words in the text, starting with the once occurring words, of which there are 492, then the words which occur twice, of which there are 71, and so on until it records that the word *kai* occurs 107 times. The second column records how many words are in the class defined by column one: thus there are 492 words which occur only once, 9 which occur five times, two which occur 16 times and so on. Columns three and four contain a running continuous count of the number or words listed so far, so that there are 563 words listed once or twice on 604 separate occasions (column four). Columns five and six give a running and cumulative percentage frequency total. For example, in line one, if you divide the number of different words occurring only once (492) by the total number of different words in Philippians (673), the percentage figure is 73.11% (column five). If one divides the total number of once-only words (492) by the total number of all words every time used in Philippians (1623), the percentage figure is 30.31% (column six). Remember that in line two and succeeding lines, the figures, and so the percentages, are cumulative.

PART FIVE is a FOREWARD KEY WORD IN CONTEXT CONCORDANCE. Its unique feature is that it is "context sorted." Most concordances list key words and provide context for them in the order they would be met in reading the text. In the present concordance, all occurrences of a key word appear together, and are additionally sorted by their context. Thus, the occurrences of each word appear in the dictionary order of the context following the word. This type of sorting brings out all similar structures grammatical and linguistic, which are not readily apparent in the more usual concordance. The main feature of what the computer has done here is the way the key word, and the words and phrases of the context are arranged immediately and symmetrically under each other. This increases enormously the facility and speed of locating patterns of word usage, style, syntax, etc. that should say something about subject matter, author, redactor, or the particular age and milieu out of which the material emerged. These patterns stand out brilliantly, and immediately call attention to themselves.

PART SIX is a REVERSE KEY WORD IN CONTEXT CONCORDANCE. Here the key words are alphabetized from right to left, and the order for each key word is the context to its left, sorted first by the last letter of the preceding word, then the second from last and so on. The chief function of such an arrangement is to reveal in depth and detail the morphological habits of the author. The patterns visible in this way could also point to editorial emphasis or even theological stress for example in the use of the imperative as compared to the indicative or subjective moods. Since these are new tools, one can only conjecture the kinds of conclusions that will be drawn from their use. One thing is probable: they will be drawn from new evidence seen here for the first time.

One limitation needs to be mentioned. The Greek text on computer tape used to generate this concordance does not provide rough breathing marks. There is, therefore, no way to distinguish words that are otherwise identical. This is normally no problem, but in the frequency profile, some of the statistics need to be modified for rough breathing words.

Now what use can be made of this data? To begin with, these figures form the necessary control base for any percentage ratios one may wish to derive from Philippians. For example, if one wanted to know what percentage of words in Philippians are *hapax legomenoi* (once only), one needs to know not only the total number of such words (492), but also the total number of different words in Philippians (673). With such a numerical base, one could then go on to calculate the percentage of times any word or phrase occurred in Philippians, and then compare this with such a percentage in another book. Or one might wish to determine the relative weight a certain syntactical situation had in Philippians in comparison to some other text. In this case, one would need the complete word total (1623) as the base for his percentage. This then enables the researcher to make observations about the character of this book which are exact rather than impressionistic, and to compare Philippians with other works in an objective, empirical fashion, along with whatever other ways one might wish to make comparisons. These frequency profiles are also very useful for determining authorship patterns, and so can be most useful for Source and Redaction criticism.

PART I
WORD COUNT
REVERSE INDEX

WORD COUNT: REVERSE INDEX.

α	1	οιδα	4	ελπιδα	1
απεκδεχομεθα	1	πεποιθα	1	δικαια	1
απολογια	1	λειτουργια	1	δια	11
καρδια	1	επιγεια	1	αληθεια	1
ατωλεια	1	μνεια	1	κοιλια	1
μια	1	ουδεμια	1	κοινωνια	2
εκκλησια	1	παρρησια	1	θυσια	1
απουσια	1	παρουσια	1	σκυβαλα	1
αλλα	12	υστερημα	1	ευφημα	1
καυχημα	2	δομα	1	ονομα	2
πολιτευμα	1	αμωμα	1	σωμα	1
αγνα	1	ουδενα	1	ινα	12
ατινα	1	τεκνα	1	σεμνα	1
σπλαγχνα	1	αγωνα	1	δοξα	2
παρα	1	χαρα	1	σωτηρα	1
εκοπιασα	1	πασα	1	ισα	1
οσα	6	γλωσσα	1	υπερεχουσα	1
τα	19	κατα	8	νοηματα	1
αιτηματα	1	ονοματα	1	μετα	6
παντα	8	πλεοναζοντα	1	διαφεροντα	1
μαλιστα	1	αυτα	1	ταυτα	3
επεμψα	1	μενουνγε	1	συζυγε	1
δε	27	μηδε	1	οιδε	1
ασπασασθε	1	κατεργαζεσθε	1	λογιζεσθε	1
φαινεσθε	1	γινεσθε	1	πολιτευεσθε	1
προσδεχεσθε	1	γενησθε	1	ηκαιρεισθε	1
γνησιε	1	με	3	εμε	3
σε	1	τε	1	οιδοτε	1
μεριμνατε	1	εποιησατε	1	ηκουσατε	2
υπηκουσατε	1	πληρωσατε	1	επεμψατε	1
παρελαβετε	1	ειδετε	2	εμαθετε	1
στηκετε	2	γινωσκετε	1	ανεθαλετε	1
βλεπετε	3	χαιρετε	4	συγχαιρετε	1
πρασσετε	1	ακουετε	1	εχετε	2
ητε	1	φρονητε	1	χαρητε	1
ειτε	6	ποιειτε	1	φρονειτε	2
εφρονειτε	1	σκοπειτε	1	οτε	1
ποτε	1	παντοτε	4	ωστε	3
η	9	ηδη	3	επειδη	1
κερδη	1	αληθη	1	εχαρισθη	1
θεσσαλονικη	1	προσφιλη	1	μη	6
περιτομη	2	ειρηνη	2	ταπεινοφροσυνη	1
αισχυνη	1	δοξη	1	αγαπη	1
παση	4	αναπληρωση	1	τη	16
αρετη	1	περισσευη	2	μορφη	1
αρχη	1	προσευχη	1	ψυχη	2
καμψη	1	καθ	1	μεθ	1
δυνασθαι	1	χορταζεσθαι	1	γενεσθαι	1
υστερεισθαι	1	ταπεινουσθαι	1	και	107
ηγημαι	1	μεμνημαι	1	κειμαι	1
σπενδομαι	1	λογιζομαι	1	βουλομαι	1
αισχυνθησομαι	1	χαρησομαι	1	αιρησομαι	1
ελευσομαι	1	συνεχομαι	1	προσευχομαι	1
ηγουμαι	2	τετελειωμαι	1	πεπληρωμαι	1
ναι	1	πεποιθεναι	1	κατειληφεναι	1
ειναι	4	γνωναι	1	υποταξαι	1
αναλυσαι	1	καταγγελλεται	1	αποβησεται	1
εξομολογησεται	1	μεγαλυνθησεται	1	συμμιμηται	1
ασπαζονται	2	εσται	1	πεμψαι	3
δι	3	ει	13	δοκει	1

1

προφασει	1	επιτελεσει	1	δεησει	2
αισθησει	1	μεριμνησει	1	φρουρησει	1
μετασχηματισει	1	βεβαιωσει	1	επιγνωσει	1
πληρωσει	1	πιστει	2	υπαρχει	1
θλιψει	1	αποκαλυψει	1	σαρκι	5
ειμι	1	ενι	1	μηδενι	1
ουδενι	1	οι	8	ακεραιοι	1
αγιοι	1	τελειοι	1	φιλιππησιοι	1
πολλοι	1	δουλοι	1	μοι	7
εμοι	10	οικτιρμοι	1	οιομενοι	1
πτυρομενοι	1	ηγουμενοι	1	πεπληρωμενοι	1
καυχωμενοι	1	μονοι	1	απροσκοποι	1
οσοι	1	επιποθητοι	1	αγαπητοι	3
αμεμπτοι	1	εκαστοι	1	αδελφοι	7
συμψυχοι	1	επι	5	περι	4
πατρι	2	αχρι	2	μεχρι	2
τι	4	σχηματι	1	ονοματι	1
πνευματι	2	ομοιωματι	1	σωματι	2
ετι	1	παντι	3	ενδυναμουντι	1
οτι	21	διοτι	1	εκ	6
ουκ	4	ισραηλ	1	αλλ	2
αν	1	απολογιαν	1	ευοδιαν	1
ενεργειαν	1	εριθειαν	1	χρειαν	2
αποκαραδοκιαν	1	ευδοκιαν	1	ζημιαν	2
επιθυμιαν	1	κοινωνιαν	1	κενοδοξιαν	1
σωτηριαν	2	εκκλησιαν	1	θυσιαν	1
τολμαν	1	πειναν	1	δοξαν	2
παν	2	χαραν	2	ημεραν	2
πασαν	1	συνηθλησαν	1	εν	67
μηδεν	2	εμπροσθεν	1	εληλυθεν	1
μεν	5	εφθασαμεν	1	εσμεν	1
φρονωμεν	1	ηλεησεν	1	ησθενησεν	2
εκοινωνησεν	1	ηγγισεν	1	εδουλευσεν	1
εκενωσεν	1	εταπεινωσεν	1	υπερυψωσεν	1
ην	2	ζην	2	κατελημφθην	1
εξημιωθην	1	πλην	3	αμην	1
ηγησαμην	1	εμην	1	δοκιμην	1
κατατομην	1	οσμην	1	δικαιοσυνην	3
αγαπην	1	προκοπην	2	λυπην	2
εχαρην	1	την	19	δεκτην	1
αυτην	1	συνστρατιωτην	1	μορφην	1
συντυχην	1	ενεργειν	1	δοκιμαζειν	1
γινωσκειν	1	λαλειν	1	θελειν	1
βενιαμειν	1	αποθανειν	1	επιμενειν	1
φρονειν	3	εγειρειν	1	περισσευειν	2
πιστευειν	1	γραφειν	1	εχειν	1
στοιχειν	1	πασχειν	1	παλιν	3
δυναμιν	1	υμιν	12	εριν	1
πασιν	6	εξαναστασιν	1	δεησιν	1
πεποιθησιν	1	υστερησιν	1	ουσιν	1
καταγγελλουσιν	1	κηρυσσουσιν	1	περιπατουσιν	1
ζητουσιν	1	εστιν	4	θλιψιν	1
ον	1	ελαβον	1	ελεγον	1
λογον	4	εργον	2	συνεργον	1
λειτουργον	1	θεον	1	τιμοθεον	1
αγαθον	1	εμαθον	1	εξηλθον	1
αναγκαιον	1	δικαιον	1	αγιον	1
βραβειον	1	παραμυθιον	1	ευαγγελιον	2
οιον	1	κυριον	1	παραπλησιον	1
μαλλον	6	αποστολον	1	εδραμον	1
αρπαγμον	1	νομον	1	κενον	2
επαινον	1	τεκνον	1	φθονον	1
μονον	4	λοιπον	2	σκοπον	1
καρπον	2	τυπον	1	αναγκαιοτερον	1
οκνηρον	1	μεσον	1	κρεισσον	1
τον	10	επαφροδιτον	1	ευαρεστον	1
χριστον	5	αυτον	10	εαυτον	2
εμαυτον	1	τουτον	1	αδελφον	1
συμμορφον	1	υπερεχον	1	ισοψυχον	1
νυν	5	ουν	5	νουν	1
ιησουν	1	συν	4	ων	3

λαβων	1	ενεργων	1	συνεργων	1
ιδων	1	ελθων	1	επιποθων	1
κλαιων	1	εβραιων	1	επιγειων	1
επουρανιων	1	καταχθονιων	1	διωκων	1
ημων	4	διαλογισμων	1	γογγυσμων	1
υμων	24	αντικειμενων	1	αδημονων	1
αιωνων	1	απων	1	λοιπων	1
ανθρωπων	1	ετερων	1	νεκρων	2
των	5	παθηματων	1	παντων	2
αυτων	1	εαυτων	4	αδελφων	1
εχων	3	υπαρχων	1	απαξ	1
εξ	4	ο	12	διο	1
απο	4	υπο	2	το	35
ηγησατο	1	εχαρισατο	1	αυτο	4
τουτο	10	δυο	1	γαρ	12
παρ	1	καιπερ	1	υπερ	7
γενεας	1	επιχορηγιας	1	λειτουργιας	1
καρδιας	1	ευωδιας	1	εριβειας	1
απωλειας	1	χρειας	1	οικιας	1
ευδοκιας	1	σκολιας	1	μακεδονιας	1
σωτηριας	1	παρουσιας	1	ευχαριστιας	1
ημας	1	υμας	12	πλειονας	1
κυνας	1	αιωνας	1	χαρας	2
ημερας	2	τας	1	εργατας	1
παντας	3	οντας	1	υπερεχοντας	1
περιπατουντας	1	πεποιθοτας	1	επιεικες	1
ασφαλες	1	τινες	2	αιτινες	1
φωστηρες	1	παντες	2	συγκοινωνησαντες	1
ιδοντες	1	λατρευοντες	1	εχοντες	2
επεχοντες	1	συναθλουντες	1	φρονουντες	2
σκοπουντες	1	ειδοτες	1	πεποιθοτες	1
αυταρκης	1	φυλης	1	εμης	1
διεστραμμενης	1	ειρηνης	1	δικαιοσυνης	1
δοξης	1	αγαπης	2	πασης	1
της	16	εξαυτης	1	πρωτης	1
ζωης	3	αυταις	1	δις	1
εις	23	ευρεθεις	1	ημεις	1
υμεις	3	ειλικρινεις	1	πολλακις	1
ενδειξις	1	οις	2	αγιοις	1
δεσμοις	3	ουρανοις	1	διακονοις	1
σπλαγχνοις	1	λοιποις	1	επισκοποις	1
φιλιπποις	1	ανθρωποις	1	τοις	7
αυτοις	1	χαρις	2	χωρις	1
παρακλησις	1	τις	6	ητις	1
οστις	1	ος	2	κερδος	1
θεος	8	τιμοθεος	1	εβραιος	1
φαρισαιος	1	κυριος	2	τελος	1
ζηλος	1	αλλος	1	παυλος	1
στεφανος	1	δεξαμενος	1	εναρξαμενος	1
παραβολευσαμενος	1	συμμορφιζομενος	1	επιλανθανομενος	1
γενομενος	3	επεκτεινομενος	1	ποιουμενος	1
επαινος	1	υπηκοος	1	καρπος	1
ανθρωπος	1	καισαρος	1	οκταημερος	1
αλυποτερος	1	προς	4	πατρος	2
πνευματος	3	χαριτος	1	κλημεντος	1
αμεμπτος	1	εκαστος	1	χριστος	4
αυτος	1	πλουτος	1	εγγυς	1
ους	1	κακους	1	αλληλους	1
εντιμους	1	δεσμους	1	γνους	1
γενους	1	συγκοινωνους	1	φανερους	1
εχθρους	1	ιησους	1	τους	8
τοιουτους	1	μαρτυς	1	ως	7
αφοβως	1	αναστασεως	1	δεησεως	1
κλησεως	1	δοσεως	1	γνωσεως	1
ταπεινωσεως	1	πιστεως	3	ταχεως	2
λημψεως	1	καθως	3	πεποιθως	2
αξιως	1	γνησιως	1	μεγαλως	1
καλως	1	αγνως	1	πως	1
ετερως	1	σπουδαιοτερως	1	περισσοτερως	1
ουτως	1	κατ	2	γονυ	1
ου	5	φοβου	1	εργου	1

θεου	10	ευαγγελιου	6	κυριου	3
δουλου	1	μου	24	εμου	1
νομου	1	τρομου	1	συλλαμβανου	1
σταυρου	2	ιησου	19	του	18
θανατου	4	επαφροδιτου	1	χριστου	17
αυτου	7	εφ	2	ουχ	5
ω	3	καταλαβω	1	καγω	2
εγω	4	λεγω	2	αφιδω	1
θεω	4	ελπιζω	2	γνωριζω	1
ευρεθω	1	επιποθω	1	γνωριζεσθω	1
ευαγγελιω	1	κυριω	9	πραιτωριω	1
διωκω	2	παρακαλω	2	βιβλω	1
πολλω	2	ολω	1	νομω	1
κοσμω	1	ανω	1	μενω	1
παραμενω	1	τροπω	1	ερω	1
χαιρω	2	συνχαιρω	1	κερδησω	1
κατανσησω	1	οπισω	1	τω	11
θανατω	2	επιζητω	2	γνωσθητω	1
ευχαριστω	1	χριστω	11	αυτω	4
ουτω	1	τουτω	1	ερωτω	1
περισσευω	1	ακουω	1	ισχυω	1
εχω	1	απεχω	1	σχω	1
ευψυχω	1				

PART II
WORD COUNT
FORWARD INDEX

WORD COUNT: FORWARD INDEX.

1	α	1	αγαθον	1	αγαπη
1	αγαπην	2	αγαπης	3	αγαπητοι
1	αγιοι	1	αγιοις	1	αγιον
1	αγνα	1	αγνως	1	αγωνα
7	αδελφοι	1	αδελφον	1	αδελφων
1	αδημονων	1	αιρησομαι	1	αισθησει
1	αισχυνη	1	αισχυνθησομαι	1	αιτηματα
1	αιτινες	1	αιωνας	1	αιωνων
1	ακεραιοι	1	ακουετε	1	ακουω
1	αληθεια	1	αληθη	2	αλλ
12	αλλα	1	αλληλους	1	αλλος
1	αλυποτερος	1	αμεμπτοι	1	αμεμπτος
1	αμην	1	αμωμα	1	αν
1	αναγκαιον	1	αναγκαιοτερον	1	αναλυσαι
1	αναπληρωση	1	αναστασεως	1	ανεθαλετε
1	ανθρωποις	1	ανθρωπος	1	ανθρωπων
1	αντικειμενων	1	ανω	1	αξιως
1	απαξ	1	απεκδεχομεθα	1	απεχω
4	απο	1	αποβησεται	1	αποθανειν
1	αποκαλυψει	1	αποκαραδοκιαν	1	απολογια
1	απολογιαν	1	αποστολον	1	απουσια
1	απροσκοποι	1	απωλεια	1	απωλειας
1	απων	1	αρετη	1	αρπαγμον
1	αρχη	2	ασπαζονται	1	ασπασασθε
1	ασφαλες	1	ατινα	1	αυτα
1	αυταις	1	αυταρκης	1	αυτην
4	αυτο	1	αυτοις	10	αυτον
1	αυτος	7	αυτου	4	αυτω
1	αυτων	1	αφιδω	1	αφοβως
2	αχρι	1	βεβαιωσει	1	βενιαμειν
1	βιβλω	3	βλεπετε	1	βουλομαι
1	βρυβειον	12	γαρ	1	γενεας
1	γενεσθαι	1	γενησθε	3	γενομενος
1	γενους	1	γινεσθε	1	γινωσκειν
1	γινωσκετε	1	γλωσσα	1	γνησιε
1	γνησιως	1	γνους	1	γνωναι
1	γνωριζεσθω	1	γνωριζω	1	γνωσεως
1	γνωσθητω	1	γογγυσμων	1	γονυ
1	γραφειν	27	δε	2	δεησει
1	δεησεως	1	δεησιν	1	δεκτην
1	δεξαμενος	3	δεσμοις	1	δεσμους
3	δι	11	δια	1	διακονοις
1	διαλογισμων	1	διαφεροντα	1	διεστραμμενης
1	δικαια	1	δικαιον	3	δικαιοσυνην
1	δικαιοσυνης	1	διο	1	διοτι
1	δις	2	διωκω	1	διωκων
1	δοκει	1	δοκιμαζειν	1	δοκιμην
1	δομα	2	δοξα	2	δοξαν
1	δοξη	1	δοξης	1	δοσεως
1	δουλοι	1	δουλου	1	δυναμιν
1	δυνασθαι	1	δυο	2	εαυτον
4	εαυτων	1	εβραιος	1	εβραιων
1	εγγυς	1	εγειρειν	4	εγω
1	εδουλευσεν	1	εδραμον	1	εζημιωθην
13	ει	2	ειδετε	1	ειδοτες
1	ειλικρινεις	1	ειμι	4	ειναι
2	ειρηνη	1	ειρηνης	23	εις
6	ειτε	6	εκ	1	εκαστοι
1	εκαστος	1	εκενωσεν	1	εκκλησια
1	εκκλησιαν	1	εκοινωνησεν	1	εκοπιασα

1	ελαβον	1	ελεγον	1	ελευσομαι
1	εληλυθεν	1	ελθων	1	ελπιδα
2	ελπιζω	1	εμαθετε	1	εμαθον
1	εμαυτον	3	εμε	1	εμην
1	εμης	10	εμοι	1	εμου
1	εμπροσθεν	57	εν	1	εναρξαμενος
1	ενδειξις	1	ενδυναμουντι	1	ενεργειαν
1	ενεργειν	1	ενεργων	1	ενι
1	εντιμους	4	εξ	1	εξαναστασιν
1	εξαυτης	1	εξηλθον	1	εξομολογησεται
1	επαινον	1	επαινος	1	επαφροδιτον
1	επαφροδιτου	1	επειδη	1	επεκτεινομενος
1	επεμψα	1	επεμψατε	1	επεχοντες
5	επι	1	επιγεια	1	επιγειων
1	επιγνωσει	1	επιεικες	2	επιζητω
1	επιθυμιαν	1	επιλανθανομενος	1	επιμενειν
1	επιποθητοι	1	επιποθω	1	επιποθων
1	επισκοποις	1	επιτελεσει	1	επιχορηγιας
1	εποιησατε	1	επουρανιων	1	εργατας
2	εργον	1	εργου	1	εριθειαν
1	εριθειας	1	εριν	1	ερω
1	ερωτω	1	εσμεν	1	εσται
4	εστιν	1	εταπεινωσεν	1	ετερων
1	ετερως	1	ετι	2	ευαγγελιον
6	ευαγγελιου	1	ευαγγελιω	1	ευαρεστον
1	ευδοκιαν	1	ευδοκιας	1	ευοδιαν
1	ευρεθεις	1	ευρεθω	1	ευφημα
1	ευχαριστιας	1	ευχαριστω	1	ευψυχω
1	ευωδιας	2	εφ	1	εφθασαμεν
1	εφρονειτε	1	εχαρην	1	εχαρισατο
1	εχαρισθη	1	εχειν	2	εχετε
1	εχθρους	2	εχοντες	1	εχω
3	εχων	1	ζηλος	2	ζημιαν
2	ζην	1	ζητουσιν	3	ζωης
9	η	1	ηγγισεν	1	ηγημαι
1	ηγησαμην	1	ηγησατο	2	ηγουμαι
1	ηγουμενοι	3	ηδη	1	ηκαιρεισθε
2	ηκουσατε	1	ηλεησεν	1	ημας
1	ημεις	2	ημεραν	2	ημερας
4	ημων	2	ην	2	ησθενησεν
1	ητε	1	ητις	4	θανατου
2	θανατω	1	θελειν	1	θεον
8	θεος	10	θεου	1	θεσσαλονικη
4	θεω	1	θλιψει	1	θλιψιν
1	θυσια	1	θυσιαν	1	ιδοντες
1	ιδων	19	ιησου	1	ιησουν
1	ιησους	12	ινα	1	ισα
1	ισοψυχον	1	ισραηλ	1	ισχυω
2	καγω	1	καθ	3	καθως
107	και	1	καιπερ	1	καισαρος
1	κακους	1	καλως	1	καμψη
1	καρδια	1	καρδιας	2	καρπον
1	καρπος	2	κατ	8	κατα
1	καταγγελλεται	1	καταγγελλουσιν	1	καταλαβω
1	καταντησω	1	κατατομην	1	καταχθονιων
1	κατειληφεναι	1	κατελημφθην	1	κατεργαζεσθε
2	καυχημα	1	καυχωμενοι	1	κειμαι
1	κενοδοξιαν	2	κενον	1	κερδη
1	κερδησω	1	κερδος	1	κηρυσσουσιν
1	κλαιων	1	κλημεντος	1	κλησεως
1	κοιλια	2	κοινωνια	1	κοινωνιαν
1	κοσμω	1	κρεισσον	1	κυνας
1	κυριον	2	κυριος	3	κυριου
9	κυριω	1	λαβων	1	λαλειν
1	λατρευοντες	2	λεγω	1	λειτουργια
1	λειτουργιας	1	λειτουργον	1	λημψεως
1	λογιζεσθε	1	λογιζομαι	4	λογον
1	λοιποις	2	λοιπον	1	λοιπων
2	λυπην	1	μακεδονιας	1	μαλιστα
6	μαλλον	1	μαρτυς	3	με
1	μεγαλυνθησεται	1	μεγαλως	1	μεθ

1	μεμνημαι	5	μεν	1	μενουνγε
1	μενω	1	μεριμνατε	1	μεριμνησει
1	μεσον	6	μετα	1	μετασχηματισει
2	μεχρι	6	μη	1	μηδε
2	μηδεν	1	μηδενι	1	μια
1	μνεια	7	μοι	1	μονοι
4	μονον	1	μορφη	1	μορφην
24	μου	1	ναι	1	νεκρων
1	νοηματα	1	νομον	1	νομου
1	νομω	1	νουν	5	νυν
12	ο	8	οι	4	οιδα
1	οιδατε	1	οικιας	1	οικτιρμοι
1	οιομενοι	1	οιον	2	οις
1	οκνηρον	1	οκταημερος	1	ολω
1	ομοιωματι	1	ον	2	ονομα
1	ονοματα	1	ονοματι	1	οντας
1	οπισω	6	οσα	1	οσμην
1	οσοι	1	οστις	2	ος
1	οτε	21	οτι	5	ου
1	ουδε	1	ουδεμια	1	ουδενα
1	ουδενι	4	ουκ	5	ουν
1	ουρανοις	1	ουσιν	1	ους
1	ουτω	1	ουτως	5	ουχ
1	παθηματων	3	παλιν	2	παν
8	παντα	3	παντας	2	παντες
3	παντι	4	παντοτε	2	παντων
1	παρ	1	παρα	1	παραβολευσαμενος
2	παρακαλω	1	παρακλησις	1	παραμενω
1	παραμυθιον	1	παραπλησιον	1	παρελαβετε
1	παρουσια	1	παρουσιας	1	παρρησια
1	πασα	1	πασαν	4	παση
1	πασης	6	πασιν	1	πασχειν
2	πατρι	2	πατρος	1	παυλος
1	πειναν	3	πεμψαι	1	πεπληρωμαι
1	πεπληρωμενοι	1	πεποιθα	1	πεποιθεναι
1	πεποιθησιν	1	πεποιθοτας	1	πεποιθοτες
2	πεποιθως	4	περι	1	περιπατουντας
1	περιπατουσιν	2	περισσευειν	2	περισσευη
1	περισσευω	1	περισσοτερως	2	περιτομη
2	πιστει	1	πιστευειν	3	πιστεως
1	πλεονας	1	πλεοναζοντα	3	πλην
1	πληρωσατε	1	πληρωσει	1	πλουτος
2	πνευματι	3	πνευματος	1	ποιειτε
1	ποιουμενος	1	πολιτευεσθε	1	πολιτευμα
1	πολλακις	1	πολλοι	2	πολλω
1	ποτε	1	πραιτωριω	1	πρασσετε
2	προκοπην	1	προσδεχεσθε	1	προσευχη
1	προσευχομαι	1	προσφιλη	4	προς
1	προφασει	1	πρωτης	1	πτυρομενοι
1	πως	5	σαρκι	1	σε
1	σεμνα	1	σκολιας	1	σκοπειτε
1	σκοπον	1	σκοπουντες	1	σκυβαλα
1	σπενδομαι	1	σπλαγχνα	1	σπλαγχνοις
1	σπουδαιοτερως	2	σταυρου	1	στεφανος
2	στηκετε	1	στοιχειν	1	συγκοινωνησαντες
1	συγχαιρετε	1	συζυγε	1	συλλαμβανου
1	συμμιμηται	1	συμμορφιζομενος	1	συμμορφον
1	συμψυχοι	4	συν	1	συναθλουντες
1	συνεργον	1	συνεργων	1	συνεχομαι
1	συνηθλησαν	1	συνκοινωνους	1	συνστρατιωτην
1	συντυχην	1	συνχαιρω	1	σχηματι
1	σχω	1	σωμα	2	σωματι
1	σωτηρα	2	σωτηριαν	1	σωτηριας
19	τα	1	ταπεινουσθαι	1	ταπεινοφροσυνη
1	ταπεινωσεως	1	τας	3	ταυτα
2	ταχεως	1	τε	1	τεκνα
1	τεκνον	1	τελειοι	1	τελος
1	τετελειωμαι	16	τη	19	την
16	της	4	τι	1	τιμοθεον
1	τιμοθεος	2	τινες	6	τις
35	το	1	τοιουτους	7	τοις

1	τολμαν	10	τον	18	του
8	τους	10	τουτο	1	τουτον
1	τουτω	1	τρομου	1	τροπω
1	τυπον	11	τω	5	των
12	υμας	3	υμεις	12	υμιν
24	υμων	1	υπαρχει	1	υπαρχων
7	υπερ	1	υπερεχον	1	υπερεχοντας
1	υπερεχουσα	1	υπερυψωσεν	1	υπηκοος
1	υπηκουσατε	2	υπο	1	υποταξαι
1	υστερεισθαι	1	υστερημα	1	υστερησιν
1	φαινεσθε	1	φανερους	1	φαρισαιος
1	φθονον	1	φιλιππησιοι	1	φιλιπποις
1	φοβου	3	φρονειν	2	φρονειτε
1	φρονητε	2	φρονουντες	1	φρονωμεν
1	φρουρησει	1	φυλης	1	φωστηρες
4	χαιρετε	2	χαιρω	1	χαρα
2	χαραν	2	χαρας	1	χαρησομαι
1	χαρητε	2	χαρις	1	χαριτος
1	χορταζεσθαι	2	χρειαν	1	χρειας
5	χριστον	4	χριστος	17	χριστου
11	χριστω	1	χωρις	2	ψυχη
3	ω	3	ων	3	ωστε
7	ως				

PART III

WORD COUNT
WORDS CLASSIFIED BY
FREQUENCY BEFORE FORWARD INDEXING

WORD COUNT: WORDS CLASSIFIED BY FREQUENCY BEFORE FORWARD INDEXING.

107	και	57	εν	35	το
27	δε	24	μου	24	υμων
23	εις	21	οτι	19	ιησου
19	τα	19	την	18	του
17	χριστου	16	τη	16	της
13	ει	12	αλλα	12	γαρ
12	ινα	12	ο	12	υμας
12	υμιν	11	δια	11	τω
11	χριστω	10	αυτον	10	εμοι
10	θεου	10	τον	10	τουτο
9	η	9	κυριω	8	θεος
8	κατα	8	οι	8	παντα
8	τους	7	αδελφοι	7	αυτου
7	μοι	7	τοις	7	υπερ
7	ως	6	ειτε	6	εκ
6	ευαγγελιου	6	μαλλον	6	μετα
6	μη	6	οσα	6	πασιν
6	τις	5	επι	5	μεν
5	νυν	5	ου	5	ουν
5	ουχ	5	σαρκι	5	των
5	χριστον	4	απο	4	αυτο
4	αυτω	4	εαυτων	4	εγω
4	ειναι	4	εξ	4	εστιν
4	ημων	4	θανατου	4	θεω
4	λογον	4	μονον	4	οιδα
4	ουκ	4	παντοτε	4	παση
4	περι	4	προς	4	συν
4	τι	4	χαιρετε	4	χριστος
3	αγαπητοι	3	βλεπετε	3	γενομενος
3	δεσμοις	3	δι	3	δικαιοσυνην
3	εμε	3	εχων	3	ζωης
3	ηδη	3	καθως	3	κυριου
3	με	3	παλιν	3	παντως
3	παντι	3	πεμψαι	3	πιστεως
3	πλην	3	πνευματος	3	ταυτα
3	υμεις	3	φρονειν	3	ω
3	ων	3	ωστε	2	αγαπης
2	αλλ	2	ασπαζονται	2	αχρι
2	δεησει	2	διωκω	2	δοξα
2	δοξαν	2	εαυτον	2	ειδετε
2	ειρηνη	2	ελπιζω	2	επιζητω
2	εργον	2	ευαγγελιον	2	εφ
2	εχετε	2	εχοντες	2	ζημιαν
2	ζην	2	ηγουμαι	2	ηκουσατε
2	ημεραν	2	ημερας	2	ην
2	ησθενησεν	2	θανατω	2	καγω
2	καρπον	2	κατ	2	καυχημα
2	κενον	2	κοινωνια	2	κυριος
2	λεγω	2	λοιπον	2	λυπην
2	μεχρι	2	μηδεν	2	οις
2	ονομα	2	ος	2	παν
2	παντες	2	παντων	2	παρακαλω
2	πατρι	2	πατρος	2	πεποιθως
2	περισσευειν	2	περισσευη	2	περιτομη
2	πιστει	2	πνευματι	2	πολλω
2	προκοπην	2	σταυρου	2	στηκετε
2	σωματι	2	σωτηριαν	2	ταχεως
2	τινες	2	υπο	2	φρονειτε
2	φρονουντες	2	χαιρω	2	χαραν
2	χαρας	2	χαρις	2	χρειαν

2	ψυχη	1	α	1	αγαθον
1	αγαπη	1	αγαπην	1	αγιοι
1	αγιοις	1	αγιον	1	αγνα
1	αγνως	1	αγωνα	1	αδελφον
1	αδελφων	1	αδημονων	1	αιρησομαι
1	αισθησει	1	αισχυνη	1	αισχυνθησομαι
1	αιτηματα	1	αιτινες	1	αιωνας
1	αιωνων	1	ακεραιοι	1	ακουετε
1	ακουω	1	αληθεια	1	αληθη
1	αλληλους	1	αλλος	1	αλυποτερος
1	αμεμπτοι	1	αμεμπτος	1	αμην
1	αμωμα	1	αν	1	αναγκαιον
1	αναγκαιοτερον	1	αναλυσαι	1	αναπληρωση
1	αναστασεως	1	ανεθαλετε	1	ανθρωποις
1	ανθρωπος	1	ανθρωπων	1	αντικειμενων
1	ανω	1	αξιως	1	απαξ
1	απεκδεχομεθα	1	απεχω	1	αποβησεται
1	αποθανειν	1	αποκαλυψει	1	αποκαραδοκιαν
1	απολογια	1	απολογιαν	1	αποστολον
1	απουσια	1	απροσκοποι	1	απωλεια
1	απωλειας	1	απων	1	αρετη
1	αρπαγμον	1	αρχη	1	ασπασασθε
1	ασφαλες	1	ατινα	1	αυτα
1	αυταις	1	αυταρκης	1	αυτην
1	αυτοις	1	αυτος	1	αυτων
1	αφιδω	1	αφοβως	1	βεβαιωσει
1	βενιαμειν	1	βιβλω	1	βουλομαι
1	βραβειον	1	γενεας	1	γενεσθαι
1	γενησθε	1	γενους	1	γινεσθε
1	γινωσκειν	1	γινωσκετε	1	γλωσσα
1	γνησιε	1	γνησιως	1	γνους
1	γνωναι	1	γνωριζεσθω	1	γνωριζω
1	γνωσεως	1	γνωσθητω	1	γογγυσμων
1	γονυ	1	γραφειν	1	δεησεως
1	δεησιν	1	δεκτην	1	δεξαμενος
1	δεσμους	1	διακονοις	1	διαλογισμων
1	διαφεροντα	1	διεστραμμενης	1	δικαια
1	δικαιον	1	δικαιοσυνης	1	διο
1	διοτι	1	δις	1	διωκων
1	δοκει	1	δοκιμαζειν	1	δοκιμην
1	δομα	1	δοξη	1	δοξης
1	δοσεως	1	δουλοι	1	δουλου
1	δυναμιν	1	δυνασθαι	1	δυο
1	εβραιος	1	εβραιων	1	εγγυς
1	εγειρειν	1	εδουλευσεν	1	εδραμον
1	εζημιωθην	1	ειδοτες	1	ειλικρινεις
1	ειμι	1	ειρηνης	1	εκαστοι
1	εκαστος	1	εκενωσεν	1	εκκλησια
1	εκκλησιαν	1	εκοινωνησεν	1	εκοπιασα
1	ελαβον	1	ελεγον	1	ελευσομαι
1	εληλυθεν	1	ελθων	1	ελπιδα
1	εμαθετε	1	εμαθον	1	εμαυτον
1	εμην	1	εμης	1	εμου
1	εμπροσθεν	1	εναρξαμενος	1	ενδειξις
1	ενδυναμουντι	1	ενεργειαν	1	ενεργειν
1	ενεργων	1	ενι	1	εντιμους
1	εξαναστασιν	1	εξαυτης	1	εξηλθον
1	εξομολογησεται	1	επαινον	1	επαινος
1	επαφροδιτον	1	επαφροδιτου	1	επειδη
1	επεκτεινομενος	1	επεμψα	1	επεμψατε
1	επεχοντες	1	επιγεια	1	επιγειων
1	επιγνωσει	1	επιεικες	1	επιθυμιαν
1	επιλανθανομενος	1	επιμενειν	1	επιποθητοι
1	επιποθω	1	επιποθων	1	επισκοποις
1	επιτελεσει	1	επιχορηγιας	1	εποιησατε
1	επουρανιων	1	εργατας	1	εργου
1	εριθειαν	1	εριθειας	1	εριν
1	ερω	1	ερωτω	1	εσμεν
1	εσται	1	εταπεινωσεν	1	ετερον
1	ετερως	1	ετι	1	ευαγγελιω
1	ευαρεστον	1	ευδοκιαν	1	ευδοκιας

1	ευοδιαν	1	ευρεθεις	1	ευρεθω
1	ευφημα	1	ευχαριστιας	1	ευχαριστω
1	ευψυχω	1	ευωδιας	1	εφθασαμεν
1	εφρονειτε	1	εχαρην	1	εχαρισατο
1	εχαρισθη	1	εχειν	1	εχθρους
1	εχω	1	ζηλος	1	ζητουσιν
1	ηγγισεν	1	ηγημαι	1	ηγησαμην
1	ηγησατο	1	ηγουμενοι	1	ηκαιρεισθε
1	ηλεησεν	1	ημας	1	ημεις
1	ητε	1	ητις	1	θελειν
1	θεον	1	θεσσαλονικη	1	θλιψει
1	θλιψιν	1	θυσια	1	θυσιαν
1	ιδοντες	1	ιδων	1	ιησουν
1	ιησους	1	ισα	1	ισοψυχον
1	ισραηλ	1	ισχυω	1	καθ
1	καιπερ	1	καισαρος	1	κακους
1	καλως	1	καμψη	1	καρδια
1	καρδιας	1	καρπος	1	καταγγελλεται
1	καταγγελλουσιν	1	καταλαβω	1	καταν’τησω
1	κατατομην	1	καταχθονιων	1	κατειληφεναι
1	κατελημφθην	1	κατεργαζεσθε	1	καυχωμενοι
1	κειμαι	1	κενοδοξιαν	1	κερδη
1	κερδησω	1	κερδος	1	κηρυσσουσιν
1	κλαιων	1	κλημεντος	1	κλησεως
1	κοιλια	1	κοινωνιαν	1	κοσμω
1	κρεισσον	1	κυνας	1	κυριον
1	λαβων	1	λαλειν	1	λατρευοντες
1	λειτουργια	1	λειτουργιας	1	λειτουργον
1	λημψεως	1	λογιζεσθε	1	λογιζομαι
1	λοιποις	1	λοιπων	1	μακεδονιας
1	μαλιστα	1	μαρτυς	1	μεγαλυνθησεται
1	μεγαλως	1	μεθ	1	μεμνημαι
1	μενουνγε	1	μενω	1	μεριμνατε
1	μεριμνησει	1	μεσον	1	μετασχηματισει
1	μηδε	1	μηδενι	1	μια
1	μνεια	1	μονοι	1	μορφη
1	μορφην	1	ναι	1	νεκρων
1	νοηματα	1	νομον	1	νομου
1	νομω	1	νουν	1	οιδατε
1	οικιας	1	οικτιρμοι	1	οιομενοι
1	οιον	1	οκνηρον	1	οκταημερος
1	ολω	1	ομοιωματι	1	ον
1	ονοματα	1	ονοματι	1	οντας
1	οπισω	1	οσμην	1	οσοι
1	οστις	1	οτε	1	ουδε
1	ουδεμια	1	ουδενα	1	ουδενι
1	ουρανοις	1	ουσιν	1	ους
1	ουτω	1	ουτως	1	παθηματων
1	παρ	1	παρα	1	παραβολευσαμενος
1	παρακλησις	1	παραμενω	1	παραμυθιον
1	παραπλησιον	1	παρελαβετε	1	παρουσια
1	παρουσιας	1	παρρησια	1	πασα
1	πασαν	1	πασης	1	πασχειν
1	παυλος	1	πειναν	1	πεπληρωμαι
1	πεπληρωμενοι	1	πεποιθα	1	πεποιθεναι
1	πεποιθησιν	1	πεποιθοτας	1	πεποιθοτες
1	περιπατουντας	1	περιπατουσιν	1	περισσευω
1	περισσοτερως	1	πιστευειν	1	πλειονας
1	πλεοναζοντα	1	πληρωσατε	1	πληρωσει
1	πλουτος	1	ποιειτε	1	ποιουμενος
1	πολιτευεσθε	1	πολιτευμα	1	πολλακις
1	πολλοι	1	ποτε	1	πραιτωριω
1	πρασσετε	1	προσδεχεσθε	1	προσευχη
1	προσευχομαι	1	προσφιλη	1	προφασει
1	πρωτης	1	πτυρομενοι	1	πως
1	σε	1	σεμνα	1	σκολιας
1	σκοπειτε	1	σκοπον	1	σκοπουντες
1	σκυβαλα	1	σπενδομαι	1	σπλαγχνα
1	σπλαγχνοις	1	σπουδαιοτερως	1	στεφανος
1	στοιχειν	1	συγκοινωνησαντες	1	συγχαιρετε
1	συζυγε	1	συλλαμβανου	1	συμμιμηται

11

1	συμμορφιζομενος	1	συμμορφον	1	συμψυχοι
1	συναθλουντες	1	συνεργον	1	συνεργων
1	συνεχομαι	1	συνηθλησαν	1	συνκοινωνους
1	συνστρατιωτην	1	συντυχην	1	συνχαιρω
1	σχηματι	1	σχω	1	σωμα
1	σωτηρα	1	σωτηριας	1	ταπεινουσθαι
1	ταπεινοφροσυνη	1	ταπεινωσεως	1	τας
1	τε	1	τεκνα	1	τεκνον
1	τελειοι	1	τελος	1	τετελειωμαι
1	τιμοθεον	1	τιμοθεος	1	τοιουτους
1	τολμαν	1	τουτον	1	τουτω
1	τρομου	1	τροπω	1	τυπον
1	υπαρχει	1	υπαρχων	1	υπερεχον
1	υπερεχοντας	1	υπερεχουσα	1	υπερυψωσεν
1	υπηκοος	1	υπηκουσατε	1	υποταξαι
1	υστερεισθαι	1	υστερημα	1	υστερησιν
1	φαινεσθε	1	φανερους	1	φαρισαιος
1	φθονον	1	φιλιππησιοι	1	φιλιπποις
1	φοβου	1	φρονητε	1	φρονωμεν
1	φρουρησει	1	φυλης	1	φωστηρες
1	χαρα	1	χαρησομαι	1	χαρητε
1	χαριτος	1	χορταζεσθαι	1	χρειας
1	χωρις				

PART IV
FREQUENCY PROFILE

FREQUENCY PROFILE.

WORD FREQ	NUMBER SUCH	VOCAB TOTAL	WORD TOTAL	% OF VOCAB	% OF WORDS
1	492	492	492	73.11	30.31
2	71	563	634	83.66	39.06
3	26	589	712	87.52	43.87
4	23	612	804	90.94	49.54
5	9	621	849	92.27	52.31
6	9	630	903	93.61	55.64
7	6	636	945	94.50	58.23
8	5	641	985	95.25	60.69
9	2	643	1003	95.54	61.80
10	5	648	1053	96.29	64.88
11	3	651	1086	96.73	66.91
12	6	657	1158	97.62	71.35
13	1	658	1171	97.77	72.15
16	2	660	1203	98.07	74.12
17	1	661	1220	98.22	75.17
18	1	662	1238	98.37	76.28
19	3	665	1295	98.81	79.79
21	1	666	1316	98.96	81.08
23	1	667	1339	99.11	82.50
24	2	669	1387	99.41	85.46
27	1	670	1414	99.55	87.12
35	1	671	1449	99.70	89.28
67	1	672	1516	99.85	93.41
107	1	673	1623	100.00	100.00

PART V
FORWARD CONCORDANCE

4:9   και ει τις επαινος. ταυτα λογιζεσθε. α και εμαθετε και παρελαβετε και ηκουσατε και

                             1 αγαθον

1:6   τουτο, οτι ο εναρξαμενος εν υμιν εργον αγαθον επιτελεσει αχρι ημερας χριστου ιησου.

                             1 αγαπη

1:9   ιησου. και τουτο προσευχομαι, ινα η αγαπη υμων ετι μαλλον και μαλλον περισσευη εν

                             1 αγαπην

2:2   χαραν ινα το αυτο φρονητε. την αυτην αγαπην εχοντες, συμψυχοι, το εν φρονουντες.

                             2 αγαπης

2:1   παρακλησις εν χριστω, ει τι παραμυθιον αγαπης, ει τις κοινωνια πνευματος, ει τις

1:16   τον χριστον κηρυσσουσιν. οι μεν εξ αγαπης, ειδοτες οτι εις απολογιαν του

                             3 αγαπητοι

4:1   αυτω τα παντα. ωστε, αδελφοι μου αγαπητοι και επιποθητοι, χαρα και στεφανος μου,

2:12   χριστος εις δοξαν θεου πατρος. ωστε, αγαπητοι μου, καθως παντοτε υπηκουσατε, μη ως

4:1   στεφανος μου. ουτως στηκετε εν κυριω, αγαπητοι. ευοδιαν παρακαλω και συντυχην

                             1 αγιοι

4:22   αδελφοι. ασπαζονται υμας παντες οι αγιοι, μαλιστα δε οι εκ της καισαρος οικιας. η

                             1 αγιοις

1:1   δουλοι χριστου ιησου πασιν τοις αγιοις εν χριστω ιησου τοις ουσιν εν φιλιπποις

                             1 αγιον

4:21   των αιωνων. αμην. ασπασασθε παντα αγιον εν χριστω ιησου. ασπαζονται υμας οι συν

                             1 αγνα

4:8   αληθη. οσα σεμνα, οσα δικαια, οσα αγνα, οσα προσφιλη, οσα ευφημα, ει τις αρετη

                             1 αγνως

1:17   τον χριστον καταγγελλουσιν, ουχ αγνως, οιομενοι θλιψιν εγειρειν τοις δεσμοις

                             1 αγωνα

1:30   και το υπερ αυτου πασχειν. τον αυτον αγωνα εχοντες οιον ειδετε εν εμοι και νυν

                             7 αδελφοι

4:1   και υποταξαι αυτω τα παντα. ωστε, αδελφοι μου αγαπητοι και επιποθητοι, χαρα και

3:1   της προς με λειτουργιας. το λοιπον, αδελφοι μου, χαιρετε εν κυριω. τα αυτα γραφειν

4:21   ιησου. ασπαζονται υμας οι συν εμοι αδελφοι. ασπαζονται υμας παντες οι αγιοι,

3:13   και κατελημφθην υπο χριστου (ιησου). αδελφοι, εγω εμαυτον ου λογιζομαι κατειληφεναι.

3:17   στοιχειν. συμμιμηται μου γινεσθε, αδελφοι, και σκοπειτε τους ουτω περιπατουντας

4:8   υμων εν χριστω ιησου. το λοιπον, αδελφοι, οσα εστιν αληθη, οσα σεμνα, οσα

1:12   θεου. γινωσκειν δε υμας βουλομαι, αδελφοι, οτι τα κατ εμε μαλλον εις προκοπην του

                             1 αδελφον

2:25   αναγκαιον δε ηγησαμην επαφροδιτον τον αδελφον και συνεργον και συνστρατιωτην μου,

                             1 αδελφων

1:14   λοιποις πασιν. και τους πλειονας των αδελφων εν κυριω πεποιθοτας τοις δεσμοις μου

                             1 αδημονων

2:26   επειδη επιποθων ην παντας υμας, και αδημονων διοτι ηκουσατε οτι ησθενησεν. και γαρ

                             1 αιρησομαι

1:22   σαρκι, τουτο μοι καρπος εργου. και τι αιρησομαι ου γνωριζω. συνεχομαι δε εκ των δυο.

                             1 αισθησει

1:9   μαλλον περισσευη εν επιγνωσει και παση αισθησει εις το δοκιμαζειν υμας τα

                             1 αισχυνη

3:19   ων ο θεος η κοιλια και η δοξα εν τη αισχυνη αυτων, οι τα επιγεια φρονουντες. ημων

                             1 αισχυνθησομαι

1:20   και ελπιδα μου οτι εν ουδενι αισχυνθησομαι, αλλ εν παση παρρησια ως παντοτε

                             1 αιτηματα

4:6   και τη δεησει μετα ευχαριστιας τα αιτηματα υμων γνωριζεσθω προς τον θεον. και η

1 αιτινες
4:3 σε. γνησιε συζυγε. συλλαμβανου αυταις. αιτινες εν τω ευαγγελιω συνηθλησαν μοι μετα και

1 αιωνας
4:20 δε θεω και πατρι ημων η δοξα εις τους αιωνας των αιωνων. αμην. ασπασασθε παντα αγιον

1 αιωνων
4:20 πατρι ημων η δοξα εις τους αιωνας των αιωνων. αμην. ασπασασθε παντα αγιον εν χριστω

1 ακεραιοι
2:15 διαλογισμων. ινα γενησθε αμεμπτοι και ακεραιοι. τεκνα θεου αμωμα μεσον γενεας σκολιας

1 ακουετε
1:30 εχοντες οιον ειδετε εν εμοι και νυν ακουετε εν εμοι. ει τις ουν παρακλησις εν

1 ακουω
1:27 ινα ειτε ελθων και ιδων υμας ειτε απων ακουω τα περι υμων. οτι στηκετε εν ενι

1 αληθεια
1:18 οτι παντι τροπω. ειτε προφασει ειτε αληθεια. χριστος καταγγελλεται. και εν τουτω

1 αληθη
4:8 ιησου. το λοιπον, αδελφοι. οσα εστιν αληθη. οσα σεμνα. οσα δικαια. οσα αγνα. οσα

2 αλλ
4:6 ο κυριος εγγυς. μηδεν μεριμνατε αλλ εν παντι τη προσευχη και τη δεησει μετα
1:20 μου οτι εν ουδενι αισχυνθησομαι. αλλ εν παση παρρησια ως παντοτε και νυν

12 αλλα
2:7 αρπαγμον ηγησατο το ειναι ισα θεω. αλλα εαυτον εκενωσεν μορφην δουλου λαβων. εν
2:17 εδραμον ουδε εις κενον εκοπιασα. αλλα ει και σπενδομαι επι τη θυσια και
4:17 επεμψατε. ουχ οτι επιζητω το δομα. αλλα επιζητω τον καρπον τον πλεοναζοντα εις
2:27 θεος ηλεησεν αυτον. ουκ αυτον δε μονον αλλα και εμε. ινα μη λυπην επι λυπην σχω.
2:4 μη τα εαυτων εκαστος σκοπουντες. αλλα και τα ετερων εκαστοι. τουτο φρονειτε εν
1:29 ου μονον το εις αυτον πιστευειν αλλα και το υπερ αυτου πασχειν. τον αυτον
1:18 καταγγελλεται. και εν τουτω χαιρω. αλλα και χαρησομαι. οιδα γαρ οτι τουτο μοι
3:8 ταυτα ηγημαι δια τον χριστον ζημιαν. αλλα μενουνγε και ηγουμαι παντα ζημιαν ειναι
2:12 μη ως εν τη παρουσια μου μονον. αλλα νυν πολλω μαλλον εν τη απουσια μου. μετα
2:27 και γαρ ησθενησεν παραπλησιον θανατω. αλλα ο θεος ηλεησεν αυτον. ουκ αυτον δε μονον
2:3 κατ εριθειαν μηδε κατα κενοδοξιαν. αλλα τη ταπεινοφροσυνη αλληλους ηγουμενοι
3:9 μη εχων εμην δικαιοσυνην την εκ νομου αλλα την δια πιστεως χριστου. την εκ θεου

1 αλληλους
2:3 κενοδοξιαν. αλλα τη ταπεινοφροσυνη αλληλους ηγουμενοι υπερεχοντας εαυτων. μη τα

1 αλλος
3:4 πεποιθησιν και εν σαρκι. ει τις δοκει αλλος πεποιθεναι εν σαρκι. εγω μαλλον.

1 αλυποτερος
2:28 ινα ιδοντες αυτον παλιν χαρητε καγω αλυποτερος ω. προσδεχεσθε ουν αυτον εν κυριω

1 αμεμπτοι
2:15 και διαλογισμων. ινα γενησθε αμεμπτοι και ακεραιοι. τεκνα θεου αμωμα μεσον

1 αμεμπτος
3:6 κατα δικαιοσυνην την εν νομω γενομενος αμεμπτος. (αλλα) ατινα ην μοι κερδη. ταυτα

1 αμην
4:20 η δοξα εις τους αιωνας των αιωνων. αμην. ασπασασθε παντα αγιον εν χριστω ιησου.

1 αμωμα
2:15 αμεμπτοι και ακεραιοι. τεκνα θεου αμωμα μεσον γενεας σκολιας και διεστραμμενης.

1 αν
2:23 τουτον μεν ουν ελπιζω πεμψαι ως αν αφιδω τα περι εμε εξαυτης. πεποιθα δε εν

1 αναγκαιον
2:25 κυριω οτι και αυτος ταχεως ελευσομαι. αναγκαιον δε ηγησαμην επαφροδιτον τον αδελφον

1 αναγκαιοτερον
1:24 το δε επιμενειν (εν) τη σαρκι αναγκαιοτερον δι υμας. και τουτο πεποιθως οιδα

		1 αναλυσαι
1:23	εκ των δυο, την επιθυμιαν εχων εις το	αναλυσαι και συν χριστω ειναι. πολλω (γαρ)

		1 αναπληρωση
2:30	ηγγισεν παραβολευσαμενος τη ψυχη, ινα	αναπληρωση το υμων υστερημα της προς με

		1 αναστασεως
3:10	του γνωναι αυτον και την δυναμιν της	αναστασεως αυτου και κοινωνιαν παθηματων αυτου.

		1 ανεθαλετε
4:10	δε εν κυριω μεγαλως οτι ηδη ποτε	ανεθαλετε το υπερ εμου φρονειν. εφ ω και

		1 ανθρωποις
4:5	το επιεικες υμων γνωσθητω πασιν	ανθρωποις. ο κυριος εγγυς. μηδεν μεριμνατε αλλ

		1 ανθρωπος
2:7	γενομενος. και σχηματι ευρεθεις ως	ανθρωπος εταπεινωσεν εαυτον γενομενος υπηκοος

		1 ανθρωπων
2:7	μορφην δουλου λαβων. εν ομοιωματι	ανθρωπων γενομενος. και σχηματι ευρεθεις ως

		1 αντικειμενων
1:28	και μη πτυρομενοι εν μηδενι υπο των	αντικειμενων, ητις εστιν αυτοις ενδειξις

		1 ανω
3:14	κατα σκοπον διωκω εις το βραβειον της	ανω κλησεως του θεου εν χριστω ιησου. οσοι ουν

		1 αξιως
1:27	εμης παρουσιας παλιν προς υμας. μονον	αξιως του ευαγγελιου του χριστου πολιτευεσθε.

		1 απαξ
4:16	μονοι. οτι και εν θεσσαλονικη και	απαξ και δις εις την χρειαν μοι επεμψατε. ουχ

		1 απεκδεχομεθα
3:20	εν ουρανοις υπαρχει. εξ ου και σωτηρα	απεκδεχομεθα κυριον ιησουν χριστον. ος

		1 απεχω
4:18	τον πλεοναζοντα εις λογον υμων. απεχω	δε παντα και περισσευω. πεπληρωμαι

		1 απο
1:2	και διακονοις. χαρις υμιν και ειρηνη	απο θεου πατρος ημων και κυριου ιησου χριστου
1:28	απωλειας. υμων δε σωτηριας. και τουτο	απο θεου. οτι υμιν εχαρισθη το υπερ χριστου.
4:15	εν αρχη του ευαγγελιου. οτε εξηλθον	απο μακεδονιας. ουδεμια μοι εκκλησια
1:5	επι τη κοινωνια υμων εις το ευαγγελιον	απο της πρωτης ημερας αχρι του νυν. πεποιθως

		1 αποβησεται
1:19	και χαρησομαι. οιδα γαρ οτι τουτο μοι	αποβησεται εις σωτηριαν δια της υμων δεησεως

		1 αποθανειν
1:21	εμοι γαρ το ζην χριστος και το	αποθανειν κερδος. ει δε το ζην εν σαρκι, τουτο

		1 αποκαλυψει
3:15	ετερως φρονειτε. και τουτο ο θεος υμιν	αποκαλυψει. πλην εις ο εφθασαμεν, τω αυτω

		1 αποκαραδοκιαν
1:20	του πνευματος ιησου χριστου. κατα την	αποκαραδοκιαν και ελπιδα μου οτι εν ουδενι

		1 απολογια
1:7	υμας. εν τε τοις δεσμοις μου και εν τη	απολογια και βεβαιωσει του ευαγγελιου

		1 απολογιαν
1:16	οι μεν εξ αγαπης, ειδοτες οτι εις	απολογιαν του ευαγγελιου κειμαι, οι δε εξ

		1 αποστολον
2:25	και συνστρατιωτην μου, υμων δε	αποστολον και λειτουργον της χρειας μου. πεμψαι

		1 απουσια
2:12	μου μονον αλλα νυν πολλω μαλλον εν τη	απουσια μου. μετα φοβου και τρομου την εαυτων

		1 απροσκοποι
1:10	τα διαφεροντα. ινα ητε ειλικρινεις και	απροσκοποι εις ημεραν χριστου. πεπληρωμενοι

1 απωλεια
3:19   του σταυρου του χριστου.   ων το τελος απωλεια, ων ο θεος η κοιλια και η δοξα εν τη

1 απωλειας
1:28   ητις εστιν αυτοις ενδειξις απωλειας, υμων δε σωτηριας, και τουτο απο θεου.

1 απων
1:27   ινα ειτε ελθων και ιδων υμας ειτε απων ακουω τα περι υμων, οτι στηκετε εν ενι

1 αρετη
4:8   αγνα, οσα προσφιλη, οσα ευφημα, ει τις αρετη και ει τις επαινος. ταυτα λογιζεσθε.   α

1 αρπαγμον
2:6   ιησου.   ος εν μορφη θεου υπαρχων ουχ αρπαγμον ηγησατο το ειναι ισα θεω.   αλλα εαυτον

1 αρχη
4:15   δε και υμεις, φιλιππησιοι, οτι εν αρχη του ευαγγελιου. οτε εξηλθον απο

2 ασπαζονται
4:21   ασπασασθε παντα αγιον εν χριστω ιησου. ασπαζονται υμας οι συν εμοι αδελφοι.
4:22   ασπαζονται υμας οι συν εμοι αδελφοι. ασπαζονται υμας παντες οι αγιοι, μαλιστα δε οι

1 ασπασασθε
4:21   εις τους αιωνας των αιωνων. αμην. ασπασασθε παντα αγιον εν χριστω ιησου.

1 ασφαλες
3:1   υμιν εμοι μεν ουκ οκνηρον, υμιν δε ασφαλες. βλεπετε τους κυνας.   βλεπετε τους

1 ατινα
3:7   εν νομω γενομενος αμεμπτος. (αλλα) ατινα ην μοι κερδη. ταυτα ηγημαι δια τον

1 αυτα
3:1   αδελφοι μου, χαιρετε εν κυριω. τα αυτα γραφειν υμιν εμοι μεν ουκ οκνηρον, υμιν δε

1 αυταις
4:3   και σε, γνησιε συζυγε, συλλαμβανου αυταις, αιτινες εν τω ευαγγελιω συνηθλησαν μοι

1 αυταρκης
4:11   λεγω. εγω γαρ εμαθον εν οις ειμι αυταρκης ειναι.   οιδα και ταπεινουσθαι, οιδα

1 αυτην
2:2   μου την χαραν ινα το αυτο φρονητε, την αυτην αγαπην εχοντες, συμψυχοι, το εν

4 αυτο
2:18   χαιρω και συνχαιρω πασιν υμιν.   το δε αυτο και υμεις χαιρετε και συγχαιρετε μοι.
1:6   πρωτης ημερας αχρι του νυν, πεποιθως αυτο τουτο, οτι ο εναρξαμενος εν υμιν εργον
4:2   παρακαλω και συντυχην παρακαλω το αυτο φρονειν εν κυριω.   ναι ερωτω και σε,
2:2   πληρωσατε μου την χαραν ινα το αυτο φρονητε, την αυτην αγαπην εχοντες,

1 αυτοις
1:28   υπο των αντικειμενων, ητις εστιν αυτοις ενδειξις απωλειας, υμων δε σωτηριας, και

10 αυτον
1:30   αλλα και το υπερ αυτου πασχειν.   τον αυτον αγωνα εχοντες οιον ειδετε εν εμοι και νυν
2:27   θανατω. αλλα ο θεος ηλεησεν αυτον, ουκ αυτον δε μονον αλλα και εμε, ινα μη λυπην επι
2:29   καγω αλυποτερος ω.   προσδεχεσθε ουν αυτον εν κυριω μετα πασης χαρας, και τους
2:28   λυπην σχω. σπουδαιοτερως ουν επεμψα αυτον ινα ιδοντες αυτον παλιν χαρητε καγω
3:10   δικαιοσυνην επι τη πιστει.   του γνωναι αυτον και την δυναμιν της αναστασεως αυτου και
3:21   αυτου κατα την ενεργειαν του δυνασθαι αυτον και υποταξαι αυτω τα παντα.   ωστε,
2:28   ουν επεμψα αυτον ινα ιδοντες αυτον παλιν χαρητε καγω αλυποτερος ω.
1:29   το υπερ χριστου. ου μονον το εις αυτον πιστευειν αλλα και το υπερ αυτου πασχειν.
2:9   θανατου δε σταυρου. διο και ο θεος αυτον υπερυψωσεν και εχαρισατο αυτω το ονομα το
2:27   θανατω. αλλα ο θεος ηλεησεν αυτον, ουκ αυτον δε μονον αλλα και εμε, ινα μη

1 αυτος
2:24   εξαυτης.   πεποιθα δε εν κυριω οτι και αυτος ταχεως ελευσομαι.   αναγκαιον δε ηγησαμην

7 αυτου
2:22   ου τα ιησου χριστου. την δε δοκιμην αυτου γινωσκετε, οτι ως πατρι τεκνον συν εμοι
4:19   πασαν χρειαν υμων κατα το πλουτος αυτου εν δοξη εν χριστω ιησου. τα δε θεω και
3:10   αυτον και την δυναμιν της αναστασεως αυτου και κοινωνιαν παθηματων αυτου.
3:21   ημων συμμορφον τω σωματι της δοξης αυτου κατα την ενεργειαν του δυνασθαι αυτον και

1:29	εις αυτον πιστευειν αλλα και το υπερ	αυτου πασχειν, τον αυτον αγωνα εχοντες οιον
3:10	αυτου. συμμορφιζομενος τω θανατω	αυτου. ει πως καταντησω εις την εξαναστασιν
3:10	αυτου και κοινωνιαν παθηματων	αυτου. συμμορφιζομενος τω θανατω αυτου. ει πως

4 αυτω

3:16	αποκαλυψει. πλην εις ο εφθασαμεν, τω	αυτω στοιχειν. συμμιμηται μου γινεσθε,
3:21	του δυνασθαι αυτον και υποταξαι	αυτω τα παντα. ωστε, αδελφοι μου αγαπητοι και
2:9	ο θεος αυτον υπερυψωσεν και εχαρισατο	αυτω το ονομα το υπερ παν ονομα, ινα εν τω
3:9	ινα χριστον κερδησω και ευρεθω εν	αυτω, μη εχων εμην δικαιοσυνην την εκ νομου

1 αυτων

3:19	θεος η κοιλια και η δοξα εν τη αισχυνη	αυτων, οι τα επιγεια φρονουντες. ημων γαρ το

1 αφιδω

2:23	τουτον μεν ουν ελπιζω πεμψαι ως αν	αφιδω τα περι εμε εξαυτης. πεποιθα δε εν κυριω

1 αφοβως

1:14	τοις δεσμοις μου περισσοτερως τολμαν	αφοβως τον λογον λαλειν. τινες μεν και δια

2 αχρι

1:6	εν υμιν εργον αγαθον επιτελεσει	αχρι ημερας χριστου ιησου. καθως εστιν δικαιον
1:5	το ευαγγελιον απο της πρωτης ημερας	αχρι του νυν, πεποιθως αυτο τουτο, οτι ο

1 βεβαιωσει

1:7	δεσμοις μου και εν τη απολογια και	βεβαιωσει του ευαγγελιου συνκοινωνους μοι της

1 βενιαμειν

3:5	οκταημερος, εκ γενους ισραηλ, φυλης	βενιαμειν, εβραιος εξ εβραιων, κατα νομον

1 βιβλω

4:3	λοιπων συνεργων μου, ων τα ονοματα εν	βιβλω ζωης. χαιρετε εν κυριω παντοτε. παλιν

3 βλεπετε

3:2	κυνας, βλεπετε τους κακους εργατας,	βλεπετε την κατατομην. ημεις γαρ εσμεν η
3:2	υμιν δε ασφαλες. βλεπετε τους κυνας,	βλεπετε τους κακους εργατας. βλεπετε την
3:1	εμοι μεν ουκ οκνηρον, υμιν δε ασφαλες.	βλεπετε τους κυνας, βλεπετε τους κακους

1 βουλομαι

1:12	και επαινον θεου. γινωσκειν δε υμας	βουλομαι, αδελφοι, οτι τα κατ εμε μαλλον εις

1 βραβειον

3:14	κατα σκοπον διωκω εις το	βραβειον της ανω κλησεως του θεου εν χριστω

12 γαρ

4:11	δε. ουχ οτι καθ υστερησιν λεγω, εγω	γαρ εμαθον εν οις ειμι αυταρκης ειναι. οιδα
3:3	εργατας. βλεπετε την κατατομην. ημεις	γαρ εσμεν η περιτομη, οι πνευματι θεου
2:13	εαυτων σωτηριαν κατεργαζεσθε. θεος	γαρ εστιν ο ενεργων εν υμιν και το θελειν και
2:20	ευψυχω γνους τα περι υμων. ουδενα	γαρ εχω ισοψυχον, οστις γνησιως τα περι υμων
2:27	διοτι ηκουσατε οτι ησθενησεν. και	γαρ ησθενησεν παραπλησιον θανατω. αλλα ο θεος
1:8	της χαριτος παντας υμας οντας. μαρτυς	γαρ μου ο θεος, ως επιποθω παντας υμας εν
1:19	τουτο χαιρω. αλλα και χαρησομαι, οιδα	γαρ οτι τουτο μοι αποβησεται εις σωτηριαν δια
3:18	καθως εχετε τυπον ημας. πολλοι	γαρ περιπατουσιν ους πολλακις ελεγον υμιν, νυν
2:21	τα περι υμων μεριμνησει. οι παντες	γαρ τα εαυτων ζητουσιν, ου τα ιησου χριστου.
1:21	ειτε δια ζωης ειτε δια θανατου. εμοι	γαρ το ζην χριστος και το αποθανειν κερδος. ει
3:20	αυτων, οι τα επιγεια φρονουντες. ημων	γαρ το πολιτευμα εν ουρανοις υπαρχει, εξ ου και
1:18	θλιψιν εγειρειν τοις δεσμοις μου. τι	γαρ; πλην οτι παντι τροπω, ειτε προφασει ειτε

1 γενεας

2:15	και ακεραιοι, τεκνα θεου αμωμα μεσον	γενεας σκολιας και διεστραμμενης, εν οις

1 γενεσθαι

1:13	τους δεσμους μου φανερους εν χριστω	γενεσθαι εν ολω τω πραιτωριω και τοις λοιποις

1 γενησθε

2:15	χωρις γογγυσμων και διαλογισμων, ινα	γενησθε αμεμπτοι και ακεραιοι, τεκνα θεου αμωμα

3 γενομενος

3:6	κατα δικαιοσυνην την εν νομω	γενομενος αμεμπτος. (αλλα) ατινα ην μοι κερδη
2:8	ως ανθρωπος εταπεινωσεν εαυτον	γενομενος υπηκοος μεχρι θανατου. θανατου δε
2:7	δουλου λαβων, εν ομοιωματι ανθρωπων	γενομενος. και σχηματι ευρεθεις ως ανθρωπος

                                                1 γενους
3:5   εγω μαλλον. περιτομη οκταημερος, εκ γενους ισραηλ, φυλης βενιαμειν, εβραιος εξ

                                                1 γινεσθε
3:17   τω αυτω στοιχειν. συμμιμηται μου γινεσθε, αδελφοι, και σκοπειτε τους ουτω

                                                1 γινωσκειν
1:12   χριστου εις δοξαν και επαινον θεου. γινωσκειν δε υμας βουλομαι, αδελφοι, οτι τα κατ

                                                1 γινωσκετε
2:22   ιησου χριστου. την δε δοκιμην αυτου γινωσκετε, οτι ως πατρι τεκνον συν εμοι

                                                1 γλωσσα
2:11   επιγειων και καταχθονιων, και πασα γλωσσα εξομολογησεται οτι κυριος ιησους χριστος

                                                1 γνησιε
4:3   φρονειν εν κυριω. ναι ερωτω και σε, γνησιε συζυγε, συλλαμβανου αυταις, αιτινες εν

                                                1 γνησιως
2:20   υμων. ουδενα γαρ εχω ισοψυχον, οστις γνησιως τα περι υμων μεριμνησει. οι παντες γαρ

                                                1 γνους
2:19   ταχεως πεμψαι υμιν, ινα καγω ευψυχω γνους τα περι υμων. ουδενα γαρ εχω ισοψυχον,

                                                1 γνωναι
3:10   θεου δικαιοσυνην επι τη πιστει. του γνωναι αυτον και την δυναμιν της αναστασεως

                                                1 γνωριζεσθω
4:6   μετα ευχαριστιας τα αιτηματα υμων γνωριζεσθω προς τον θεον. και η ειρηνη του

                                                1 γνωριζω
1:22   μοι καρπος εργου. και τι αιρησομαι ου γνωριζω. συνεχομαι δε εκ των δυο, την

                                                1 γνωσεως
3:8   παντα ζημιαν ειναι δια το υπερεχον της γνωσεως χριστου ιησου του κυριου μου, δι ον τα

                                                1 γνωσθητω
4:5   παλιν ερω, χαιρετε. το επιεικες υμων γνωσθητω πασιν ανθρωποις. ο κυριος εγγυς.

                                                1 γογγυσμων
2:14   της ευδοκιας. παντα ποιειτε χωρις γογγυσμων και διαλογισμων, ινα γενησθε

                                                1 γονυ
2:10   ονομα. ινα εν τω ονοματι ιησου παν γονυ καμψη επουρανιων και επιγειων και

                                                1 γραφειν
3:1   αδελφοι μου. χαιρετε εν κυριω. τα αυτα γραφειν υμιν εμοι μεν ουκ οκνηρον, υμιν δε

                                                27 δε
2:25   συνεργον και συνστρατιωτην μου, υμων δε αποστολον και λειτουργον της χρειας μου,
3:1   υμιν εμοι μεν ουκ οκνηρον, υμιν δε ασφαλες. βλεπετε τους κυνας, βλεπετε τους
2:18   χαιρω και συνχαιρω πασιν υμιν. το δε αυτο και υμεις χαιρετε και συγχαιρετε μοι.
2:22   ζητουσιν, ου τα ιησου χριστου. την δε δοκιμην αυτου γινωσκετε, οτι ως πατρι τεκνον
3:12   ηδη ελαβον η ηδη τετελειωμαι. διωκω δε ει και καταλαβω, εφ ω και κατελημφθην υπο
1:23   τι αιρησομαι ου γνωριζω. συνεχομαι δε εκ των δυο, την επιθυμιαν εχων εις το
3:13   δε, τα μεν οπισω επιλανθανομενος τοις δε εμπροσθεν επεκτεινομενος, κατα σκοπον διωκω
2:19   χαιρετε και συγχαιρετε μοι. ελπιζω δε εν κυριω ιησου τιμοθεον ταχεως πεμψαι υμιν.
4:10   της ειρηνης εσται μεθ υμων. εχαρην δε εν κυριω μεγαλως οτι ηδη ποτε ανεθαλετε το
2:24   αν αφιδω τα περι εμε εξαυτης. πεποιθα δε εν κυριω οτι και αυτος ταχεως ελευσομαι.
1:17   απολογιαν του ευαγγελιου κειμαι, οι δε εξ εριθειας τον χριστον καταγγελλουσιν. ουχ
1:24   πολλω (γαρ) μαλλον κρεισσον. το δε επιμενειν (εν) τη σαρκι αναγκαιοτερον δι
2:25   και αυτος ταχεως ελευσομαι. αναγκαιον δε ηγησαμην επαφροδιτον τον αδελφον και
4:19   θυσιαν δεκτην, ευαρεστον τω θεω. ο δε θεος μου πληρωσει πασαν χρειαν υμων κατα το
4:20   αυτου εν δοξη εν χριστω ιησου. τα δε θεω και πατρι ημων η δοξα εις τους αιωνας
1:15   μεν και δια φθονον και εριν. τινες δε και δι ευδοκιαν τον χριστον κηρυσσουσιν. οι
3:18   ους πολλακις ελεγον υμιν, νυν δε και κλαιων λεγω, τους εχθρους του σταυρου
4:15   μου τη θλιψει. οιδατε δε και υμεις, φιλιππησιοι, οτι εν αρχη του
2:27   αλλα ο θεος ηλεησεν αυτον, ουκ αυτον δε μονον αλλα και εμε, ινα μη λυπην επι λυπην
4:22   υμας παντες οι αγιοι, μαλιστα δε οι εκ της καισαρος οικιας. η χαρις του
4:18   τον πλεοναζοντα εις λογον υμων. απεχω δε παντα και περισσευω. πεπληρωμαι δεξαμενος
2:8   υπηκοος μεχρι θανατου. θανατου δε σταυρου. διο και ο θεος αυτον υπερυψωσεν
1:28   εστιν αυτοις ενδειξις απωλειας, υμων δε σωτηριας, και τουτο απο θεου. οτι υμιν

1:22	χριστος και το αποθανειν κερδος. ει	δε	το ζην εν σαρκι, τουτο μοι καρπος εργου. και
1:12	εις δοξαν και επαινον θεου. γινωσκειν	δε	υμας βουλομαι, αδελφοι, οτι τα κατ εμε
4:10	φρονειν. εφ ω και εφρονειτε ηκαιρεισθε	δε. ουχ οτι καθ υστερησιν λεγω, εγω γαρ εμαθον
3:13	εμαυτον ου λογιζομαι κατειληφεναι. εν	δε. τα μεν οπισω επιλανθανομενος τοις δε

2 δεησει

4:6	αλλ εν παντι τη προσευχη και τη	δεησει	μετα ευχαριστιας τα αιτηματα υμων
1:4	παση τη μνεια υμων. παντοτε εν παση	δεησει	μου υπερ παντων υμων μετα χαρας την

1 δεησεως

1:19	αποβησεται εις σωτηριαν δια της υμων	δεησεως	και επιχορηγιας του πνευματος ιησου

1 δεησιν

1:4	μου υπερ παντων υμων μετα χαρας την	δεησιν	τοιουμενος, επι τη κοινωνια υμων εις το

1 δεκτην

4:18	τα παρ υμων. οσμην ευωδιας, θυσιαν	δεκτην,	ευαρεστον τω θεω. ο δε θεος μου

1 δεξαμενος

4:18	δε παντα και περισσευω. πεπληρωμαι	δεξαμενος	παρα επαφροδιτου τα παρ υμων, οσμην

3 δεσμοις

1:7	εχειν με εν τη καρδια υμας, εν τε τοις	δεσμοις	μου και εν τη απολογια και βεβαιωσει
1:14	των αδελφων εν κυριω πεποιθοτας τοις	δεσμοις	μου περισσοτερως τολμαν αφοβως τον
1:17	αγνως, οιομενοι θλιψιν εγειρειν τοις	δεσμοις	μου. τι γαρ; πλην οτι παντι τροπω,

1 δεσμους

1:13	του ευαγγελιου εληλυθεν. ωστε τους	δεσμους	μου φανερους εν χριστω γενεσθαι εν ολω

3 δι

1:15	και δια φθονον και εριν, τινες δε και	δι	ευδοκιαν τον χριστον κηρυσσουσιν. οι μεν εξ
3:8	γνωσεως χριστου ιησου του κυριου μου,	δι	ον τα παντα εζημιωθην, και ηγουμαι σκυβαλα
1:24	επιμενειν (εν) τη σαρκι αναγκαιοτερον	δι	υμας. και τουτο πεποιθως οιδα οτι μενω και

11 δια

1:20	χριστος εν τω σωματι μου, ειτε	δια	ζωης ειτε δια θανατου. εμοι γαρ το ζην
1:20	εν τω σωματι μου, ειτε δια ζωης ειτε	δια	θανατου. εμοι γαρ το ζην χριστος και το
1:11	πεπληρωμενοι καρπον δικαιοσυνης τον	δια	ιησου χριστου εις δοξαν και επαινον θεου.
3:9	εμην δικαιοσυνην την εκ νομου αλλα την	δια	πιστεως χριστου, την εκ θεου δικαιοσυνην
1:26	υμων περισσευη εν χριστω ιησου εν εμοι	δια	της εμης παρουσιας παλιν προς υμας. μονον
1:19	οτι τουτο μοι αποβησεται εις σωτηριαν	δια	της υμων δεησεως και επιχορηγιας του
2:30	τους τοιουτους εντιμους εχετε. οτι	δια	το εργον χριστου μεχρι θανατου ηγγισεν
1:7	εμοι τουτο φρονειν υπερ παντων υμων.	δια	το εχειν με εν τη καρδια υμας, εν τε τοις
3:8	και ηγουμαι παντα ζημιαν ειναι	δια	το υπερεχον της γνωσεως χριστου ιησου του
3:7	ατινα ην μοι κερδη, ταυτα ηγημαι	δια	τον χριστον ζημιαν. αλλα μενουνγε και
1:15	τον λογον λαλειν. τινες μεν και	δια	φθονον και εριν, τινες δε και δι ευδοκιαν

1 διακονοις

1:1	ουσιν εν φιλιπποις συν επισκοποις και	διακονοις.	χαρις υμιν και ειρηνη απο θεου

1 διαλογισμων

2:14	παντα ποιειτε χωρις γογγυσμων και	διαλογισμων.	ινα γενησθε αμεμπτοι και

1 διαφεροντα

1:10	αισθησει. εις το δοκιμαζειν υμας τα	διαφεροντα,	ινα ητε ειλικρινεις και απροσκοποι

1 διεστραμμενης

2:15	θεου αμωμα μεσον γενεας σκολιας και	διεστραμμενης,	εν οις φαινεσθε ως φωστηρες εν

1 δικαια

4:8	οσα εστιν αληθη, οσα σεμνα, οσα	δικαια,	οσα αγνα, οσα προσφιλη, οσα ευφημα, ει

1 δικαιον

1:7	ημερας χριστου ιησου. καθως εστιν	δικαιον	εμοι τουτο φρονειν υπερ παντων υμων.

3 δικαιοσυνην

3:9	την δια πιστεως χριστου, την εκ θεου	δικαιοσυνην	επι τη πιστει. του γνωναι αυτον
3:9	και ευρεθω εν αυτω, μη εχων εμην	δικαιοσυνην	την εκ νομου αλλα την δια πιστεως
3:6	κατα ζηλος διωκων την εκκλησιαν, κατα	δικαιοσυνην	την εν νομω γενομενος αμεμπτος.

1 δικαιοσυνης

1:11	ημεραν χριστου. πεπληρωμενοι καρπον	δικαιοσυνης	τον δια ιησου χριστου εις δοξαν και

```
                                        1  διο
2:9        μεχρι θανατου. θανατου δε σταυρου. διο και ο θεος αυτον υπερυψωσεν και εχαρισατο

                                        1  διοτι
2:26      επιποθων ην παντας υμας, και αδημονων διοτι ηκουσατε οτι ησθενησεν.  και γαρ

                                        1  δις
4:16        οτι και εν θεσσαλονικη και απαξ και δις εις την χρειαν μοι επεμψατε.   ουχ οτι

                                        2  διωκω
3:12      ουχ οτι ηδη ελαβον η ηδη τετελειωμαι. διωκω δε ει και καταλαβω, εφ ω και κατελημφθην
3:14      εμπροσθεν επεκτεινομενος.  κατα σκοπον διωκω εις το βραβειον της ανω κλησεως του θεου

                                        1  διωκων
3:6        κατα νομον φαρισαιος. κατα ζηλος διωκων την εκκλησιαν. κατα δικαιοσυνην την εν

                                        1  δοκει
3:4        εχων πεποιθησιν και εν σαρκι. ει τις δοκει αλλος πεποιθεναι εν σαρκι. εγω μαλλον.

                                        1  δοκιμαζειν
1:10      επιγνωσει και παση αισθησει, εις το δοκιμαζειν υμας τα διαφεροντα, ινα ητε

                                        1  δοκιμην
2:22      ζητουσιν, ου τα ιησου χριστου. την δε δοκιμην αυτου γινωσκετε, οτι ως πατρι τεκνον

                                        1  δομα
4:17        μοι επεμψατε.  ουχ οτι επιζητω το δομα, αλλα επιζητω τον καρπον τον πλεοναζοντα

                                        2  δοξα
4:20      ιησου.  τω δε θεω και πατρι ημων η δοξα εις τους αιωνας των αιωνων. αμην.
3:19       απωλεια, ων ο θεος η κοιλια και η δοξα εν τη αισχυνη αυτων, οι τα επιγεια

                                        2  δοξαν
2:11         οτι κυριος ιησους χριστος εις δοξαν θεου πατρος.  ωστε, αγαπητοι μου, καθως
1:11      δικαιοσυνης τον δια ιησου χριστου εις δοξαν και επαινον θεου.  γινωσκειν δε υμας

                                        1  δοξη
4:19      χρειαν υμων κατα το πλουτος αυτου εν δοξη εν χριστω ιησου.  τω δε θεω και πατρι ημων

                                        1  δοξης
3:21        ημων συμμορφον τω σωματι της δοξης αυτου κατα την ενεργειαν του δυνασθαι

                                        1  δοσεως
4:15        μοι εκκλησια εκοινωνησεν εις λογον δοσεως και λημψεως ει μη υμεις μονοι.   οτι και

                                        1  δουλοι
1:1            παυλος και τιμοθεος δουλοι χριστου ιησου πασιν τοις αγιοις εν

                                        1  δουλου
2:7       ισα θεω.  αλλα εαυτον εκενωσεν μορφην δουλου λαβων. εν ομοιωματι ανθρωπων γενομενος.

                                        1  δυναμιν
3:10       τη πιστει.  του γνωναι αυτον και την δυναμιν της αναστασεως αυτου και κοινωνιαν

                                        1  δυνασθαι
3:21      της δοξης αυτου κατα την ενεργειαν του δυνασθαι αυτον και υποταξαι αυτω τα παντα.

                                        1  δυο
1:23        ου γνωριζω.  συνεχομαι δε εκ των δυο, την επιθυμιαν εχων εις το αναλυσαι και συν

                                        2  εαυτον
2:8       ευρεθεις ως ανθρωπος εταπεινωσεν εαυτον γενομενος υπηκοος μεχρι θανατου. θανατου
2:7        ηγησατο το ειναι ισα θεω.  αλλα εαυτον εκενωσεν μορφην δουλου λαβων. εν

                                        4  εαυτων
2:4       ηγουμενοι υπερεχοντας εαυτων,  μη τα εαυτων εκαστος σκοπουντες, αλλα και τα ετερων
2:21       υμων μεριμνησει.  οι παντες γαρ τα εαυτων ζητουσιν, ου τα ιησου χριστου.  την δε
2:12      απουσια μου, μετα φοβου και τρομου την εαυτων σωτηριαν κατεργαζεσθε.  θεος γαρ εστιν ο
2:3         αλληλους ηγουμενοι υπερεχοντας εαυτων,  μη τα εαυτων εκαστος σκοπουντες. αλλα
```

			1 εβραιος
3:5	εκ γενους ισραηλ. φυλης βενιαμειν. εβραιος	εξ εβραιων, κατα νομον φαρισαιος,	κατα

			1 εβραιων
3:5	ισραηλ. φυλης βενιαμειν. εβραιος εξ	εβραιων, κατα νομον φαρισαιος,	κατα ζηλος

			1 εγγυς
4:5	γνωσθητω πασιν ανθρωποις. ο κυριος εγγυς.	μηδεν μεριμνατε αλλ εν παντι τη

			1 εγειρειν
1:17	ουχ αγνως. οιομενοι θλιψιν εγειρειν τοις δεσμοις μου.	τι γαρ; πλην οτι

		4 εγω
4:11	δε. ουχ οτι καθ υστερησιν λεγω. εγω γαρ εμαθον εν οις ειμι αυταρκης ειναι.
3:13	υπο χριστου (ιησου). αδελφοι. εγω εμαυτον ου λογιζομαι κατειληφεναι. εν δε.
3:4	και ουκ εν σαρκι πεποιθοτες. καιπερ εγω εχων πεποιθησιν και εν σαρκι. ει τις δοκει
3:4	τις δοκει αλλος πεποιθεναι εν σαρκι. εγω μαλλον. περιτομη οκταημερος, εκ γενους

		1 εδουλευσεν
2:22	οτι ως πατρι τεκνον συν εμοι εδουλευσεν εις το ευαγγελιον. τουτον μεν ουν

		1 εδραμον
2:16	εις ημεραν χριστου. οτι ουκ εις κενον εδραμον ουδε εις κενον εκοπιασα. αλλα ει και

		1 εζημιωθην
3:8	ιησου του κυριου μου. δι ον τα παντα εζημιωθην. και ηγουμαι σκυβαλα ινα χριστον

		13 ει
1:22	ζην χριστος και το αποθανειν κερδος. ει δε το ζην εν σαρκι. τουτο μοι καρπος εργου.
3:12	ηδη ελαβον η ηδη τετελειωμαι, διωκω δε ει και καταλαβω. εφ ω και κατελημφθην υπο
2:17	εδραμον ουδε εις κενον εκοπιασα. αλλα ει και σπενδομαι επι τη θυσια και λειτουργια
4:15	εις λογον δοσεως και λημψεως ει μη υμεις μονοι. οτι και εν θεσσαλονικη και
3:11	συμμορφιζομενος τω θανατω αυτου. ει πως καταντησω εις την εξαναστασιν την εκ
3:15	οσοι ουν τελειοι. τουτο φρονωμεν. και ει τι ετερως φρονειτε. και τουτο ο θεος υμιν
2:1	ει τις ουν παρακλησις εν χριστω, ει τι παραμυθιον αγαπης. ει τις κοινωνια
4:8	οσα αγνα, οσα προσφιλη, οσα ευφημα. ει τις αρετη και ει τις επαινος, ταυτα
3:4	εγω εχων πεποιθησιν και εν σαρκι. ει τις δοκει αλλος πεποιθεναι εν σαρκι, εγω
4:8	προσφιλη, οσα ευφημα. ει τις αρετη και ει τις επαινος, ταυτα λογιζεσθε. α και εμαθετε
2:1	εν χριστω, ει τι παραμυθιον αγαπης, ει τις κοινωνια πνευματος. ει τις σπλαγχνα και
2:1	εν εμοι και νυν ακουετε εν εμοι. ει τις ουν παρακλησις εν χριστω, ει τι
2:1	αγαπης. ει τις κοινωνια πνευματος, ει τις σπλαγχνα και οικτιρμοι, πληρωσατε μου

		2 ειδετε
1:30	πασχειν. τον αυτον αγωνα εχοντες οιον ειδετε εν εμοι και νυν ακουετε εν εμοι. ει
4:9	και παρελαβετε και ηκουσατε και ειδετε εν εμοι, ταυτα πρασσετε. και ο θεος της

		1 ειδοτες
1:16	κηρυσσουσιν. οι μεν εξ αγαπης, ειδοτες οτι εις απολογιαν του ευαγγελιου

		1 ειλικρινεις
1:10	δοκιμαζειν υμας τα διαφεροντα. ινα ητε ειλικρινεις και απροσκοποι εις ημεραν χριστου.

		1 ειμι
4:11	υστερησιν λεγω. εγω γαρ εμαθον εν οις ειμι αυταρκης ειναι. οιδα και ταπεινουσθαι,

		4 ειναι
3:8	αλλα μενουνγε και ηγουμαι παντα ζημιαν ειναι δια το υπερεχον της γνωσεως χριστου ιησου
2:6	θεου υπαρχων ουχ αρπαγμον ηγησατο το ειναι ισα θεω. αλλα εαυτον εκενωσεν μορφην
4:11	εγω γαρ εμαθον εν οις ειμι αυταρκης ειναι. οιδα και ταπεινουσθαι. οιδα και
1:23	εχων εις το αναλυσαι και συν χριστω ειναι. πολλω (γαρ) μαλλον κρεισσον. το δε

		2 ειρηνη
1:2	και διακονοις. χαρις υμιν και ειρηνη απο θεου πατρος ημων και κυριου ιησου
4:7	υμων γνωριζεσθω προς τον θεον. και η ειρηνη του θεου η υπερεχουσα παντα νουν

		1 ειρηνης
4:9	εμοι, ταυτα πρασσετε. και ο θεος της ειρηνης εσται μεθ υμων. εχαρην δε εν κυριω

		23 εις
1:16	οι μεν εξ αγαπης, ειδοτες οτι εις απολογιαν του ευαγγελιου κειμαι. οι δε εξ
1:29	εχαρισθη το υπερ χριστου. ου μονον το εις αυτον πιστευειν αλλα και το υπερ αυτου
2:11	οτι κυριος ιησους χριστος εις δοξαν θεου πατρος. ωστε. αγαπητοι μου,

1:11	δικαιοσυνης τον δια ιησου χριστου	εις	δοξαν και επαινον θεου. γινωσκειν δε υμας
1:10	ινα ητε ειλικρινεις και απροσκοποι	εις	ημεραν χριστου, πεπληρωμενοι καρπον
2:16	λογον ζωης επεχοντες, εις καυχημα εμοι	εις	ημεραν χριστου, οτι ουκ εις κενον εδραμον
2:16	εν κοσμω, λογον ζωης επεχοντες,	εις	καυχημα εμοι εις ημεραν χριστου, οτι ουκ
2:16	εμοι εις ημεραν χριστου, οτι ουκ	εις	κενον εδραμον ουδε εις κενον εκοπιασα.
2:16	οτι ουκ εις κενον εδραμον ουδε	εις	κενον εκοπιασα. αλλα ει και σπενδομαι επι
4:15	ουδεμια μοι εκκλησια εκοινωνησεν	εις	λογον δοσεως και λημψεως ει μη υμεις μονοι.
4:17	επιζητω τον καρπον τον πλεοναζοντα	εις	λογον υμων. απεχω δε παντα και περισσευω
3:16	τουτο ο θεος υμιν αποκαλυψει. πλην	εις	ο εφθασαμεν, τω αυτω στοιχειν. συμμιμηται
1:12	αδελφοι. οτι τα κατ εμε μαλλον	εις	προκοπην του ευαγγελιου εληλυθεν. ωστε
1:19	οιδα γαρ οτι τουτο μοι αποβησεται	εις	σωτηριαν δια της υμων δεησεως και
3:11	τω θανατω αυτου. ει πως καταντησω	εις	την εξαναστασιν την εκ νεκρων. ουχ οτι ηδη
1:25	οιδα οτι μενω και παραμενω πασιν υμιν	εις	την υμων προκοπην και χαραν της πιστεως,
4:16	και εν θεσσαλονικη και απαξ και δις	εις	την χρειαν μοι επεμψατε. ουχ οτι επιζητω
1:23	δε εκ των δυο, την επιθυμιαν εχων	εις	το αναλυσαι και συν χριστω ειναι, πολλω
3:14	επεκτεινομενος, κατα σκοπον διωκω	εις	το βραβειον της ανω κλησεως του θεου εν
1:10	εν επιγνωσει και παση αισθησει,	εις	το δοκιμαζειν υμας τα διαφεροντα, ινα ητε
1:5	ποιουμενος, επι τη κοινωνια υμων	εις	το ευαγγελιον απο της πρωτης ημερας αχρι
2:22	ως πατρι τεκνον συν εμοι εδουλευσεν	εις	το ευαγγελιον. τουτον μεν ουν ελπιζω
4:20	τω δε θεω και πατρι ημων η δοξα	εις	τους αιωνας των αιωνων. αμην. ασπασασθε

6 ειτε

1:18	πλην οτι παντι τροπω, ειτε προφασει	ειτε	αληθεια, χριστος καταγγελλεται, και εν
1:27	ινα ειτε ελθων και ιδων υμας	ειτε	απων ακουω τα περι υμων, οτι στηκετε εν
1:20	χριστος εν τω σωματι μου,	ειτε	δια ζωης ειτε δια θανατου. εμοι γαρ το
1:20	εν τω σωματι μου, ειτε δια ζωης	ειτε	δια θανατου. εμοι γαρ το ζην χριστος και
1:27	του χριστου πολιτευεσθε, ινα	ειτε	ελθων και ιδων υμας ειτε απων ακουω τα
1:18	μου. τι γαρ; πλην οτι παντι τροπω,	ειτε	προφασει ειτε αληθεια, χριστος

6 εκ

3:5	εγω μαλλον. περιτομη οκταημερος,	εκ	γενους ισραηλ, φυλης βενιαμειν, εβραιος εξ
3:9	αλλα την δια πιστεως χριστου, την	εκ	θεου δικαιοσυνην επι τη πιστει. του γνωναι
3:11	πως καταντησω εις την εξαναστασιν την	εκ	νεκρων. ουχ οτι ηδη ελαβον η ηδη
3:9	εν αυτω, μη εχων εμην δικαιοσυνην την	εκ	νομου αλλα την δια πιστεως χριστου, την εκ
4:22	υμας παντες οι αγιοι, μαλιστα δε οι	εκ	της καισαρος οικιας. η χαρις του κυριου
1:23	τι αιρησομαι ου γνωριζω. συνεχομαι δε	εκ	των δυο, την επιθυμιαν εχων εις το αναλυσαι

1 εκαστοι

2:4	εκαστος σκοπουντες, αλλα και τα ετερων	εκαστοι. τουτο φρονειτε εν υμιν ο και εν

1 εκαστος

2:4	υπερεχοντας εαυτων, μη τα εαυτων	εκαστος σκοπουντες, αλλα και τα ετερων εκαστοι.

1 εκενωσεν

2:7	ηγησατο το ειναι ισα θεω, αλλα εαυτον	εκενωσεν μορφην δουλου λαβων, εν ομοιωματι

1 εκκλησια

4:15	εξηλθον απο μακεδονιας. ουδεμια μοι	εκκλησια εκοινωνησεν εις λογον δοσεως και

1 εκκλησιαν

3:6	φαρισαιος, κατα ζηλος διωκων την	εκκλησιαν, κατα δικαιοσυνην την εν νομω

1 εκοινωνησεν

4:15	απο μακεδονιας. ουδεμια μοι εκκλησια	εκοινωνησεν εις λογον δοσεως και λημψεως ει μη

1 εκοπιασα

2:16	ουκ εις κενον εδραμον ουδε εις κενον	εκοπιασα. αλλα ει και σπενδομαι επι τη θυσια

1 ελαβον

3:12	την εκ νεκρων. ουχ οτι ηδη	ελαβον η ηδη τετελειωμαι, διωκω δε ει και

1 ελεγον

3:18	πολλοι γαρ περιπατουσιν ους πολλακις	ελεγον υμιν, νυν δε και κλαιων λεγω, τους

1 ελευσομαι

2:24	δε εν κυριω οτι και αυτος ταχεως	ελευσομαι. αναγκαιον δε ηγησαμην επαφροδιτον

1 εληλυθεν

1:12	εμε μαλλον εις προκοπην του ευαγγελιου	εληλυθεν. ωστε τους δεσμους μου φανερους εν

1 ελθων

1:27	του χριστου πολιτευεσθε, ινα ειτε	ελθων και ιδων υμας ειτε απων ακουω τα περι

	1 ελπιδα	
1:20	χριστου. κατα την αποκαραδοκιαν και	ελπιδα μου οτι εν ουδενι αισχυνθησομαι, αλλ εν

	2 ελπιζω	
2:19	και υμεις χαιρετε και συγχαιρετε μοι. ελπιζω	δε εν κυριω ιησου τιμοθεον ταχεως πεμψαι
2:23	εις το ευαγγελιον. τουτον μεν ουν ελπιζω	πεμψαι ως αν αφιδω τα περι εμε εξαυτης.

	1 εμαθετε	
4:9	τις επαινος, ταυτα λογιζεσθε. α και εμαθετε	και παρελαβετε και ηκουσατε και ειδετε

	1 εμαθον	
4:11	ουχ οτι καθ υστερησιν λεγω, εγω γαρ εμαθον	εν οις ειμι αυταρκης ειναι. οιδα και

	1 εμαυτον	
3:13	υπο χριστου (ιησου). αδελφοι, εγω εμαυτον	ου λογιζομαι κατειληφεναι. εν δε, τα

	3 εμε	
2:23	ουν ελπιζω πεμψαι ως αν αφιδω τα περι	εμε εξαυτης. πεποιθα δε εν κυριω οτι και αυτος
1:12	δε υμας βουλομαι, αδελφοι, οτι τα κατ	εμε μαλλον εις προκοπην του ευαγγελιου
2:27	αυτον, ουκ αυτον δε μονον αλλα και	εμε, ινα μη λυπην επι λυπην σχω. σπουδαιοτερως

	1 εμην	
3:9	κερδησω και ευρεθω εν αυτω, μη εχων	εμην δικαιοσυνην την εκ νομου αλλα την δια

	1 εμης	
1:26	εν χριστω ιησου εν εμοι δια της	εμης παρουσιας παλιν προς υμας. μονον αξιως

	10 εμοι	
4:21	χριστω ιησου. ασπαζονται υμας οι συν	εμοι αδελφοι. ασπαζονται υμας παντες οι αγιοι
1:21	μου, ειτε δια ζωης ειτε δια θανατου.	εμοι γαρ το ζην χριστος και το αποθανειν
1:26	υμων περισσευη εν χριστω ιησου εν	εμοι δια της εμης παρουσιας παλιν προς υμας.
2:22	γινωσκετε, οτι ως πατρι τεκνον συν	εμοι εδουλευσεν εις το ευαγγελιον. τουτον μεν
2:16	λογον ζωης επεχοντες, εις καυχημα	εμοι εις ημεραν χριστου, οτι ουκ εις κενον
1:30	τον αυτον αγωνα εχοντες οιον ειδετε εν	εμοι και νυν ακουετε εν εμοι. ει τις ουν
3:1	χαιρετε εν κυριω. τα αυτα γραφειν υμιν	εμοι μεν ουκ οκνηρον, υμιν δε ασφαλες. βλεπετε
1:7	χριστου ιησου. καθως εστιν δικαιον	εμοι τουτο φρονειν υπερ παντων υμων, δια το
1:30	οιον ειδετε εν εμοι και νυν ακουετε εν	εμοι. ει τις ουν παρακλησις εν χριστω, ει τι
4:9	παρελαβετε και ηκουσατε και ειδετε εν	εμοι, ταυτα πρασσετε. και ο θεος της ειρηνης

	1 εμου	
4:10	μεγαλως οτι ηδη ποτε ανεθαλετε το υπερ	εμου φρονειν, εφ ω και εφρονειτε ηκαιρεισθε δε.

	1 εμπροσθεν	
3:13	τα μεν οπισω επιλανθανομενος τοις δε	εμπροσθεν επεκτεινομενος. κατα σκοπον διωκω

	67 εν	
4:15	οιδατε δε και υμεις, φιλιππησιοι, οτι	εν αρχη του ευαγγελιου, οτε εξηλθον απο
3:9	ινα χριστον κερδησω και ευρεθω	εν αυτω, μη εχων εμην δικαιοσυνην την εκ νομου
4:3	των λοιπων συνεργων μου, ων τα ονοματα	εν βιβλω ζωης. χαιρετε εν κυριω παντοτε. παλιν
3:13	εγω εμαυτον ου λογιζομαι κατειληφεναι.	εν δε, τα μεν οπισω επιλανθανομενος τοις δε
4:19	χρειαν υμων κατα το πλουτος αυτου	εν δοξη εν χριστω ιησου. τω δε θεω και πατρι
1:26	καυχημα υμων περισσευη εν χριστω ιησου	εν εμοι δια της εμης παρουσιας παλιν προς υμας.
1:30	τον αυτον αγωνα εχοντες οιον ειδετε	εν εμοι και νυν ακουετε εν εμοι. ει τις ουν
1:30	οιον ειδετε εν εμοι και νυν ακουετε	εν εμοι. ει τις ουν παρακλησις εν χριστω, ει
4:9	και παρελαβετε και ηκουσατε και ειδετε	εν εμοι, ταυτα πρασσετε. και ο θεος της ειρηνης
1:27	απων ακουω τα περι υμων, οτι στηκετε	εν ενι πνευματι, μια ψυχη συναθλουντες τη
1:9	υμων ετι μαλλον και μαλλον περισσευη	εν επιγνωσει και παση αισθησει, εις το
4:16	λημψεως ει μη υμεις μονοι. οτι και	εν θεσσαλονικη και απαξ και δις εις την χρειαν
2:15	εν οις φαινεσθε ως φωστηρες	εν κοσμω. λογον ζωης επεχοντες, εις καυχημα
2:19	χαιρετε και συγχαιρετε μοι. ελπιζω δε	εν κυριω ιησου τιμοθεον ταχεως πεμψαι υμιν, ινα
4:10	της ειρηνης εσται μεθ υμων. εχαρην δε	εν κυριω μεγαλως οτι ηδη ποτε ανεθαλετε το υπερ
2:29	αλυποτερος ω. προσδεχεσθε ουν αυτον	εν κυριω μετα πασης χαρας, και τους τοιουτους
2:24	αφιδω τα περι εμε εξαυτης. πεποιθα δε	εν κυριω οτι και αυτος ταχεως ελευσομαι.
4:4	ων τα ονοματα εν βιβλω ζωης. χαιρετε	εν κυριω παντοτε. παλιν ερω, χαιρετε. το
1:14	πασιν, και τους πλειονας των αδελφων	εν κυριω πεποιθοτας τοις δεσμοις μου
4:2	και συντυχην παρακαλω το αυτο φρονειν	εν κυριω. ναι ερωτω και σε, γνησιε συζυγε,
3:1	το λοιπον, αδελφοι μου, χαιρετε	εν κυριω. τα αυτα γραφειν υμιν εμοι μεν ουκ
4:1	χαρα και στεφανος μου, ουτως στηκετε	εν κυριω, αγαπητοι. ευοδιαν παρακαλω και
1:28	του ευαγγελιου. και μη πτυρομενοι	εν μηδενι υπο των αντικειμενων, ητις εστιν
2:6	εν υμιν ο και εν χριστω ιησου. ος	εν μορφη θεου υπαρχων ουχ αρπαγμον ηγησατο το
3:6	την εκκλησιαν, κατα δικαιοσυνην την	εν νομω γενομενος αμεμπτος. (αλλα) ατινα ην
4:11	οτι καθ υστερησιν λεγω, εγω γαρ εμαθον	εν οις ειμι αυταρκης ειναι. οιδα και

2:15	γενεας σκολιας και διεστραμμενης, εν	οις φαινεσθε ως φωστηρες εν κοσμω, λογον
1:13	μου φανερους εν χριστω γενεσθαι εν	ολω τω πραιτωριω και τοις λοιποις πασιν,
2:7	εαυτον εκενωσεν μορφην δουλου λαβων, εν	ομοιωματι ανθρωπων γενομενος. και σχηματι
1:20	την αποκαραδοκιαν και ελπιδα μου οτι εν	ουδενι αισχυνθησομαι, αλλ εν παση παρρησια
3:20	φρονουντες. ημων γαρ το πολιτευμα εν	ουρανοις υπαρχει, εξ ου και σωτηρα
4:12	ταπεινουσθαι, οιδα και περισσευειν. εν	παντι και εν πασιν μεμυημαι και χορταζεσθαι
4:6	ο κυριος εγγυς. μηδεν μεριμνατε αλλ εν	παντι τη προσευχη και τη δεησει υμων μετα
1:4	μου επι παση τη μνεια υμων, παντοτε εν	παση δεησει μου υπερ παντων υμων μετα χαρας
1:20	μου οτι εν ουδενι αισχυνθησομαι, αλλ εν	παση παρρησια ως παντοτε και νυν
4:12	οιδα και περισσευειν. εν παντι και εν	πασιν μεμυημαι και χορταζεσθαι και πειναν,
3:3	και καυχωμενοι εν χριστω ιησου και ουκ εν	σαρκι πεποιθοτες. καιπερ εγω εχων
3:4	καιπερ εγω εχων πεποιθησιν και εν	σαρκι. ει τις δοκει αλλος πεποιθεναι εν
3:4	σαρκι. ει τις δοκει αλλος πεποιθεναι εν	σαρκι. εγω μαλλον. περιτομη οκταημερος, εκ
1:22	και το αποθανειν κερδος. ει δε το ζην εν	σαρκι, τουτο μοι καρπος εργου. και τι
1:8	γαρ μου ο θεος, ως επιποθω παντας υμας εν	σπλαγχνοις χριστου ιησου. και τουτο
1:7	δια το εχειν με εν τη καρδια υμας, εν	τε τοις δεσμοις μου και εν τη απολογια και
3:19	απωλεια, ων ο θεος η κοιλια και η δοξα εν	τη αισχυνη αυτων, οι τα επιγεια φρονουντες.
1:7	υμας, εν τε τοις δεσμοις μου και εν	τη απολογια και βεβαιωσει του ευαγγελιου
2:12	μου μονον αλλα νυν πολλω μαλλον εν	τη απουσια μου, μετα φοβου και τρομου την
1:7	υπερ παντων υμων, δια το εχειν με εν	τη καρδια υμας, εν τε τοις δεσμοις μου και
2:12	μου, καθως παντοτε υπηκουσατε, μη ως εν	τη παρουσια μου μονον αλλα νυν πολλω μαλλον
1:18	αληθεια, χριστος καταγγελλεται. και εν	τουτω χαιρω. αλλα και χαρησομαι. οιδα γαρ
4:13	και υστερεισθαι. παντα ισχυω εν	τω ενδυναμουντι με. πλην καλως εποιησατε
4:3	συζυγε, συλλαμβανου αυταις, αιτινες εν	τω ευαγγελιω συνηθλησαν μοι μετα και
2:10	αυτω το ονομα το υπερ παν ονομα, ινα εν	τω ονοματι ιησου παν γονυ καμψη επουρανιων
1:20	παντοτε και νυν μεγαλυνθησεται χριστος εν	τω σωματι μου, ειτε δια ζωης ειτε δια
1:6	πεποιθως αυτο τουτο, οτι ο εναρξαμενος εν	υμιν εργον αγαθον επιτελεσει αχρι ημερας
2:13	θεος γαρ εστιν ο ενεργων εν	υμιν και το θελειν και το ενεργειν υπερ της
2:5	και τα ετερων εκαστοι. τουτο φρονειτε εν	υμιν ο και εν χριστω ιησου. ος εν μορφη
1:1	τοις αγιοις εν χριστω ιησου τοις ουσιν εν	φιλιπποις συν επισκοποις και διακονοις.
2:2	την αυτην αγαπην εχοντες, συμψυχοι, το εν	φρονουντες, μηδεν κατ εριθειαν μηδε κατα
1:13	ωστε τους δεσμους μου φανερους εν	χριστω γενεσθαι εν ολω τω πραιτωριω και τοις
1:26	ινα το καυχημα υμων περισσευη εν	χριστω ιησου εν εμοι δια της εμης παρουσιας
3:3	θεου λατρευοντες και καυχωμενοι εν	χριστω ιησου και ουκ εν σαρκι πεποιθοτες,
1:1	δουλοι χριστου ιησου πασιν τοις αγιοις εν	χριστω ιησου τοις ουσιν εν φιλιπποις συν
3:14	το βραβειον της ανω κλησεως του θεου εν	χριστω ιησου. οσοι ουν τελειοι. τουτο
4:7	τας καρδιας υμων και τα νοηματα υμων εν	χριστω ιησου. το λοιπον, αδελφοι, οσα εστιν
4:19	υμων κατα το πλουτος αυτου εν δοξη εν	χριστω ιησου. τω δε θεω και πατρι ημων η
4:21	αιωνων. αμην. ασπασασθε παντα αγιον εν	χριστω ιησου. ασπαζονται υμας οι συν εμοι
2:5	εκαστοι. τουτο φρονειτε εν υμιν ο και εν	χριστω ιησου. ος εν μορφη θεου υπαρχων ουχ
2:1	εν εμοι. ει τις ουν παρακλησις εν	χριστω, ει τι παραμυθιον αγαπης, ει τις

		1 εναρξαμενος
1:6	του νυν. πεποιθως αυτο τουτο, οτι ο	εναρξαμενος εν υμιν εργον αγαθον επιτελεσει

		1 ενδειξις
1:28	των αντικειμενων, ητις εστιν αυτοις	ενδειξις απωλειας, υμων δε σωτηριας, και τουτο

		1 ενδυναμουντι
4:13	και υστερεισθαι. παντα ισχυω εν τω	ενδυναμουντι με. πλην καλως εποιησατε

		1 ενεργειαν
3:21	τω σωματι της δοξης αυτου κατα την	ενεργειαν του δυνασθαι αυτον και υποταξαι αυτω

		1 ενεργειν
2:13	ο ενεργων εν υμιν και το θελειν και το	ενεργειν υπερ της ευδοκιας. παντα ποιειτε

		1 ενεργων
2:13	κατεργαζεσθε. θεος γαρ εστιν ο	ενεργων εν υμιν και το θελειν και το ενεργειν

		1 ενι
1:27	ακουω τα περι υμων, οτι στηκετε εν	ενι πνευματι, μια ψυχη συναθλουντες τη πιστει

		1 εντιμους
2:29	μετα πασης χαρας, και τους τοιουτους	εντιμους εχετε, οτι δια το εργον χριστου μεχρι

		4 εξ
1:16	τον χριστον κηρυσσουσιν. οι μεν	εξ αγαπης, ειδοτες οτι εις απολογιαν του
3:5	ισραηλ, φυλης βενιαμειν, εβραιος	εξ εβραιων, κατα νομον φαρισαιος. κατα ζηλος
1:17	του ευαγγελιου κειμαι. οι δε	εξ εριθειας τον χριστον καταγγελλουσιν, ουχ
3:20	γαρ το πολιτευμα εν ουρανοις υπαρχει,	εξ ου και σωτηρα απεκδεχομεθα κυριον ιησουν

```
                                              1  εξαναστασιν
3:11        αυτου.  ει πως καταντησω εις την  εξαναστασιν την εκ νεκρων.   ουχ οτι ηδη ελαβον

                                              1  εξαυτης
2:23  ελπιζω πεμψαι ως αν αφιδω τα περι εμε    εξαυτης.   πεποιθα δε εν κυριω οτι και αυτος

                                              1  εξηλθον
4:15        οτι εν αρχη του ευαγγελιου, οτε    εξηλθον απο μακεδονιας, ουδεμια μοι εκκλησια

                                              1  εξομολογησεται
2:11    και καταχθονιων.   και πασα γλωσσα     εξομολογησεται οτι κυριος ιησους χριστος εις

                                              1  επαινον
1:11    τον δια ιησου χριστου εις δοξαν και    επαινον θεου.   γινωσκειν δε υμας βουλομαι,

                                              1  επαινος
4:8     οσα ευφημα. ει τις αρετη και ει τις    επαινος. ταυτα λογιζεσθε.   α και εμαθετε και

                                              1  επαφροδιτον
2:25        ελευσομαι.  αναγκαιον δε ηγησαμην  επαφροδιτον τον αδελφον και συνεργον και

                                              1  επαφροδιτου
4:18    περισσευω. πεπληρωμαι δεξαμενος παρα   επαφροδιτου τα παρ υμων, οσμην ευωδιας, θυσιαν

                                              1  επειδη
2:26      της χρειας μου, πεμψαι προς υμας,    επειδη επιποθων ην παντας υμας, και αδημονων

                                              1  επεκτεινομενος
3:13    επιλανθανομενος τοις δε εμπροσθεν      επεκτεινομενος.   κατα σκοπον διωκω εις το

                                              1  επεμψα
2:28      επι λυπην σχω.  σπουδαιοτερως ουν    επεμψα αυτον ινα ιδοντες αυτον παλιν χαρητε

                                              1  επεμψατε
4:16    και απαξ και δις εις την χρειαν μοι    επεμψατε.   ουχ οτι επιζητω το δομα, αλλα

                                              1  επεχοντες
2:16      ως φωστηρες εν κοσμω.  λογον ζωης    επεχοντες, εις καυχημα εμοι εις ημεραν χριστου.

                                              5  επι
2:27      δε μονον αλλα και εμε, ινα μη λυπην  επι λυπην σχω   σπουδαιοτερως ουν επεμψα αυτον
1:3     ιησου χριστου.  ευχαριστω τω θεω μου   επι παση τη μνεια υμων,   παντοτε εν παση δεησει
2:17    κενον εκοπιασα.   αλλα ει και σπενδομαι  επι τη θυσια και λειτουργια της πιστεως υμων.
1:5       μετα χαρας την δεησιν ποιουμενος,   επι τη κοινωνια υμων εις το ευαγγελιον απο της
3:9       χριστου. την εκ θεου δικαιοσυνην     επι τη πιστει,   του γνωναι αυτον και την

                                              1  επιγεια
3:19    και η δοξα εν τη αισχυνη αυτων, οι τα  επιγεια φρονουντες. ημων γαρ το πολιτευμα εν

                                              1  επιγειων
2:10    ιησου παν γονυ καμψη επουρανιων και    επιγειων και καταχθονιων.   και πασα γλωσσα

                                              1  επιγνωσει
1:9     ετι μαλλον και μαλλον περισσευη εν     επιγνωσει και παση αισθησει.   εις το δοκιμαζειν

                                              1  επιεικες
4:5     κυριω παντοτε. παλιν ερω, χαιρετε.     το επιεικες υμων γνωσθητω πασιν ανθρωποις. ο

                                              2  επιζητω
4:17    εις την χρειαν μοι επεμψατε.  ουχ οτι  επιζητω το δομα, αλλα επιζητω τον καρπον τον
4:17        ουχ οτι επιζητω το δομα, αλλα      επιζητω τον καρπον τον πλεοναζοντα εις λογον

                                              1  επιθυμιαν
1:23    γνωριζω.  συνεχομαι δε εκ των δυο, την  επιθυμιαν εχων εις το αναλυσαι και συν χριστω

                                              1  επιλανθανομενος
3:13      κατειληφεναι. εν δε. τα μεν οπισω    επιλανθανομενος τοις δε εμπροσθεν

                                              1  επιμενειν
1:24    πολλω (γαρ) μαλλον κρεισσον.   το δε   επιμενειν (εν) τη σαρκι αναγκαιοτερον δι υμας.
```

		1 επιποθητοι
4:1	ωστε. αδελφοι μου αγαπητοι και	επιποθητοι. χαρα και στεφανος μου. ουτως

		1 επιποθω
1:8	υμας οντας. μαρτυς γαρ μου ο θεος. ως	επιποθω παντας υμας εν σπλαγχνοις χριστου

		1 επιποθων
2:26	χρειας μου. πεμψαι προς υμας. επειδη	επιποθων ην παντας υμας. και αδημονων διοτι

		1 επισκοποις
1:1	ιησου τοις ουσιν εν φιλιπποις συν	επισκοποις και διακονοις. χαρις υμιν και

		1 επιτελεσει
1:6	οτι ο εναρξαμενος εν υμιν εργον αγαθον	επιτελεσει αχρι ημερας χριστου ιησου. καθως

		1 επιχορηγιας
1:19	εις σωτηριαν δια της υμων δεησεως και	επιχορηγιας του πνευματος ιησου χριστου. κατα

		1 εποιησατε
4:14	εν τω ενδυναμουντι με. πλην καλως	εποιησατε συγκοινωνησαντες μου τη θλιψει.

		1 επουρανιων
2:10	ινα εν τω ονοματι ιησου παν γονυ καμψη	επουρανιων και επιγειων και καταχθονιων. και

		1 εργατας
3:2	τους κυνας. βλεπετε τους κακους	εργατας. βλεπετε την κατατομην. ημεις γαρ

		2 εργον
1:6	αυτο τουτο. οτι ο εναρξαμενος εν υμιν	εργον αγαθον επιτελεσει αχρι ημερας χριστου
2:30	τοιουτους εντιμους εχετε. οτι δια το	εργον χριστου μεχρι θανατου ηγγισεν

		1 εργου
1:22	δε το ζην εν σαρκι. τουτο μοι καρπος	εργου. και τι αιρησομαι ου γνωριζω. συνεχομαι

		1 εριθειαν
2:3	συμψυχοι. το εν φρονουντες. μηδεν κατ	εριθειαν μηδε κατα κενοδοξιαν. αλλα τη

		1 εριθειας
1:17	του ευαγγελιου κειμαι. οι δε εξ	εριθειας τον χριστον καταγγελλουσιν. ουχ αγνως.

		1 εριν
1:15	λαλειν. τινες μεν και δια φθονον και	εριν. τινες δε και δι ευδοκιαν τον χριστον

		1 ερω
4:4	ζωης. χαιρετε εν κυριω παντοτε. παλιν	ερω. χαιρετε. το επιεικες υμων γνωσθητω πασιν

		1 ερωτω
4:3	το αυτο φρονειν εν κυριω. ναι	ερωτω και σε. γνησιε συζυγε. συλλαμβανου

		1 εσμεν
3:3	βλεπετε την κατατομην. ημεις γαρ	εσμεν η περιτομη. οι πνευματι θεου λατρευοντες

		1 εσται
4:9	ταυτα πρασσετε. και ο θεος της ειρηνης	εσται μεθ υμων. εχαρην δε εν κυριω μεγαλως οτι

		4 εστιν
4:8	χριστω ιησου. το λοιπον. αδελφοι. οσα	εστιν αληθη. οσα σεμνα. οσα δικαια. οσα αγνα.
1:28	εν μηδενι υπο των αντικειμενων. ητις	εστιν αυτοις ενδειξις απωλειας. υμων δε
1:7	αχρι ημερας χριστου ιησου. καθως	εστιν δικαιον εμοι τουτο φρονειν υπερ παντων
2:13	σωτηριαν κατεργαζεσθε. θεος γαρ	εστιν ο ενεργων εν υμιν και το θελειν και το

		1 εταπεινωσεν
2:8	και σχηματι ευρεθεις ως ανθρωπος	εταπεινωσεν εαυτον γενομενος υπηκοος μεχρι

		1 ετερων
2:4	εαυτων εκαστος σκοπουντες. αλλα και τα	ετερων εκαστοι. τουτο φρονειτε εν υμιν ο και

		1 ετερως
3:15	ουν τελειοι. τουτο φρονωμεν. και ει τι	ετερως φρονειτε. και τουτο ο θεος υμιν

1 ετι
1:9   τουτο προσευχομαι, ινα η αγαπη υμων ετι μαλλον και μαλλον περισσευη εν επιγνωσει

2 ευαγγελιον
1:5   επι τη κοινωνια υμων εις το ευαγγελιον απο της πρωτης ημερας αχρι του νυν,
2:22   τεκνον συν εμοι εδουλευσεν εις το ευαγγελιον. τουτον μεν ουν ελπιζω πεμψαι ως αν

6 ευαγγελιου
1:12   οτι τα κατ εμε μαλλον εις προκοπην του ευαγγελιου εληλυθεν. ωστε τους δεσμους μου
1:16   αγαπης, ειδοτες οτι εις απολογιαν του ευαγγελιου κειμαι, οι δε εξ εριθειας τον
1:7   και εν τη απολογια και βεβαιωσει του ευαγγελιου συνκοινωνους μου της χαριτος παντας
1:27   παλιν προς υμας. μονον αξιως του ευαγγελιου του χριστου πολιτευεσθε, ινα ειτε
1:27   μια ψυχη συναθλουντες τη πιστει του ευαγγελιου. και μη πτυρομενοι εν μηδενι υπο
4:15   υμεις, φιλιππησιοι, οτι εν αρχη του ευαγγελιου, οτε εξηλθον απο μακεδονιας, ουδεμια

1 ευαγγελιω
4:3   συλλαμβανου αυταις, αιτινες εν τω ευαγγελιω συνηθλησαν μοι μετα και κλημεντος και

1 ευαρεστον
4:18   υμων, οσμην ευωδιας, θυσιαν δεκτην, ευαρεστον τω θεω. ο δε θεος μου πληρωσει πασαν

1 ευδοκιαν
1:15   δια φθονον και εριν, τινες δε και δι ευδοκιαν τον χριστον κηρυσσουσιν. οι μεν εξ

1 ευδοκιας
2:13   και το θελειν και το ενεργειν υπερ της ευδοκιας. παντα ποιειτε χωρις γογγυσμων και

1 ευοδιαν
4:2   ουτως στηκετε εν κυριω, αγαπητοι. ευοδιαν παρακαλω και συντυχην παρακαλω το αυτο

1 ευρεθεις
2:7   ανθρωπων γενομενος. και σχηματι ευρεθεις ως ανθρωπος εταπεινωσεν εαυτον

1 ευρεθω
3:9   σκυβαλα ινα χριστον κερδησω και ευρεθω εν αυτω, μη εχων εμην δικαιοσυνην την εκ

1 ευφημα
4:8   δικαια, οσα αγνα, οσα προσφιλη, οσα ευφημα, ει τις αρετη και ει τις επαινος, ταυτα

1 ευχαριστιας
4:6   παντι τη προσευχη και τη δεησει μετα ευχαριστιας τα αιτηματα υμων γνωριζεσθω προς

1 ευχαριστω
1:3   πατρος ημων και κυριου ιησου χριστου. ευχαριστω τω θεω μου επι παση τη μνεια υμων,

1 ευψυχω
2:19   τιμοθεον ταχεως πεμψαι υμιν, ινα καγω ευψυχω γνους τα περι υμων. ουδενα γαρ εχω

1 ευωδιας
4:18   παρα επαφροδιτου τα παρ υμων, οσμην ευωδιας, θυσιαν δεκτην, ευαρεστον τω θεω. ο δε

2 εφ
4:10   ποτε ανεθαλετε το υπερ εμου φρονειν, εφ ω και εφρονειτε ηκαιρεισθε δε. ουχ οτι καθ
3:12   τετελειωμαι, διωκω δε ει και καταλαβω, εφ ω και κατελημφθην υπο χριστου (ιησου).

1 εφθασαμεν
3:16   ο θεος υμιν αποκαλυψει. πλην εις ο εφθασαμεν, τω αυτω στοιχειν. συμμιμηται μου

1 εφρονειτε
4:10   το υπερ εμου φρονειν, εφ ω και εφρονειτε ηκαιρεισθε δε. ουχ οτι καθ υστερησιν

1 εχαρην
4:10   ο θεος της ειρηνης εσται μεθ υμων. εχαρην δε εν κυριω μεγαλως οτι ηδη ποτε

1 εχαρισατο
2:9   διο και ο θεος αυτον υπερυψωσεν και εχαρισατο αυτω το ονομα το υπερ παν ονομα, ινα

1 εχαρισθη
1:29   και τουτο απο θεου. οτι υμιν εχαρισθη το υπερ χριστου, ου μονον το εις αυτον

```
                                         1  εχειν
1:7    τουτο  φρονειν  υπερ  παντων  υμων,  δια  το  εχειν  με  εν  τη  καρδια  υμας,  εν  τε  τοις  δεσμοις

                                         2  εχετε
3:17   σκοπειτε  τους  ουτω  περιπατουντας  καθως  εχετε  τυπον  ημας.   πολλοι  γαρ  περιπατουσιν  ους
2:29        χαρας,  και  τους  τοιουτους  εντιμους  εχετε,    οτι  δια  το  εργον  χριστου  μεχρι  θανατου

                                         1  εχθρους
3:18   υμιν.  νυν  δε  και  κλαιων  λεγω,  τους  εχθρους  του  σταυρου  του  χριστου.   ων  το  τελος

                                         2  εχοντες
1:30   υπερ  αυτου  πασχειν.   τον  αυτον  αγωνα  εχοντες  οιον  ειδετε  εν  εμοι  και  νυν  ακουετε  εν
2:2    ινα  το  αυτο  φρονητε,  την  αυτην  αγαπην  εχοντες,  συμψυχοι,  το  εν  φρονουντες,   μηδεν  κατ

                                         1  εχω
2:20   ευψυχω  γνους  τα  περι  υμων.   ουδενα  γαρ  εχω  ισοψυχον,  οστις  γνησιως  τα  περι  υμων

                                         3  εχων
1:23   συνεχομαι  δε  εκ  των  δυο,  την  επιθυμιαν  εχων  εις  το  αναλυσαι  και  συν  χριστω  ειναι,
3:9         κερδησω   και  ευρεθω  εν  αυτω,  μη  εχων  εμην  δικαιοσυνην  την  εκ  νομου  αλλα  την  δια
3:4    ουκ  εν  σαρκι  πεποιθοτες,   καιπερ  εγω  εχων  πεποιθησιν  και  εν  σαρκι.  ει  τις  δοκει

                                         1  ζηλος
3:6    εβραιων,  κατα  νομον  φαρισαιος,   κατα  ζηλος  διωκων  την  εκκλησιαν,  κατα  δικαιοσυνην

                                         2  ζημιαν
3:8         αλλα  μενουνγε  και  ηγουμαι  παντα  ζημιαν  ειναι  δια  το  υπερεχον  της  γνωσεως
3:7    κερδη,  ταυτα  ηγημαι  δια  τον  χριστον  ζημιαν.   αλλα  μενουνγε  και  ηγουμαι  παντα  ζημιαν

                                         2  ζην
1:22   και  το  αποθανειν  κερδος.   ει  δε  το  ζην  εν  σαρκι,  τουτο  μοι  καρπος  εργου.  και  τι
1:21   ζωης  ειτε  δια  θανατου.   εμοι  γαρ  το  ζην  χριστος  και  το  αποθανειν  κερδος.   ει  δε  το

                                         1  ζητουσιν
2:21   μεριμνησει.   οι  παντες  γαρ  τα  εαυτων  ζητουσιν,  ου  τα  ιησου  χριστου.   την  δε  δοκιμην

                                         3  ζωης
1:20       χριστος  εν  τω  σωματι  μου,  ειτε  δια  ζωης  ειτε  δια  θανατου.   εμοι  γαρ  το  ζην  χριστος
2:16   φαινεσθε  ως  φωστηρες  εν  κοσμω,   λογον  ζωης  επεχοντες,  εις  καυχημα  εμοι  εις  ημεραν
4:3    συνεργων  μου,  ων  τα  ονοματα  εν  βιβλω  ζωης.   χαιρετε  εν  κυριω  παντοτε.  παλιν  ερω,

                                         1  ηγγισεν
2:30   οτι  δια  το  εργον  χριστου  μεχρι  θανατου  ηγγισεν  παραβολευσαμενος  τη  ψυχη,  ινα

                                         1  ηγημαι
3:7    (αλλα)  ατινα  ην  μοι  κερδη,  ταυτα  ηγημαι  δια  τον  χριστον  ζημιαν.   αλλα  μενουνγε

                                         1  ηγησαμην
2:25   αυτος  ταχεως  ελευσομαι.   αναγκαιον  δε  ηγησαμην  επαφροδιτον  τον  αδελφον  και  συνεργον

                                         1  ηγησατο
2:6    ος  εν  μορφη  θεου  υπαρχων  ουχ  αρπαγμον  ηγησατο  το  ειναι  ισα  θεω.   αλλα  εαυτον  εκενωσεν

                                         2  ηγουμαι
3:8    τον  χριστον  ζημιαν.   αλλα  μενουνγε  και  ηγουμαι  παντα  ζημιαν  ειναι  δια  το  υπερεχον  της
3:8    μου,  δι  ον  τα  παντα  εζημιωθην,  και  ηγουμαι  σκυβαλα  ινα  χριστον  κερδησω   και  ευρεθω

                                         1  ηγουμενοι
2:3    αλλα  τη  ταπεινοφροσυνη  αλληλους  ηγουμενοι  υπερεχοντας  εαυτων,   μη  τα  εαυτων

                                         3  ηδη
3:12   εξαναστασιν  την  εκ  νεκρων.   ουχ  οτι  ηδη  ελαβον  η  ηδη  τετελειωμαι,  διωκω  δε  ει  και
4:10   υμων.   εχαρην  δε  εν  κυριω  μεγαλως  οτι  ηδη  ποτε  ανεθαλετε  το  υπερ  εμου  φρονειν,  εφ  ω
3:12   την  εκ  νεκρων.   ουχ  οτι  ηδη  ελαβον  η  ηδη  τετελειωμαι,  διωκω  δε  ει  και  καταλαβω,  εφ  ω

                                         1  ηκαιρεισθε
4:10   υπερ  εμου  φρονειν,  εφ  ω  και  εφρονειτε  ηκαιρεισθε  δε.   ουχ  οτι  καθ  υστερησιν  λεγω,  εγω

                                         2  ηκουσατε
4:9    α  και  εμαθετε  και  παρελαβετε  και  ηκουσατε  και  ειδετε  εν  εμοι,  ταυτα  πρασσετε.
2:26   ην  παντας  υμας,  και  αδημονων  διοτι  ηκουσατε  οτι  ησθενησεν.   και  γαρ  ησθενησεν
```

1 ηλεησεν

2:27 παραπλησιον θανατω. αλλα ο θεος ηλεησεν αυτον. ουκ αυτον δε μονον αλλα και εμε.

1 ημας

3:17 ουτω περιπατουντας καθως εχετε τυπον ημας. πολλοι γαρ περιπατουσιν ους πολλακις

1 ημεις

3:3 εργατας. βλεπετε την κατατομην. ημεις γαρ εσμεν η περιτομη. οι πνευματι θεου

2 ημεραν

1:10 ινα ητε ειλικρινεις και απροσκοποι εις ημεραν χριστου. πεπληρωμενοι καρπον
2:16 ζωης επεχοντες. εις καυχημα εμοι εις ημεραν χριστου. οτι ουκ εις κενον εδραμον ουδε

2 ημερας

1:5 υμων εις το ευαγγελιον απο της πρωτης ημερας αχρι του νυν, πεποιθως αυτο τουτο. οτι
1:6 εν υμιν εργον αγαθον επιτελεσει αχρι ημερας χριστου ιησου. καθως εστιν δικαιον εμοι

4 ημων

3:20 αυτων. οι τα επιγεια φρονουντες. ημων γαρ το πολιτευμα εν ουρανοις υπαρχει. εξ
4:20 εν χριστω ιησου. τω δε θεω και πατρι ημων η δοξα εις τους αιωνας των αιωνων. αμην.
1:2 χαρις υμιν και ειρηνη απο θεου πατρος ημων και κυριου ιησου χριστου. ευχαριστω τω
3:21 μετασχηματισει το σωμα της ταπεινωσεως ημων συμμορφον τω σωματι της δοξης αυτου κατα

2 ην

3:7 νομω γενομενος αμεμπτος. (αλλα) ατινα ην μοι κερδη, ταυτα ηγημαι δια τον χριστον
2:26 πεμψαι προς υμας. επειδη επιποθων ην παντας υμας. και αδημονων διοτι ηκουσατε οτι

2 ησθενησεν

2:27 διοτι ηκουσατε οτι ησθενησεν. και γαρ ησθενησεν παραπλησιον θανατω. αλλα ο θεος
2:26 υμας. και αδημονων διοτι ηκουσατε οτι ησθενησεν. και γαρ ησθενησεν παραπλησιον

1 ητε

1:10 το δοκιμαζειν υμας τα διαφεροντα. ινα ητε ειλικρινεις και απροσκοποι εις ημεραν

1 ητις

1:28 εν μηδενι υπο των αντικειμενων. ητις εστιν αυτοις ενδειξις απωλειας. υμων δε

4 θανατου

2:8 γενομενος υπηκοος μεχρι θανατου. θανατου δε σταυρου. διο και ο θεος αυτον
2:30 εχετε. οτι δια το εργον χριστου μεχρι θανατου ηγγισεν παραβολευσαμενος τη ψυχη, ινα
1:20 τω σωματι μου. ειτε δια ζωης ειτε δια θανατου εμοι γαρ το ζην χριστος και το
2:8 εαυτον γενομενος υπηκοος μεχρι θανατου. θανατου δε σταυρου. διο και ο θεος

2 θανατω

3:10 παθηματων αυτου. συμμορφιζομενος τω θανατω αυτου. ει πως καταντησω εις την
2:27 και γαρ ησθενησεν παραπλησιον θανατω. αλλα ο θεος ηλεησεν αυτον. ουκ αυτον δε

1 θελειν

2:13 γαρ εστιν ο ενεργων εν υμιν και το θελειν και το ενεργειν υπερ της ευδοκιας.

1 θεον

4:6 τα αιτηματα υμων γνωριζεσθω προς τον θεον. και η ειρηνη του θεου η υπερεχουσα παντα

8 θεος

2:9 θανατου δε σταυρου. διο και ο θεος αυτον υπερυψωσεν και εχαρισατο αυτω το
2:13 την εαυτων σωτηριαν κατεργαζεσθε. θεος γαρ εστιν ο ενεργων εν υμιν και το θελειν
3:19 χριστου. ων το τελος απωλεια. ων ο θεος η κοιλια και η δοξα εν τη αισχυνη αυτων.
2:27 ησθενησεν παραπλησιον θανατω. αλλα ο θεος ηλεησεν αυτον. ουκ αυτον δε μονον αλλα και
4:19 θυσιαν δεκτην. ευαρεστον τω θεω. ο δε θεος μου πληρωσει πασαν χρειαν υμων κατα το
4:9 ειδετε εν εμοι. ταυτα πρασσετε. και ο θεος της ειρηνης εσται μεθ υμων. εχαρην δε εν
3:15 και ει τι ετερως φρονειτε. και τουτο ο θεος υμιν αποκαλυψει. πλην εις ο εφθασαμεν. τω
1:8 παντας υμας οντας. μαρτυς γαρ μου ο θεος. ως επιποθω παντας υμας εν σπλαγχνοις

10 θεου

2:15 γενησθε αμεμπτοι και ακεραιοι. τεκνα θεου αμωμα μεσον γενεας σκολιας και
3:9 αλλα την δια πιστεως χριστου. την εκ θεου δικαιοσυνην επι τη πιστει. του γνωναι
3:14 εις το βραβειον της ανω κλησεως του θεου εν χριστω ιησου. οσοι ουν τελειοι. τουτο
4:7 προς τον θεον. και η ειρηνη του θεου η υπερεχουσα παντα νουν φρουρησει τας
3:3 γαρ εσμεν η περιτομη. οι πνευματι θεου λατρευοντες και καυχωμενοι εν χριστω ιησου
1:2 διακονοις. χαρις υμιν και ειρηνη απο θεου πατρος ημων και κυριου ιησου χριστου.
2:11 οτι κυριος ιησους χριστος εις δοξαν θεου πατρος. ωστε. αγαπητοι μου. καθως παντοτε
2:6 ο και εν χριστω ιησου. ος εν μορφη θεου υπαρχων ουχ αρπαγμον ηγησατο το ειναι ισα

1:11	ιησου χριστου εις δοξαν και επαινον θεου. γινωσκειν δε υμας βουλομαι, αδελφοι, οτι
1:28	υμων δε σωτηριας, και τουτο απο θεου. οτι υμιν εχαρισθη το υπερ χριστου. ου

1 θεσσαλονικη

4:16	λημψεως ει μη υμεις μονοι. οτι και εν θεσσαλονικη και απαξ και δις εις την χρειαν μοι

4 θεω

4:20	αυτου εν δοξη εν χριστω ιησου. τω δε θεω και πατρι ημων η δοξα εις τους αιωνας των
1:3	κυριου ιησου χριστου. ευχαριστω τω θεω μου επι παση τη μνεια υμων. παντοτε εν
4:18	ευωδιας, θυσιαν δεκτην, ευαρεστον τω θεω. ο δε θεος μου πληρωσει πασαν χρειαν υμων
2:6	ουχ αρπαγμον ηγησατο το ειναι ισα θεω. αλλα εαυτον εκενωσεν μορφην δουλου λαβων.

1 θλιψει

4:14	εποιησατε συγκοινωνησαντες μου τη θλιψει. οιδατε δε και υμεις, φιλιππησιοι, οτι

1 θλιψιν

1:17	καταγγελλουσιν, ουχ αγνως, οιομενοι θλιψιν εγειρειν τοις δεσμοις μου. τι γαρ; πλην

1 θυσια

2:17	αλλα ει και σπενδομαι επι τη θυσια και λειτουργια της πιστεως υμων, χαιρω

1 θυσιαν

4:18	τα παρ υμων, οσμην ευωδιας, θυσιαν δεκτην, ευαρεστον τω θεω. ο δε θεος μου

1 ιδοντες

2:28	σπουδαιοτερως ουν επεμψα αυτον ινα ιδοντες αυτον παλιν χαρητε καγω αλυποτερος ω.

1 ιδων

1:27	πολιτευεσθε, ινα ειτε ελθων και ιδων υμας ειτε απων ακουω τα περι υμων, οτι

19 ιησου

1:26	το καυχημα υμων περισσευη εν χριστω ιησου εν εμοι δια της εμης παρουσιας παλιν προς
3:3	λατρευοντες και καυχωμενοι εν χριστω ιησου και ουκ εν σαρκι πεποιθοτες, καιπερ εγω
2:10	το υπερ παν ονομα, ινα εν τω ονοματι ιησου παν γονυ καμψη επουρανιων και επιγειων
1:1	παυλος και τιμοθεος δουλοι χριστου ιησου πασιν τοις αγιοις εν χριστω ιησου τοις
2:19	συγχαιρετε μοι. ελπιζω δε εν κυριω ιησου τιμοθεον ταχεως πεμψαι υμιν, ινα καγω
1:1	ιησου πασιν τοις αγιοις εν χριστω ιησου τοις ουσιν εν φιλιπποις συν επισκοποις
3:8	δια το υπερεχον της γνωσεως χριστου ιησου του κυριου μου. δι ον τα παντα εξημιωθην,
1:11	καρπον δικαιοσυνης τον δια ιησου χριστου εις δοξαν και επαινον θεου.
4:23	καισαρος οικιας. η χαρις του κυριου ιησου χριστου μετα του πνευματος υμων.
1:2	ειρηνη απο θεου πατρος ημων και κυριου ιησου χριστου. ευχαριστω τω θεω μου επι παση
2:21	παντες γαρ τα εαυτων ζητουσιν, ου τα ιησου χριστου. την δε δοκιμην αυτου γινωσκετε,
1:19	δεησεως και επιχορηγιας του πνευματος ιησου χριστου, κατα την αποκαραδοκιαν και
1:6	αγαθον επιτελεσει αχρι ημερας χριστου ιησου· καθως εστιν δικαιον εμοι τουτο φρονειν
1:8	παντας υμας εν σπλαγχνοις χριστου ιησου. και τουτο προσευχομαι, ινα η αγαπη υμων
3:14	της ανω κλησεως του θεου εν χριστω ιησου. οσοι ουν τελειοι, τουτο φρονωμεν. και
4:7	υμων και τα νοηματα υμων εν χριστω ιησου. το λοιπον, αδελφοι, οσα εστιν αληθη,
4:19	το πλουτος αυτου εν δοξη εν χριστω ιησου. τω δε θεω και πατρι ημων η δοξα εις
4:21	αμην. ασπασασθε παντα αγιον εν χριστω ιησου. ασπαζονται υμας οι συν εμοι αδελφοι.
2:5	τουτο φρονειτε εν υμιν ο και εν χριστω ιησου. ος εν μορφη θεου υπαρχων ουχ αρπαγμον

1 ιησουν

3:20	εξ ου και σωτηρα απεκδεχομεθα κυριον ιησουν χριστον. ος μετασχηματισει το σωμα της

1 ιησους

2:11	πασα γλωσσα εξομολογησεται οτι κυριος ιησους χριστος εις δοξαν θεου πατρος. ωστε,

12 ινα

2:30	ηγγισεν παραβολευσαμενος τη ψυχη, ινα αναπληρωση το υμων υστερημα της προς με
2:15	χωρις γογγυσμων και διαλογισμων, ινα γενησθε αμεμπτοι και ακεραιοι, τεκνα θεου
1:27	ευαγγελιου του χριστου πολιτευεσθε, ινα ειτε ελθων και ιδων υμας ειτε απων ακουω τα
2:10	αυτω το ονομα το υπερ παν ονομα, ινα εν τω ονοματι ιησου παν γονυ καμψη
1:9	χριστου ιησου. και τουτο προσευχομαι, ινα η αγαπη υμων ετι μαλλον και μαλλον
1:10	εις το δοκιμαζειν υμας τα διαφεροντα, ινα ητε ειλικρινεις και απροσκοποι εις ημεραν
2:28	σχω. σπουδαιοτερως ουν επεμψα αυτον ινα ιδοντες αυτον παλιν χαρητε καγω αλυποτερος
2:19	ιησου τιμοθεον ταχεως πεμψαι υμιν, ινα καγω ευψυχω γνους τα περι υμων. ουδενα γαρ
2:27	ουκ αυτον δε μονον αλλα και εμε, ινα μη λυπην επι λυπην σχω. σπουδαιοτερως ουν
2:2	οικτιρμοι, πληρωσατε μου την χαραν ινα το αυτο φρονητε, την αυτην αγαπην εχοντες,
1:26	υμων προκοπην και χαραν της πιστεως, ινα το καυχημα υμων περισσευη εν χριστω ιησου
3:8	παντα εζημιωθην, και ηγουμαι σκυβαλα ινα χριστον κερδησω και ευρεθω εν αυτω, μη

1 ισα

2:6 υπαρχων ουχ αρπαγμον ηγησατο το ειναι ισα θεω.   αλλα εαυτον εκενωσεν μορφην δουλου

1 ισοψυχον

2:20 γνους τα περι υμων.   ουδενα γαρ εχω ισοψυχον, οστις γνησιως τα περι υμων

1 ισραηλ

3:5 περιτομη οκταημερος, εκ γενους ισραηλ, φυλης βενιαμειν, εβραιος εξ εβραιων,

1 ισχυω

4:13 περισσευειν και υστερεισθαι.   παντα ισχυω εν τω ενδυναμουντι με.   πλην καλως

2 καγω

2:28 αυτον ινα ιδοντες αυτον παλιν χαρητε καγω αλυποτερος ω.   προσδεχεσθε ουν αυτον εν

2:19 ιησου τιμοθεον ταχεως πεμψαι υμιν, ινα καγω ευψυχω γνους τα περι υμων.   ουδενα γαρ εχω

1 καθ

4:11 και εφρονειτε ηκαιρεισθε δε.   ουχ οτι καθ υστερησιν λεγω, εγω γαρ εμαθον εν οις ειμι

3 καθως

1:7 επιτελεσει αχρι ημερας χριστου ιησου. καθως εστιν δικαιον εμοι τουτο φρονειν υπερ

3:17 και σκοπειτε τους ουτω περιπατουντας καθως εχετε τυπον ημας.   πολλοι γαρ

2:12 θεου πατρος.   ωστε, αγαπητοι μου, καθως παντοτε υπηκουσατε, μη ως εν τη παρουσια

107 και

2:26 υμας.   επειδη επιποθων ην παντας υμας, και αδημονων διοτι ηκουσατε οτι ησθενησεν.   και

2:15 και διαλογισμων.   ινα γενησθε αμεμπτοι και ακεραιοι, τεκνα θεου αμωμα μεσον γενεας

4:16 υμεις μονοι.   οτι και εν θεσσαλονικη και απαξ και δις εις την χρειαν μοι επεμψατε.

1:10 τα διαφεροντα, ινα ητε ειλικρινεις και απροσκοποι εις ημεραν χριστου.

2:24 εμε εξαυτης.   πεποιθα δε εν κυριω οτι και αυτος ταχεως ελευσομαι.   αναγκαιον δε

1:7 τε τοις δεσμοις μου και εν τη απολογια και βεβαιωσει του ευαγγελιου συνκοινωνους μου

2:27 διοτι ηκουσατε οτι ησθενησεν.   και γαρ ησθενησεν παραπλησιον θανατω.   αλλα ο

1:15 μεν και δια φθονον και εριν, τινες δε και δι ευδοκιαν τον χριστον κηρυσσουσιν.   οι

1:15 αφοβως τον λογον λαλειν.   τινες μεν και δια φθονον και εριν, τινες δε και δι

1:1 τοις ουσιν εν φιλιπποις συν επισκοποις και διακονοις.   χαρις υμιν και ειρηνη απο θεου

2:14 παντα ποιειτε χωρις γογγυσμων και διαλογισμων.   ινα γενησθε αμεμπτοι και

2:15 τεκνα θεου αμωμα μεσον γενεας σκολιας και διεστραμμενης, εν οις φαινεσθε ως φωστηρες

4:16 οτι και εν θεσσαλονικη και απαξ και δις εις την χρειαν μοι επεμψατε.   ουχ οτι

3:15 οσοι ουν τελειοι, τουτο φρονωμεν.   και ει τι ετερως φρονειτε, και τουτο ο θεος

4:8 οσα προσφιλη, οσα ευφημα, ει τις αρετη και ει τις επαινος, ταυτα λογιζεσθε.   α και

4:9 εμαθετε και παρελαβετε και ηκουσατε και ειδετε εν εμοι, ταυτα πρασσετε.   και ο θεος

1:2 επισκοποις και διακονοις.   χαρις υμιν και ειρηνη απο θεου πατρος ημων και κυριου

1:20 ιησου χριστου.   κατα την αποκαραδοκιαν και ελπιδα μου οτι εν ουδενι αισχυνθησομαι, αλλ

4:9 ει τις επαινος, ταυτα λογιζεσθε.   α και εμαθετε και παρελαβετε και ηκουσατε και

2:27 ηλεησεν αυτον, ουκ αυτον δε μονον αλλα και εμε, ινα μη λυπην επι λυπην σχω.

4:16 και λημψεως ει μη υμεις μονοι.   οτι και εν θεσσαλονικη και απαξ και δις εις την

4:12 οιδα και περισσευειν.   εν παντι και εν πασιν μεμυημαι και χορταζεσθαι και

3:4 καιπερ εγω εχων πεποιθησιν και εν σαρκι.   ει τις δοκει αλλος πεποιθεναι εν

1:7 τη καρδια υμας, εν τε τοις δεσμοις μου και εν τη απολογια και βεβαιωσει του ευαγγελιου

1:18 ειτε αληθεια, χριστος καταγγελλεται.   και εν τουτω χαιρω.   αλλα και χαρησομαι,   οιδα

2:5 εκαστοι.   τουτο φρονειτε εν υμιν ο και εν χριστω ιησου.   ος εν μορφη θεου υπαρχων

1:11 τον δια ιησου χριστου εις δοξαν και επαινον θεου.   γινωσκειν δε υμας βουλομαι,

2:10 ιησου παν γονυ καμψη επουρανιων και επιγειων και καταχθονιων.   και πασα γλωσσα

4:1 τα παντα.   ωστε, αδελφοι μου αγαπητοι και επιποθητοι, χαρα και στεφανος μου, ουτως

1:19 εις σωτηριαν δια της υμων δεησεως και επιχορηγιας του πνευματος ιησου χριστου,

1:15 λαλειν.   τινες μεν και δια φθονον και εριν, τινες δε και δι ευδοκιαν τον χριστον

3:9 ηγουμαι σκυβαλα ινα χριστον κερδησω και ευρεθω εν αυτω, μη εχων εμην δικαιοσυνην

4:10 ανεθαλετε το υπερ εμου φρονειν.   εφ ω και εφρονειτε ηκαιρεισθε δε.   ουχ οτι καθ

2:9 διο και ο θεος αυτον υπερυψωσεν και εχαρισατο αυτω το ονομα το υπερ παν ονομα,

3:19 το τελος απωλεια, ων ο θεος η κοιλια και η δοξα εν τη αισχυνη αυτων, οι τα επιγεια

4:7 υμων γνωριζεσθω προς τον θεον.   και η ειρηνη του θεου η υπερεχουσα παντα νουν

3:8 δια τον χριστον ζημιαν.   αλλα μενουνγε και ηγουμαι παντα ζημιαν ειναι δια το υπερεχον

3:8 κυριου μου, δι ον τα παντα εζημιωθην, και ηγουμαι σκυβαλα ινα χριστον κερδησω και

4:9 α και εμαθετε και παρελαβετε και ηκουσατε και ειδετε εν εμοι, ταυτα

1:27 χριστου πολιτευεσθε, ινα ειτε ελθων και ιδων υμας ειτε απων ακουω τα περι υμων, οτι

3:12 ελαβον η ηδη τετελειωμαι, διωκω δε ει και καταλαβω, εφ ω και κατελημφθην υπο χριστου

2:10 παν γονυ καμψη επουρανιων και επιγειων και καταχθονιων.   και πασα γλωσσα

3:12 διωκω δε ει και καταλαβω, εφ ω και κατελημφθην υπο χριστου (ιησου).   αδελφοι,

3:3 περιτομη, οι πνευματι θεου λατρευοντες και καυχωμενοι εν χριστω ιησου και ουκ εν σαρκι

3:18 ους πολλακις ελεγον υμιν, νυν δε και κλαιων λεγω, τους εχθρους του σταυρου του

4:3 εν τω ευαγγελιω συνηθλησαν μοι μετα και κλημεντος και των λοιπων συνεργων μου, ων

3:10 και την δυναμιν της αναστασεως αυτου και κοινωνιαν παθηματων αυτου, συμμορφιζομενος

ref			
1:2	υμιν και ειρηνη απο θεου πατρος ημων	και	κυριου ιησου χριστου. ευχαριστω τω θεω μου
2:17	αλλα ει και σπενδομαι επι τη θυσια	και	λειτουργια της πιστεως υμων, χαιρω και
2:25	συνστρατιωτην μου, υμων δε αποστολον	και	λειτουργον της χρειας μου, πεμψαι προς
4:15	εκκλησια εκοινωνησεν εις λογον δοσεως	και	λημψεως ει μη υμεις μονοι. οτι και εν
1:9	ινα η αγαπη υμων ετι μαλλον	και	μαλλον περισσευη εν επιγνωσει και παση
1:28	τη πιστει του ευαγγελιου.	και	μη πτυρομενοι εν μηδενι υπο των
1:30	αγωνα εχοντες οιον ειδετε εν εμοι	και	νυν ακουετε εν εμοι. ει τις ουν
1:20	αλλ εν παση παρρησια ως παντοτε	και	νυν μεγαλυνθησεται χριστος εν τω σωματι
2:9	θανατου. θανατου δε σταυρου. διο	και	ο θεος αυτον υπερυψωσεν και εχαρισατο αυτω
4:9	και ειδετε εν εμοι, ταυτα πρασσετε.	και	ο θεος της ειρηνης εσται μεθ υμων. εχαρην
2:1	κοινωνια πνευματος, ει τις σπλαγχνα	και	οικτιρμοι. πληρωσατε μου την χαραν ινα το
3:3	και καυχωμενοι εν χριστω ιησου	και	ουκ εν σαρκι πεποιθοτες. καιπερ εγω εχων
1:25	και τουτο πεποιθως οιδα οτι μενω	και	παραμενω πασιν υμιν εις την υμων προκοπην
4:9	ταυτα λογιζεσθε. α και εμαθετε	και	παρελαβετε και ηκουσατε και ειδετε εν εμοι.
2:11	και επιγειων και καταχθονιων,	και	πασα γλωσσα εξομολογησεται οτι κυριος
1:9	και μαλλον περισσευη εν επιγνωσει	και	παση αισθησει. εις το δοκιμαζειν υμας τα
4:20	εν δοξη εν χριστω ιησου. τω δε θεω	και	πατρι ημων η δοξα εις τους αιωνας των
4:12	και εν πασιν μεμυημαι και χορταζεσθαι	και	πειναν, και περισσευειν και υστερεισθαι.
4:12	μεμυημαι και χορταζεσθαι και πειναν,	και	περισσευειν και υστερεισθαι. παντα ισχυω
4:12	ειναι. οιδα και ταπεινουσθαι, οιδα	και	περισσευειν. εν παντι και εν πασιν μεμυημαι
4:18	εις λογον υμων. απεχω δε παντα	και	περισσευω. πεπληρωμαι δεξαμενος παρα
4:3	το αυτο φρονειν εν κυριω. ναι ερωτω	και	σε, γνησιε συζυγε, συλλαμβανου αυταις.
3:17	συμμιμηται μου γινεσθε, αδελφοι,	και	σκοπειτε τους ουτω περιπατουντας καθως
2:17	ουδε εις κενον εκοπιασα. αλλα ει	και	σπενδομαι ετι τη θυσια και λειτουργια της
4:1	μου αγαπητοι και επιποθητοι, χαρα	και	στεφανος μου, ουτως στηκετε εν κυριω,
2:18	υμιν. το δε αυτο και υμεις χαιρετε	και	συγχαιρετε μοι. ελπιζω δε εν κυριω ιησου
1:23	την επιθυμιαν εχων εις το αναλυσαι	και	συν χριστω ειναι, πολλω (γαρ) μαλλον
2:25	δε ηγησαμην επαφροδιτον τον αδελφον	και	συνεργον και συνστρατιωτην μου, υμων δε
2:25	επαφροδιτον τον αδελφον και συνεργον	και	συνστρατιωτην μου, υμων δε αποστολον και
4:2	εν κυριω, αγαπητοι. ευοδιαν παρακαλω	και	συντυχην παρακαλω το αυτο φρονειν εν κυριω.
2:17	και λειτουργια της πιστεως υμων, χαιρω	και	συνχαιρω πασιν υμιν. το δε αυτο και υμεις
2:7	εν ομοιωματι ανθρωπων γενομενος.	και	σχηματι ευρεθεις ως ανθρωπος εταπεινωσεν
3:20	πολιτευμα εν ουρανοις υπαρχει, εξ ου	και	σωτηρα απεκδεχομεθα κυριον ιησουν χριστον.
2:4	μη τα εαυτων εκαστος σκοπουντες, αλλα	και	τα ετερων εκαστοι. τουτο φρονειτε εν υμιν
4:7	παντα νουν φρουρησει τας καρδιας υμων	και	τα νοηματα υμων εν χριστω ιησου. το
4:12	εν οις ειμι αυταρκης ειναι. οιδα	και	ταπεινουσθαι, οιδα και περισσευειν. εν
4:6	μεριμνατε αλλ εν παντι τη προσευχη	και	τη δεησει μετα ευχαριστιας τα αιτηματα υμων
3:10	επι τη πιστει. του γνωναι αυτον	και	την δυναμιν της αναστασεως αυτου και
1:22	ζην εν σαρκι, τουτο μοι καρπος εργου.	και	τι αιρησομαι ου γνωριζω. συνεχομαι δε εκ
1:1		παυλος και	τιμοθεος δουλοι χριστου ιησου πασιν τοις
1:21	δια θανατου. εμοι γαρ το ζην χριστος	και	το αποθανειν κερδος. ει δε το ζην εν
2:13	εστιν ο ενεργων εν υμιν και το θελειν	και	το ενεργειν υπερ της ευδοκιας. παντα
2:13	θεος γαρ εστιν ο ενεργων εν υμιν	και	το θελειν και το ενεργειν υπερ της
1:29	ου μονον το εις αυτον πιστευειν αλλα	και	το υπερ αυτου πασχειν. τον αυτον αγωνα
1:13	εν χριστω γενεσθαι εν ολω τω πραιτωριω	και	τοις λοιποις πασιν. και τους πλειονας των
1:14	τω πραιτωριω και τοις λοιποις πασιν,	και	τους πλειονας των αδελφων εν κυριω
2:29	ουν αυτον εν κυριω μετα πασης χαρας.	και	τους τοιουτους εντιμους εχετε. οτι δια το
1:28	ενδειξις απωλειας, υμων δε σωτηριας,	και	τουτο απο θεου. οτι υμιν εχαρισθη το υπερ
3:15	φρονωμεν. και ει τι ετερως φρονειτε,	και	τουτο ο θεος υμιν αποκαλυψει. πλην εις ο
1:25	(εν) τη σαρκι αναγκαιοτερον δι υμας.	και	τουτο πεποιθως οιδα οτι μενω και παραμενω
1:9	υμας εν σπλαγχνοις χριστου ιησου.	και	τουτο προσευχομαι, ινα η αγαπη υμων ετι
2:12	μαλλον εν τη απουσια μου, μετα φοβου	και	τρομου την εαυτων σωτηριαν κατεργαζεσθε.
4:3	συνηθλησαν μοι μετα και κλημεντος	και	των λοιπων συνεργων μου, ων τα ονοματα εν
2:18	και συνχαιρω πασιν υμιν. το δε αυτο	και	υμεις χαιρετε και συγχαιρετε μοι. ελπιζω
4:15	μου τη θλιψει. οιδατε δε	και	υμεις, φιλιππησιοι, οτι εν αρχη του
3:21	κατα την ενεργειαν του δυνασθαι αυτον	και	υποταξαι αυτω τα παντα. ωστε, αδελφοι μου
4:12	και πειναν, και περισσευειν	και	υστερεισθαι. παντα ισχυω εν τω
1:25	πασιν υμιν εις την υμων προκοπην	και	χαραν της πιστεως. ινα το καυχημα υμων
1:18	και εν τουτω χαιρω. αλλα	και	χαρησομαι. οιδα γαρ οτι τουτο μοι
4:12	εν παντι και εν πασιν μεμυημαι	και	χορταζεσθαι και πειναν, και περισσευειν και

1 καιπερ

| 3:4 | ιησου και ουκ εν σαρκι πεποιθοτες. | καιπερ | εγω εχων πεποιθησιν και εν σαρκι. ει τις |

1 καισαρος

| 4:22 | παντες οι αγιοι, μαλιστα δε οι εκ της | καισαρος | οικιας. η χαρις του κυριου ιησου |

1 κακους

| 3:2 | βλεπετε τους κυνας. βλεπετε τους | κακους | εργατας. βλεπετε την κατατομην. ημεις |

1 καλως

| 4:14 | ισχυω εν τω ενδυναμουντι με. πλην | καλως | εποιησατε συγκοινωνησαντες μου τη θλιψει. |

1 καμψη
2:10   ινα εν τω ονοματι ιησου παν γονυ καμψη επουρανιων και επιγειων και καταχθονιων.

1 καρδια
1:7   παντων υμων. δια το εχειν με εν τη καρδια υμας, εν τε τοις δεσμοις μου και εν τη

1 καρδιας
4:7   η υπερεχουσα παντα νουν φρουρησει τας καρδιας υμων και τα νοηματα υμων εν χριστω

2 καρπον
1:11   εις ημεραν χριστου, πεπληρωμενοι καρπον δικαιοσυνης τον δια ιησου χριστου εις
4:17   οτι επιζητω το δομα, αλλα επιζητω τον καρπον τον πλεοναζοντα εις λογον υμων. απεχω

1 καρπος
1:22   ει δε το ζην εν σαρκι, τουτο μοι καρπος εργου. και τι αιρησομαι ου γνωριζω.

2 κατ
1:12   δε υμας βουλομαι, αδελφοι, οτι τα κατ εμε μαλλον εις προκοπην του ευαγγελιου
2:3   συμψυχοι, το εν φρονουντες, μηδεν κατ εριθειαν μηδε κατα κενοδοξιαν, αλλα τη

8 κατα
3:6   κατα ζηλος διωκων την εκκλησιαν, κατα δικαιοσυνην την εν νομω γενομενος
3:6   εξ εβραιων, κατα νομον φαρισαιος, κατα ζηλος διωκων την εκκλησιαν, κατα
2:3   φρονουντες, μηδεν κατ εριθειαν μηδε κατα κενοδοξιαν, αλλα τη ταπεινοφροσυνη
3:5   φυλης βενιαμειν, εβραιος εξ εβραιων, κατα νομον φαρισαιος, κατα ζηλος διωκων την
3:14   τοις δε εμπροσθεν επεκτεινομενος, κατα σκοπον διωκω εις το βραβειον της ανω
1:20   του πνευματος ιησου χριστου, κατα την αποκαραδοκιαν και ελπιδα μου οτι εν
3:21   συμμορφον τω σωματι της δοξης αυτου κατα την ενεργειαν του δυνασθαι αυτον και
4:19   δε θεος μου πληρωσει πασαν χρειαν υμων κατα το πλουτος αυτου εν δοξη εν χριστω ιησου.

1 καταγγελλεται
1:18   ειτε προφασει ειτε αληθεια, χριστος καταγγελλεται, και εν τουτω χαιρω. αλλα και

1 καταγγελλουσιν
1:17   κειμαι. οι δε εξ εριθειας τον χριστον καταγγελλουσιν, ουχ αγνως, οιομενοι θλιψιν

1 καταλαβω
3:12   η ηδη τετελειωμαι, διωκω δε ει και καταλαβω, εφ ω και κατελημφθην υπο χριστου

1 καταντησω
3:11   τω θανατω αυτου, ει πως καταντησω εις την εξαναστασιν την εκ νεκρων.

1 κατατομην
3:2   τους κακους εργατας, βλεπετε την κατατομην. ημεις γαρ εσμεν η περιτομη, οι

1 καταχθονιων
2:10   γονυ καμψη επουρανιων και επιγειων και καταχθονιων, και πασα γλωσσα εξομολογησεται

1 κατειληφεναι
3:13   αδελφοι, εγω εμαυτον ου λογιζομαι κατειληφεναι. εν δε, τα μεν οπισω

1 κατελημφθην
3:12   διωκω δε ει και καταλαβω, εφ ω και κατελημφθην υπο χριστου (ιησου). αδελφοι, εγω

1 κατεργαζεσθε
2:12   φοβου και τρομου την εαυτων σωτηριαν κατεργαζεσθε. θεος γαρ εστιν ο ενεργων εν υμιν

2 καυχημα
2:16   εν κοσμω, λογον ζωης επεχοντες, εις καυχημα εμοι εις ημεραν χριστου. οτι ουκ εις
1:26   και χαραν της πιστεως, ινα το καυχημα υμων περισσευη εν χριστω ιησου εν εμοι

1 καυχωμενοι
3:3   οι πνευματι θεου λατρευοντες και καυχωμενοι εν χριστω ιησου και ουκ εν σαρκι

1 κειμαι
1:16   οτι εις απολογιαν του ευαγγελιου κειμαι, οι δε εξ εριθειας τον χριστον

1 κενοδοξιαν
2:3   μηδεν κατ εριθειαν μηδε κατα κενοδοξιαν, αλλα τη ταπεινοφροσυνη αλληλους

2 κενον

2:16   εμοι εις ημεραν χριστου. οτι ουκ εις κενον εδραμον ουδε εις κενον εκοπιασα.   αλλα ει
2:16   οτι ουκ εις κενον εδραμον ουδε εις κενον εκοπιασα.   αλλα ει και σπενδομαι επι τη

1 κερδη

3:7   αμεμπτος. (αλλα) ατινα ην μοι κερδη, ταυτα ηγημαι δια τον χριστον ζημιαν.

1 κερδησω

3:8   και ηγουμαι σκυβαλα ινα χριστον κερδησω   και ευρεθω εν αυτω. μη εχων εμην

1 κερδος

1:21   γαρ το ζην χριστος και το αποθανειν κερδος.   ει δε το ζην εν σαρκι. τουτο μοι

1 κηρυσσουσιν

1:15   τινες δε και δι ευδοκιαν τον χριστον κηρυσσουσιν.   οι μεν εξ αγαπης. ειδοτες οτι εις

1 κλαιων

3:18   ους πολλακις ελεγον υμιν. νυν δε και κλαιων λεγω. τους εχθρους του σταυρου του

1 κλημεντος

4:3   τω ευαγγελιω συνηθλησαν μοι μετα και κλημεντος και των λοιπων συνεργων μου. ων τα

1 κλησεως

3:14   σκοπον διωκω εις το βραβειον της ανω κλησεως του θεου εν χριστω ιησου.   οσοι ουν

1 κοιλια

3:19   ων το τελος απωλεια. ων ο θεος η κοιλια και η δοξα εν τη αισχυνη αυτων. οι τα

2 κοινωνια

2:1   ει τι παραμυθιον αγαπης. ει τις κοινωνια πνευματος. ει τις σπλαγχνα και
1:5   χαρας την δεησιν ποιουμενος.   επι τη κοινωνια υμων εις το ευαγγελιον απο της πρωτης

1 κοινωνιαν

3:10   την δυναμιν της αναστασεως αυτου και κοινωνιαν παθηματων αυτου. συμμορφιζομενος τω

1 κοσμω

2:15   εν οις φαινεσθε ως φωστηρες εν κοσμω.   λογον ζωης επεχοντες. εις καυχημα εμοι

1 κρεισσον

1:23   συν χριστω ειναι. πολλω (γαρ) μαλλον κρεισσον.   το δε επιμενειν (εν) τη σαρκι

1 κυνας

3:1   οκνηρον. υμιν δε ασφαλες. βλεπετε τους κυνας.   βλεπετε τους κακους εργατας. βλεπετε

1 κυριον

3:20   υπαρχει. εξ ου και σωτηρα απεκδεχομεθα κυριον ιησουν χριστον.   ος μετασχηματισει το

2 κυριος

4:5   υμων γνωσθητω πασιν ανθρωποις. ο κυριος εγγυς.   μηδεν μεριμνατε αλλ εν παντι τη
2:11   και πασα γλωσσα εξομολογησεται οτι κυριος ιησους χριστος εις δοξαν θεου πατρος.

3 κυριου

4:23   εκ της καισαρος οικιας.   η χαρις του κυριου ιησου χριστου μετα του πνευματος υμων.
1:2   και ειρηνη απο θεου πατρος ημων και κυριου ιησου χριστου.   ευχαριστω τω θεω μου επι
3:8   υπερεχον της γνωσεως χριστου ιησου του κυριου μου. δι ον τα παντα εζημιωθην. και

9 κυριω

2:19   και συγχαιρετε μοι.   ελπιζω δε εν κυριω ιησου τιμοθεον ταχεως πεμψαι υμιν. ινα
4:10   ειρηνης εσται μεθ υμων.   εχαρην δε εν κυριω μεγαλως οτι ηδη ποτε ανεθαλετε το υπερ
2:29   ω.   προσδεχεσθε ουν αυτον εν κυριω μετα πασης χαρας. και τους τοιουτους
2:24   τα περι εμε εξαυτης. πεποιθα δε εν κυριω οτι και αυτος ταχεως ελευσομαι.
4:4   τα ονοματα εν βιβλω ζωης.   χαιρετε εν κυριω παντοτε. παλιν ερω. χαιρετε.   το επιεικες
1:14   και τους πλειονας των αδελφων εν κυριω πεποιθοτας τοις δεσμοις μου περισσοτερως
4:2   συντυχην παρακαλω το αυτο φρονειν εν κυριω.   ναι ερωτω και σε. γνησιε συζυγε.
3:1   το λοιπον. αδελφοι μου. χαιρετε εν κυριω. τα αυτα γραφειν υμιν εμοι μεν ουκ
4:1   και στεφανος μου. ουτως στηκετε εν κυριω. αγαπητοι.   ευοδιαν παρακαλω και συντυχην

1 λαβων

2:7   αλλα εαυτον εκενωσεν μορφην δουλου λαβων. εν ομοιωματι ανθρωπων γενομενος. και

```
                                          1  λαλειν
1:14    περισσοτερως τολμαν αφοβως τον λογον  λαλειν.   τινες μεν και δια φθονον και εριν,

                                          1  λατρευοντες
3:3     γαρ εσμεν η περιτομη, οι πνευματι θεου  λατρευοντες και καυχωμενοι εν χριστω ιησου και

                                          2  λεγω
4:11    ηκαιρεισθε δε.   ουχ οτι καθ υστερησιν  λεγω. εγω γαρ εμαθον εν οις ειμι αυταρκης
3:18      ελεγον υμιν, νυν δε και κλαιων  λεγω, τους εχθρους του σταυρου του χριστου,   ων

                                          1  λειτουργια
2:17    αλλα ει και σπενδομαι επι τη θυσια και  λειτουργια της πιστεως υμων. χαιρω και συνχαιρω

                                          1  λειτουργιας
2:30        το υμων υστερημα της προς με  λειτουργιας.    το λοιπον, αδελφοι μου, χαιρετε

                                          1  λειτουργον
2:25          μου, υμων δε αποστολον και  λειτουργον της χρειας μου, πεμψαι προς υμας,

                                          1  λημψεως
4:15      εκοινωνησεν εις λογον δοσεως και  λημψεως ει μη υμεις μονοι.   οτι και εν

                                          1  λογιζεσθε
4:8      ει τις αρετη και ει τις επαινος, ταυτα  λογιζεσθε.   α και εμαθετε και παρελαβετε και

                                          1  λογιζομαι
3:13    (ιησου).  αδελφοι, εγω εμαυτον ου  λογιζομαι κατειληφεναι. εν δε, τα μεν οπισω

                                          4  λογον
4:15     ουδεμια μοι εκκλησια εκοινωνησεν εις  λογον  δοσεως και λημψεως ει μη υμεις μονοι.
2:16    εν οις φαινεσθε ως φωστηρες εν κοσμω,  λογον  ζωης επεχοντες. εις καυχημα εμοι εις
1:14      μου περισσοτερως τολμαν αφοβως τον  λογον  λαλειν. τινες μεν και δια φθονον και
4:17    επιζητω τον καρπον τον πλεοναζοντα εις  λογον  υμων. απεχω δε παντα και περισσευω.

                                          1  λοιποις
1:13    γενεσθαι εν ολω τω πραιτωριω και τοις  λοιποις πασιν,  και τους πλειονας των αδελφων

                                          2  λοιπον
3:1     υστερημα της προς με λειτουργιας.    το  λοιπον, αδελφοι μου, χαιρετε εν κυριω. τα αυτα
4:8     τα νοηματα υμων εν χριστω ιησου.  το  λοιπον, αδελφοι, οσα εστιν αληθη, οσα σεμνα,

                                          1  λοιπων
4:3         μοι μετα και κλημεντος και των  λοιπων συνεργων μου, ων τα ονοματα εν βιβλω

                                          2  λυπην
2:27    αυτον δε μονον αλλα και εμε, ινα μη  λυπην επι λυπην σχω. σπουδαιοτερως ουν επεμψα
2:27    μονον αλλα και εμε, ινα μη λυπην επι  λυπην σχω. σπουδαιοτερως ουν επεμψα αυτον ινα

                                          1  μακεδονιας
4:15    αρχη του ευαγγελιου, οτε εξηλθον απο  μακεδονιας, ουδεμια μοι εκκλησια εκοινωνησεν

                                          1  μαλιστα
4:22      ασπαζονται υμας παντες οι αγιοι,  μαλιστα δε οι εκ της καισαρος οικιας.   η χαρις

                                          6  μαλλον
1:12    υμας βουλομαι, αδελφοι, οτι τα κατ εμε  μαλλον εις προκοπην του ευαγγελιου εληλυθεν,
2:12    τη παρουσια μου μονον αλλα νυν πολλω  μαλλον εν τη απουσια μου, μετα φοβου και τρομου
1:9     προσευχομαι, ινα η αγαπη υμων ετι  μαλλον και μαλλον περισσευη εν επιγνωσει και
1:23    και συν χριστω ειναι, πολλω (γαρ)  μαλλον κρεισσον.   το δε επιμενειν (εν) τη σαρκι
1:9     ινα η αγαπη υμων ετι μαλλον και  μαλλον περισσευη εν επιγνωσει και τασα
3:4     δοκει αλλος πεποιθεναι εν σαρκι, εγω  μαλλον.  περιτομη οκταημερος, εκ γενους ισραηλ,

                                          1  μαρτυς
1:8      μου της χαριτος παντας υμας οντας.  μαρτυς γαρ μου ο θεος, ως επιτοθω παντας υμας

                                          3  με
1:7     φρονειν υπερ παντων υμων, δια το εχειν  με εν τη καρδια υμας, εν τε τοις δεσμοις μου
2:30    αναπληρωση το υμων υστερημα της προς  με λειτουργιας.    το λοιπον, αδελφοι μου,
4:13    παντα ισχυω εν τω ενδυναμουντι  με.  πλην καλως εποιησατε συγκοινωνησαντες μου
```

```
                                                    1  μεγαλυνθησεται
1:20    εν παση παρρησια ως παντοτε και νυν  μεγαλυνθησεται χριστος εν τω σωματι μου. ειτε

                                                    1  μεγαλως
4:10    εσται μεθ υμων.  εχαρην δε εν κυριω  μεγαλως οτι ηδη ποτε ανεθαλετε το υπερ εμου

                                                    1  μεθ
4:9     πρασσετε. και ο θεος της ειρηνης εσται  μεθ υμων.  εχαρην δε εν κυριω μεγαλως οτι ηδη

                                                    1  μεμνημαι
4:12    και περισσευειν. εν παντι και εν πασιν  μεμνημαι και χορταζεσθαι και πειναν, και

                                                    5  μεν
1:16    ευδοκιαν τον χριστον κηρυσσουσιν.  οι  μεν εξ αγαπης, ειδοτες οτι εις απολογιαν του
1:15    τολμαν αφοβως τον λογον λαλειν.  τινες  μεν και δια φθονον και εριν, τινες δε και δι
3:13    ου λογιζομαι κατειληφεναι. εν δε. τα  μεν οπισω επιλανθανομενος τοις δε εμπροσθεν
3:1     εν κυριω. τα αυτα γραφειν υμιν εμοι  μεν ουκ οκνηρον, υμιν δε ασφαλες. βλεπετε τους
2:23    εδουλευσεν εις το ευαγγελιον.  τουτον  μεν ουν ελπιζω πεμψαι ως αν αφιδω τα περι εμε

                                                    1  μενουνγε
3:8     ηγημαι δια τον χριστον ζημιαν.  αλλα  μενουνγε και ηγουμαι παντα ζημιαν ειναι δια το

                                                    1  μενω
1:25    δι υμας.  και τουτο πεποιθως οιδα οτι  μενω και παραμενω πασιν υμιν εις την υμων

                                                    1  μεριμνατε
4:6     ανθρωποις. ο κυριος εγγυς.  μηδεν  μεριμνατε αλλ εν παντι τη προσευχη και τη

                                                    1  μεριμνησει
2:20    ισοψυχον, οστις γνησιως τα περι υμων  μεριμνησει,  οι παντες γαρ τα εαυτων ζητουσιν.

                                                    1  μεσον
2:15    και ακεραιοι, τεκνα θεου αμωμα  μεσον γενεας σκολιας και διεστραμμενης, εν οις

                                                    6  μετα
4:6     αλλ εν παντι τη προσευχη και τη δεησει  μετα ευχαριστιας τα αιτηματα υμων γνωριζεσθω
4:3     αιτινες εν τω ευαγγελιω συνηθλησαν μοι  μετα και κλημεντος και των λοιπων συνεργων μου,
2:29    ω.  προσδεχεσθε ουν αυτον εν κυριω  μετα πασης χαρας. και τους τοιουτους εντιμους
4:23    η χαρις του κυριου ιησου χριστου  μετα του πνευματος υμων.
2:12    νυν πολλω μαλλον εν τη απουσια μου,  μετα φοβου και τρομου την εαυτων σωτηριαν
1:4     εν παση δεησει μου υπερ παντων υμων  μετα χαρας την δεησιν ποιουμενος,  επι τη

                                                    1  μετασχηματισει
3:21    κυριον ιησουν χριστον.  ος  μετασχηματισει το σωμα της ταπεινωσεως ημων

                                                    2  μεχρι
2:30    εχετε.  οτι δια το εργον χριστου  μεχρι θανατου ηγγισεν παραβολευσαμενος τη ψυχη,
2:8     εταπεινωσεν εαυτον γενομενος υπηκοος  μεχρι θανατου. θανατου δε σταυρου.  διο και ο

                                                    6  μη
3:9     χριστον κερδησω  και ευρεθω εν αυτω,  μη εχων εμην δικαιοσυνην την εκ νομου αλλα την
2:27    ουκ αυτον δε μονον αλλα και εμε, ινα  μη λυπην επι λυπην σχω.  σπουδαιοτερως ουν
1:28    τη πιστει του ευαγγελιου,  και  μη πτυρομενοι εν μηδενι υπο των αντικειμενων,
2:4     ηγουμενοι υπερεχοντας εαυτων,  μη τα εαυτων εκαστος σκοπουντες, αλλα και τα
4:15    εις λογον δοσεως και λημψεως ει  μη υμεις μονοι.  οτι και εν θεσσαλονικη και
2:12    μου, καθως παντοτε υπηκουσατε,  μη ως εν τη παρουσια μου μονον αλλα νυν πολλω

                                                    1  μηδε
2:3     το εν φρονουντες.  μηδεν κατ εριθειαν  μηδε κατα κενοδοξιαν, αλλα τη ταπεινοφροσυνη

                                                    2  μηδεν
2:3     εχοντες. συμψυχοι, το εν φρονουντες,  μηδεν κατ εριθειαν μηδε κατα κενοδοξιαν, αλλα
4:6     πασιν ανθρωποις. ο κυριος εγγυς.  μηδεν μεριμνατε αλλ εν παντι τη προσευχη και τη

                                                    1  μηδενι
1:28    του ευαγγελιου.  και μη πτυρομενοι εν  μηδενι υπο των αντικειμενων. ητις εστιν αυτοις

                                                    1  μια
1:27    υμων, οτι στηκετε εν ενι πνευματι, μια  ψυχη συναθλουντες τη πιστει του ευαγγελιου.
```

		1 μνεια
1:3   ευχαριστω τω θεω μου επι παση τη   μνεια υμων,   παντοτε εν παση δεησει μου υπερ

         7 μοι

1:19   και χαρησομαι.   οιδα γαρ οτι τουτο   μοι   αποβησεται εις σωτηριαν δια της υμων
4:15   οτε εξηλθον απο μακεδονιας. ουδεμια   μοι   εκκλησια εκοινωνησεν εις λογον δοσεως και
4:16   και απαξ και δις εις την χρειαν   μοι   επεμψατε.   ουχ οτι επιζητω το δομα, αλλα
1:22   κερδος.   ει δε το ζην εν σαρκι, τουτο   μοι   καρπος εργου. και τι αιρησομαι ου γνωριζω.
3:7   γενομενος αμεμπτος. (αλλα) ατινα ην   μοι   κερδη, ταυτα ηγημαι δια τον χριστον ζημιαν.
4:3   αιτινες εν τω ευαγγελιω συνηθλησαν   μοι   μετα και κλημεντος και των λοιπων συνεργων
2:18   αυτο και υμεις χαιρετε και συγχαιρετε   μοι.   ελπιζω δε εν κυριω ιησου τιμοθεον ταχεως

         1 μονοι

4:15   λογον δοσεως και λημψεως ει μη υμεις   μονοι.   οτι και εν θεσσαλονικη και απαξ και δις

         4 μονον

2:27   ο θεος ηλεησεν αυτον. ουκ αυτον δε   μονον   αλλα και εμε, ινα μη λυπην επι λυπην σχω.
2:12   υπηκουσατε, μη ως εν τη παρουσια μου   μονον   αλλα νυν πολλω μαλλον εν τη απουσια μου.
1:27   της εμης παρουσιας παλιν προς υμας.   μονον   αξιως του ευαγγελιου του χριστου
1:29   οτι υμιν εχαρισθη το υπερ χριστου, ου   μονον   το εις αυτον πιστευειν αλλα και το υπερ

         1 μορφη

2:6   εν υμιν ο και εν χριστω ιησου. ος εν   μορφη   θεου υπαρχων ουχ αρπαγμον ηγησατο το

         1 μορφην

2:7   ειναι ισα θεω.   αλλα εαυτον εκενωσεν   μορφην   δουλου λαβων, εν ομοιωματι ανθρωπων

         24 μου

4:1   αυτω τα παντα.   ωστε, αδελφοι   μου   αγαπητοι και επιποθητοι, χαρα και στεφανος
3:17   τω αυτω στοιχειν.   συμμιμηται   μου   γινεσθε, αδελφοι και σκοπειτε τους ουτω
1:3   ιησου χριστου. ευχαριστω τω θεω   μου   επι παση τη μνεια υμων,   παντοτε εν παση
1:7   εν τη καρδια υμας, εν τε τοις δεσμοις   μου   και εν τη απολογια και βεβαιωσει του
2:12   υπηκουσατε, μη ως εν τη παρουσια   μου   μονον αλλα νυν πολλω μαλλον εν τη απουσια
1:8   χαριτος παντας υμας οντας.   μαρτυς γαρ   μου   ο θεος, ως επιποθω παντας υμας εν
1:20   κατα την αποκαραδοκιαν και ελπιδα   μου   οτι εν ουδενι αισχυνθησομαι. αλλ εν παση
1:14   εν κυριω πεποιθοτας τοις δεσμοις   μου   περισσοτερως τολμαν αφοβως τον λογον
4:19   δεκτην, ευαρεστον τω θεω. ο δε θεος   μου   πληρωσει πασαν χρειαν υμων κατα το πλουτος
4:14   πλην καλως εποιησατε συγκοινωνησαντες   μου   τη θλιψει.   οιδατε δε και υμεις,
2:2   τις σπλαγχνα και οικτιρμοι, πληρωσατε   μου   την χαραν ινα το αυτο φρονητε, την αυτην
1:7   βεβαιωσει του ευαγγελιου συνκοινωνους   μου   της χαριτος παντας υμας οντας.   μαρτυς γαρ
1:4   τη μνεια υμων,   παντοτε εν παση δεησει   μου   υπερ παντων υμων μετα χαρας την δεησιν
1:13   εληλυθεν.   ωστε τους δεσμους   μου   φανερους εν χριστω γενεσθαι εν ολω τω
1:17   οιομενοι θλιψιν εγειρειν τοις δεσμοις   μου.   τι γαρ; πλην οτι παντι τροπω, ειτε
3:8   της γνωσεως χριστου ιησου του κυριου   μου,   δι ον τα παντα εζημιωθην, και ηγουμαι
1:20   μεγαλυνθησεται χριστος εν τω σωματι   μου,   ειτε δια ζωης ειτε δια θανατου.   εμοι γαρ
2:11   εις δοξαν θεου πατρος.   ωστε, αγαπητοι   μου,   καθως παντοτε υπηκουσατε, μη ως εν τη
2:12   αλλα νυν πολλω μαλλον εν τη απουσια   μου,   μετα φοβου και τρομου την εαυτων σωτηριαν
4:1   και επιποθητοι, χαρα και στεφανος   μου,   ουτως στηκετε εν κυριω, αγαπητοι.   ευοδιαν
2:25   δε αποστολον και λειτουργον της χρειας   μου,   πεμψαι προς υμας.   επειδη επιποθων ην
2:25   αδελφον και συνεργον και συστρατιωτην   μου,   υμων δε αποστολον και λειτουργον της
3:1   με λειτουργιας.   το λοιπον, αδελφοι   μου,   χαιρετε εν κυριω. τα αυτα γραφειν υμιν
4:3   και κλημεντος και των λοιπων συνεργων   μου,   ων τα ονοματα εν βιβλω ζωης.   χαιρετε εν

         1 ναι

4:3   παρακαλω το αυτο φρονειν εν κυριω.   ναι   ερωτω και σε, γνησιε συζυγε, συλλαμβανου

         1 νεκρων

3:11   καταντησω εις την εξαναστασιν την εκ   νεκρων.   ουχ οτι ηδη ελαβον η ηδη τετελειωμαι.

         1 νοηματα

4:7   νουν φρουρησει τας καρδιας υμων και τα   νοηματα   υμων εν χριστω ιησου.   το λοιπον,

         1 νομον

3:5   βενιαμειν, εβραιος εξ εβραιων, κατα   νομον   φαρισαιος,   κατα ζηλος διωκων την

         1 νομου

3:9   αυτω, μη εχων εμην δικαιοσυνην την εκ   νομου   αλλα την δια πιστεως χριστου, την εκ θεου

         1 νομω

3:6   την εκκλησιαν. κατα δικαιοσυνην την εν   νομω   γενομενος αμεμπτος. (αλλα) ατινα ην μοι

1 νουν

4:7   η ειρηνη του θεου η υπερεχουσα παντα νουν φρουρησει τας καρδιας υμων και τα νοηματα

5 νυν

1:30   αγωνα εχοντες οιον ειδετε εν εμοι και νυν ακουετε εν εμοι.   ει τις ουν παρακλησις εν
3:18   περιπατουσιν ους πολλακις ελεγον υμιν. νυν δε και κλαιων λεγω, τους εχθρους του
1:20   αλλ εν παση παρρησια ως παντοτε και νυν μεγαλυνθησεται χριστος εν τω σωματι μου.
2:12   μη ως εν τη παρουσια μου μονον αλλα νυν πολλω μαλλον εν τη απουσια μου. μετα φοβου
1:5   απο της πρωτης ημερας αχρι του νυν.   πεποιθως αυτο τουτο, οτι ο εναρξαμενος εν

4 οιδα

1:19   εν τουτω χαιρω. αλλα και χαρησομαι, οιδα γαρ οτι τουτο μοι αποβησεται εις σωτηριαν
4:12   ειναι. οιδα και ταπεινουσθαι, οιδα και περισσευειν. εν παντι και εν πασιν
4:12   εμαθον εν οις ειμι αυταρκης ειναι. οιδα και ταπεινουσθαι, οιδα και περισσευειν. εν
1:25   δι υμας. και τουτο πεποιθως οιδα οτι μενω και παραμενω πασιν υμιν εις την

1 οιδατε

4:15   συγκοινωνησαντες μου τη θλιψει. οιδατε δε και υμεις, φιλιππησιοι, οτι εν αρχη

1 οικιας

4:22   αγιοι, μαλιστα δε οι εκ της καισαρος οικιας. η χαρις του κυριου ιησου χριστου μετα

1 οικτιρμοι

2:1   πνευματος, ει τις σπλαγχνα και οικτιρμοι, πληρωσατε μου την χαραν ινα το αυτο

1 οιομενοι

1:17   τον χριστον καταγγελλουσιν. ουχ αγνως, οιομενοι θλιψιν εγειρειν τοις δεσμοις μου. τι

1 οιον

1:30   πασχειν. τον αυτον αγωνα εχοντες οιον ειδετε εν εμοι και νυν ακουετε εν εμοι.

2 οις

4:11   καθ υστερησιν λεγω. εγω γαρ εμαθον εν οις ειμι αυταρκης ειναι. οιδα και
2:15   γενεας σκολιας και διεστραμμενης. εν οις φαινεσθε ως φωστηρες εν κοσμω. λογον ζωης

1 οκνηρον

3:1   τα αυτα γραφειν υμιν εμοι μεν ουκ οκνηρον. υμιν δε ασφαλες. βλεπετε τους κυνας.

1 οκταημερος

3:5   εν σαρκι. εγω μαλλον. περιτομη οκταημερος, εκ γενους ισραηλ. φυλης βενιαμειν.

1 ολω

1:13   μου φανερους εν χριστω γενεσθαι εν ολω τω πραιτωριω και τοις λοιποις πασιν, και

1 ομοιωματι

2:7   εκενωσεν μορφην δουλου λαβων, εν ομοιωματι ανθρωπων γενομενος. και σχηματι

1 ον

3:8   χριστου ιησου του κυριου μου. δι ον τα παντα εζημιωθην. και ηγουμαι σκυβαλα ινα

2 ονομα

2:9   αυτον υπερυψωσεν και εχαρισατο αυτω το ονομα το υπερ παν ονομα, ινα εν τω ονοματι
2:9   εχαρισατο αυτω το ονομα το υπερ παν ονομα, ινα εν τω ονοματι ιησου παν γονυ καμψη

1 ονοματα

4:3   και των λοιπων συνεργων μου. ων τα ονοματα εν βιβλω ζωης. χαιρετε εν κυριω

1 ονοματι

2:10   το ονομα το υπερ παν ονομα, ινα εν τω ονοματι ιησου παν γονυ καμψη επουρανιων και

1 οντας

1:7   μου της χαριτος παντας υμας οντας. μαρτυς γαρ μου ο θεος, ως επιποθω

1 οπισω

3:13   λογιζομαι κατειληφεναι. εν δε, τα μεν οπισω επιλανθανομενος τοις δε εμπροσθεν

6 οσα

4:8   εστιν αληθη, οσα σεμνα, οσα δικαια, οσα αγνα, οσα προσφιλη, οσα ευφημα, ει τις
4:8   αδελφοι, οσα εστιν αληθη, οσα σεμνα, οσα δικαια, οσα αγνα, οσα προσφιλη, οσα ευφημα,
4:8   εν χριστω ιησου. το λοιπον, αδελφοι, οσα εστιν αληθη, οσα σεμνα, οσα δικαια, οσα
4:8   οσα δικαια, οσα αγνα, οσα προσφιλη, οσα ευφημα, ει τις αρετη και ει τις επαινος,
4:8   οσα σεμνα, οσα δικαια, οσα αγνα, οσα προσφιλη, οσα ευφημα, ει τις αρετη και ει

4:8   το λοιπον, αδελφοι, οσα εστιν αληθη, οσα σεμνα, οσα δικαια, οσα αγνα, οσα προσφιλη,

                                               1 οσμην

4:18   παρα επαφροδιτου τα παρ υμων, οσμην ευωδιας, θυσιαν δεκτην, ευαρεστον τω θεω.

                                             1 οσοι

3:15   ανω κλησεως του θεου εν χριστω ιησου. οσοι ουν τελειοι, τουτο φρονωμεν. και ει τι

                                             1 οστις

2:20   περι υμων. ουδενα γαρ εχω ισοψυχον, οστις γνησιως τα περι υμων μεριμνησει,   οι

                                             2 ος

2:6   εν υμιν ο και εν χριστω ιησου. ος εν μορφη θεου υπαρχων ουχ αρπαγμον ηγησατο

3:21   απεκδεχομεθα κυριον ιησουν χριστον, ος μετασχηματισει το σωμα της ταπεινωσεως ημων

                                             1 οτε

4:15   οτι εν αρχη του ευαγγελιου, οτε εξηλθον απο μακεδονιας, ουδεμια μοι

                                           21 οτι

2:30   και τους τοιουτους εντιμους εχετε, οτι δια το εργον χριστου μεχρι θανατου ηγγισεν

1:16   οι μεν εξ αγαπης, ειδοτες οτι εις απολογιαν του ευαγγελιου κειμαι, οι δε

4:15   οιδατε δε και υμεις, φιλιππησιοι, οτι εν αρχη του ευαγγελιου. οτε εξηλθον απο

1:20   κατα την αποκαραδοκιαν και ελπιδα μου οτι εν ουδενι αισχυνθησομαι, αλλ εν παση

4:17   δις εις την χρειαν μοι επεμψατε. ουχ οτι επιζητω το δομα, αλλα επιζητω τον καρπον

3:12   την εξαναστασιν την εκ νεκρων. ουχ οτι ηδη ελαβον η ηδη τετελειωμαι, διωκω δε ει

4:10   μεθ υμων. εχαρην δε εν κυριω μεγαλως οτι ηδη ποτε ανεθαλετε το υπερ εμου φρονειν, εφ

2:26   υμας, και αδημονων διοτι ηκουσατε οτι ησθενησεν. και γαρ ησθενησεν παραπλησιον

4:11   εφ ω και εφρονειτε ηκαιρεισθε δε. ουχ οτι καθ υστερησιν λεγω. εγω γαρ εμαθον εν οις

2:24   περι εμε εξαυτης. πεποιθα δε εν κυριω οτι και αυτος ταχεως ελευσομαι. αναγκαιον δε

4:16   δοσεως και λημψεως ει μη υμεις μονοι. οτι και εν θεσσαλονικη και απαξ και δις εις την

2:11   και πασα γλωσσα εξομολογησεται οτι κυριος ιησους χριστος εις δοξαν θεου

1:25   δι υμας. και τουτο πεποιθως οιδα οτι μενω και παραμενω πασιν υμιν εις την υμων

1:6   αχρι του νυν. πεποιθως αυτο τουτο, οτι ο εναρξαμενος εν υμιν εργον αγαθον

2:16   εις καυχημα εμοι εις ημεραν χριστου. οτι ουκ εις κενον εδραμον ουδε εις κενον

1:18   τοις δεσμοις μου. τι γαρ; πλην οτι παντι τροπω, ειτε προφασει ειτε αληθεια,

1:27   υμας ειτε απων ακουω τα περι υμων, οτι στηκετε εν ενι πνευματι, μια ψυχη

1:12   γινωσκειν δε υμας βουλομαι, αδελφοι, οτι τα κατ εμε μαλλον εις προκοπην του

1:19   χαιρω. αλλα και χαρησομαι. οιδα γαρ οτι τουτο μοι αποβησεται εις σωτηριαν δια της

1:29   υμων δε σωτηριας. και τουτο απο θεου. οτι υμιν εχαρισθη το υπερ χριστου, ου μονον το

2:22   την δε δοκιμην αυτου γινωσκετε, οτι ως πατρι τεκνον συν εμοι εδουλευσεν εις το

                                             5 ου

1:22   μοι καρπος εργου. και τι αιρησομαι ου γνωριζω. συνεχομαι δε εκ των δυο, την

3:20   το πολιτευμα εν ουρανοις υπαρχει, εξ ου και σωτηρα απεκδεχομεθα κυριον ιησουν

3:13   χριστου (ιησου). αδελφοι, εγω εμαυτον ου λογιζομαι κατειληφεναι. εν δε, τα μεν οπισω

1:29   οτι υμιν εχαρισθη το υπερ χριστου, ου μονον το εις αυτον πιστευειν αλλα και το

2:21   οι παντες γαρ τα εαυτων ζητουσιν, ου τα ιησου χριστου. την δε δοκιμην αυτου

                                           1 ουδε

2:16   χριστου. οτι ουκ εις κενον εδραμον ουδε εις κενον εκοπιασα. αλλα ει και σπενδομαι

                                           1 ουδεμια

4:15   οτε εξηλθον απο μακεδονιας, ουδεμια μοι εκκλησια εκοινωνησεν εις λογον

                                           1 ουδενα

2:20   ινα καγω ευψυχω γνους τα περι υμων. ουδενα γαρ εχω ισοψυχον, οστις γνησιως τα περι

                                           1 ουδενι

1:20   αποκαραδοκιαν και ελπιδα μου οτι εν ουδενι αισχυνθησομαι, αλλ εν παση παρρησια ως

                                           4 ουκ

2:27   θανατω. αλλα ο θεος ηλεησεν αυτον, ουκ αυτον δε μονον αλλα και εμε, ινα μη λυπην

2:16   καυχημα εμοι εις ημεραν χριστου. οτι ουκ εις κενον εδραμον ουδε εις κενον εκοπιασα.

3:3   και καυχωμενοι εν χριστω ιησου και ουκ εν σαρκι πεποιθοτες. καιπερ εγω εχων

3:1   κυριω. τα αυτα γραφειν υμιν εμοι μεν ουκ οκνηρον, υμιν δε ασφαλες. βλεπετε τους

                                           5 ουν

2:29   χαρητε καγω αλυποτερος ω. προσδεχεσθε ουν αυτον εν κυριω μετα πασης χαρας, και τους

2:23   εις το ευαγγελιον. τουτον μεν ουν ελπιζω πεμψαι ως αν αφιδω τα περι εμε

2:28   μη λυπην επι λυπην σχω. σπουδαιοτερως ουν επεμψα αυτον ινα ιδοντες αυτον παλιν χαρητε

2:1   εμοι και νυν ακουετε εν εμοι. ει τις ουν παρακλησις εν χριστω, ει τι παραμυθιον

3:15   του θεου εν χριστω ιησου. οσοι ουν τελειοι, τουτο φρονωμεν. και ει τι ετερως

```
                                                1  ουρανοις
3:20      φρονουντες.  ημων γαρ το πολιτευμα εν  ουρανοις υπαρχει, εξ ου και σωτηρα απεκδεχομεθα

                                                1  ουσιν
1:1       πασιν τοις αγιοις εν χριστω ιησου τοις  ουσιν εν φιλιπποις συν επισκοποις και

                                                1  ους
3:18      τυπον ημας.  πολλοι γαρ περιπατουσιν   ους πολλακις ελεγον υμιν, νυν δε και κλαιων

                                                1  ουτω
3:17      γινεσθε, αδελφοι, και σκοπειτε τους    ουτω περιπατουντας καθως εχετε τυπον ημας.

                                                1  ουτως
4:1       και επιποθητοι, χαρα και στεφανος μου,  ουτως στηκετε εν κυριω, αγαπητοι.  ευοδιαν

                                                5  ουχ
1:17      εριθειας τον χριστον καταγγελλουσιν,   ουχ αγνως, οιομενοι θλιψιν εγειρειν τοις
2:6       ιησου.  ος εν μορφη θεου υπαρχων       ουχ αρπαγμον ηγησατο το ειναι ισα θεω,  αλλα
4:17      και δις εις την χρειαν μοι επεμψατε.   ουχ οτι επιζητω το δομα, αλλα επιζητω τον
3:12      εις την εξαναστασιν την εκ νεκρων.     ουχ οτι ηδη ελαβον η ηδη τετελειωμαι, διωκω δε
4:11      εφ ω και εφρονειτε ηκαιρεισθε δε.      ουχ οτι καθ υστερησιν λεγω, εγω γαρ εμαθον εν

                                                1  παθηματων
3:10      της αναστασεως αυτου και κοινωνιαν     παθηματων αυτου, συμμορφιζομενος τω θανατω

                                                3  παλιν
4:4       βιβλω ζωης.  χαιρετε εν κυριω παντοτε.  παλιν ερω, χαιρετε.  το επιεικες υμων γνωσθητω
1:26      ιησου εν εμοι δια της εμης παρουσιας   παλιν προς υμας.  μονον αξιως του ευαγγελιου
2:28      ουν επεμψα αυτον ινα ιδοντες αυτον     παλιν χαρητε καγω αλυποτερος ω.  προσδεχεσθε

                                                2  παν
2:10      παν ονομα, ινα εν τω ονοματι ιησου     παν γονυ καμψη επουρανιων και επιγειων και
2:9       και εχαρισατο αυτω το ονομα το υπερ    παν ονομα, ινα εν τω ονοματι ιησου παν γονυ

                                                8  παντα
4:21      αιωνας των αιωνων. αμην. ασπασασθε     παντα αγιον εν χριστω ιησου. ασπαζονται υμας οι
3:8       χριστου ιησου του κυριου μου, δι ον τα  παντα εζημιωθην, και ηγουμαι σκυβαλα ινα
3:8       ζημιαν.  αλλα μενουνγε και ηγουμαι     παντα ζημιαν ειναι δια το υπερεχον της γνωσεως
4:13      και περισσευειν και υστερεισθαι.       παντα ισχυω εν τω ενδυναμουντι με.  πλην καλως
4:18      πλεοναζοντα εις λογον υμων.  απεχω δε   παντα και περισσευω. πεπληρωμαι δεξαμενος παρα
4:7       και η ειρηνη του θεου η υπερεχουσα     παντα νουν φρουρησει τας καρδιας υμων και τα
2:14      και το ενεργειν υπερ της ευδοκιας.     παντα ποιειτε χωρις γογγυσμων και διαλογισμων,
3:21      δυνασθαι αυτον και υποταξαι αυτω τα     παντα.  ωστε, αδελφοι μου αγαπητοι και

                                                3  παντας
1:8       μαρτυς γαρ μου ο θεος, ως επιποθω      παντας υμας εν σπλαγχνοις χριστου ιησου.  και
1:7       συνκοινωνους μου της χαριτος           παντας υμας οντας.  μαρτυς γαρ μου ο θεος, ως
2:26      πεμψαι προς υμας.  επειδη επιποθων ην   παντας υμας, και αδημονων διοτι ηκουσατε οτι

                                                2  παντες
2:21      γνησιως τα περι υμων μεριμνησει,  οι   παντες γαρ τα εαυτων ζητουσιν, ου τα ιησου
4:22      οι συν εμοι αδελφοι.  ασπαζονται υμας   παντες οι αγιοι, μαλιστα δε οι εκ της καισαρος

                                                3  παντι
4:12      ταπεινουσθαι, οιδα και περισσευειν. εν  παντι και εν πασιν μεμυημαι και χορταζεσθαι και
4:6       κυριος εγγυς.  μηδεν μεριμνατε αλλ εν   παντι τη προσευχη και τη δεησει μετα
1:18      τοις δεσμοις μου.  τι γαρ; πλην οτι     παντι τροπω, ειτε προφασει ειτε αληθεια,

                                                4  παντοτε
1:4       τω θεω μου επι παση τη μνεια υμων,     παντοτε εν παση δεησει μου υπερ παντων υμων
1:20      αισχυνθησομαι, αλλ εν παση παρρησια ως  παντοτε και νυν μεγαλυνθησεται χριστος εν τω
2:12      πατρος.  ωστε, αγαπητοι μου, καθως      παντοτε υπηκουσατε, μη ως εν τη παρουσια μου
4:4       εν βιβλω ζωης.  χαιρετε εν κυριω        παντοτε.  παλιν ερω, χαιρετε.  το επιεικες υμων

                                                2  παντων
1:4       υμων,  παντοτε εν παση δεησει μου υπερ  παντων υμων μετα χαρας την δεησιν ποιουμενος,
1:7       εστιν δικαιον εμοι τουτο φρονειν υπερ   παντων υμων, δια το εχειν με εν τη καρδια υμας,

                                                1  παρ
4:18      δεξαμενος παρα επαφροδιτου τα          παρ υμων, οσμην ευωδιας, θυσιαν δεκτην,
```

```
                                    1  παρα
4:18      και περισσευω· πεπληρωμαι δεξαμενος παρα επαφροδιτου τα παρ υμων, οσμην ευωδιας·

                                    1  παραβολευσαμενο
2:30    το εργον χριστου μεχρι θανατου ηγγισεν παραβολευσαμενος τη ψυχη, ινα αναπληρωση το

                                    2  παρακαλω
4:2       στηκετε εν κυριω, αγαπητοι. ευοδιαν παρακαλω και συντυχην παρακαλω το αυτο φρονειν
4:2        ευοδιαν παρακαλω και συντυχην παρακαλω το αυτο φρονειν εν κυριω.  ναι ερωτω

                                    1  παρακλησις
2:1      και νυν ακουετε εν εμοι.  ει τις ουν παρακλησις εν χριστω, ει τι παραμυθιον αγαπης,

                                    1  παραμενω
1:25     και τουτο πεποιθως οιδα οτι μενω και παραμενω πασιν υμιν εις την υμων προκοπην και

                                    1  παραμυθιον
2:1      ει τις ουν παρακλησις εν χριστω, ει τι παραμυθιον αγαπης, ει τις κοινωνια πνευματος,

                                    1  παραπλησιον
2:27       οτι ησθενησεν.  και γαρ ησθενησεν παραπλησιον θανατω. αλλα ο θεος ηλεησεν αυτον,

                                    1  παρελαβετε
4:9        ταυτα λογιζεσθε.  α και εμαθετε και παρελαβετε και ηκουσατε και ειδετε εν εμοι,

                                    1  παρουσια
2:12    καθως παντοτε υπηκουσατε, μη ως εν τη παρουσια μου μονον αλλα νυν πολλω μαλλον εν τη

                                    1  παρουσιας
1:26    εν χριστω ιησου εν εμοι δια της εμης παρουσιας παλιν προς υμας.  μονον αξιως του

                                    1  παρρησια
1:20    εν ουδενι αισχυνθησομαι, αλλ εν παση παρρησια ως παντοτε και νυν μεγαλυνθησεται

                                    1  πασα
2:11      και επιγειων και καταχθονιων, και πασα γλωσσα εξομολογησεται οτι κυριος ιησους

                                    1  πασαν
4:19         τω θεω.  ο δε θεος μου πληρωσει πασαν χρειαν υμων κατα το πλουτος αυτου εν δοξη

                                    4  παση
1:9     και μαλλον περισσευη εν επιγνωσει και παση αισθησει,  εις το δοκιμαζειν υμας τα
1:4     επι παση τη μνεια υμων,  παντοτε εν παση δεησει μου υπερ παντων υμων μετα χαρας την
1:20     οτι εν ουδενι αισχυνθησομαι, αλλ εν παση παρρησια ως παντοτε και νυν μεγαλυνθησεται
1:3     χριστου.  ευχαριστω τω θεω μου επι παση τη μνεια υμων.  παντοτε εν παση δεησει μου

                                    1  πασης
2:29    προσδεχεσθε ουν αυτον εν κυριω μετα πασης χαρας, και τους τοιουτους εντιμους εχετε.

                                    6  πασιν
4:5        χαιρετε.  το επιεικες υμων γνωσθητω πασιν ανθρωποις. ο κυριος εγγυς.  μηδεν
4:12    οιδα και περισσευειν. εν παντι και εν πασιν μεμυημαι και χορταζεσθαι και πειναν, και
1:1       και τιμοθεος δουλοι χριστου ιησου πασιν τοις αγιοις εν χριστω ιησου τοις ουσιν εν
1:25    πεποιθως οιδα οτι μενω και παραμενω πασιν υμιν εις την υμων προκοπην και χαραν της
2:17    της πιστεως υμων, χαιρω και συνχαιρω πασιν υμιν.  το δε αυτο και υμεις χαιρετε και
1:13    εν ολω τω πραιτωριω και τοις λοιποις πασιν,  και τους πλειονας των αδελφων εν κυριω

                                    1  πασχειν
1:29    αυτον πιστευειν αλλα και το υπερ αυτου πασχειν,  τον αυτον αγωνα εχοντες οιον ειδετε

                                    2  πατρι
4:20    δοξη εν χριστω ιησου.  τω δε θεω και πατρι ημων η δοξα εις τους αιωνας των αιωνων.
2:22    την δε δοκιμην αυτου γινωσκετε, οτι ως πατρι τεκνον συν εμοι εδουλευσεν εις το

                                    2  πατρος
1:2        χαρις υμιν και ειρηνη απο θεου πατρος ημων και κυριου ιησου χριστου.
2:11    κυριος ιησους χριστος εις δοξαν θεου πατρος.  ωστε, αγαπητοι μου, καθως παντοτε

                                    1  παυλος
1:1                                παυλος και τιμοθεος δουλοι χριστου ιησου πασιν
```

1 πειναν

4:12 εν πασιν μεμυημαι και χορταζεσθαι και πειναν, και περισσευειν και υστερεισθαι. παντα

3 πεμψαι

2:25 και λειτουργον της χρειας μου, πεμψαι προς υμας, επειδη επιποθων ην παντας
2:19 δε εν κυριω ιησου τιμοθεον ταχεως πεμψαι υμιν, ινα καγω ευψυχω γνους τα περι
2:23 το ευαγγελιον. τουτον μεν ουν ελπιζω πεμψαι ως αν αφιδω τα περι εμε εξαυτης.

1 πεπληρωμαι

4:18 υμων. απεχω δε παντα και περισσευω. πεπληρωμαι δεξαμενος παρα επαφροδιτου τα παρ

1 πεπληρωμενοι

1:11 και απροσκοποι εις ημεραν χριστου, πεπληρωμενοι καρπον δικαιοσυνης τον δια ιησου

1 πεποιθα

2:24 ως αν αφιδω τα περι εμε εξαυτης. πεποιθα δε εν κυριω οτι και αυτος ταχεως

1 πεποιθεναι

3:4 και εν σαρκι. ει τις δοκει αλλος πεποιθεναι εν σαρκι, εγω μαλλον. περιτομη

1 πεποιθησιν

3:4 εν σαρκι πεποιθοτες, καιπερ εγω εχων πεποιθησιν και εν σαρκι. ει τις δοκει αλλος

1 πεποιθοτας

1:14 και τους πλειονας των αδελφων εν κυριω πεποιθοτας τοις δεσμοις μου περισσοτερως τολμαν

1 πεποιθοτες

3:3 εν χριστω ιησου και ουκ εν σαρκι πεποιθοτες, καιπερ εγω εχων πεποιθησιν και εν

2 πεποιθως

1:6 απο της πρωτης ημερας αχρι του νυν, πεποιθως αυτο τουτο, οτι ο εναρξαμενος εν υμιν
1:25 αναγκαιοτερον δι υμας. και τουτο πεποιθως οιδα οτι μενω και παραμενω πασιν υμιν

4 περι

2:23 μεν ουν ελπιζω πεμψαι ως αν αφιδω τα περι εμε εξαυτης. πεποιθα δε εν κυριω οτι και
2:20 γαρ εχω ισοψυχον, οστις γνησιως τα περι υμων μεριμνησει. οι παντες γαρ τα εαυτων
2:19 πεμψαι υμιν, ινα καγω ευψυχω γνους τα περι υμων. ουδενα γαρ εχω ισοψυχον, οστις
1:27 ελθων και ιδων υμας ειτε απων ακουω τα περι υμων, οτι στηκετε εν ενι πνευματι, μια

1 περιπατουντας

3:17 αδελφοι, και σκοπειτε τους ουτω περιπατουντας καθως εχετε τυπον ημας. πολλοι

1 περιπατουσιν

3:18 καθως εχετε τυπον ημας. πολλοι γαρ περιπατουσιν ους πολλακις ελεγον υμιν, νυν δε

2 περισσευειν

4:12 και χορταζεσθαι και πειναν, και περισσευειν και υστερεισθαι. παντα ισχυω εν τω
4:12 οιδα και ταπεινουσθαι, οιδα και περισσευειν. εν παντι και εν πασιν μεμυημαι και

2 περισσευη

1:9 ινα η αγαπη υμων ετι μαλλον και μαλλον περισσευη εν επιγνωσει και παση αισθησει, εις
1:26 της πιστεως, ινα το καυχημα υμων περισσευη εν χριστω ιησου εν εμοι δια της εμης

1 περισσευω

4:18 εις λογον υμων. απεχω δε παντα και περισσευω. πεπληρωμαι δεξαμενος παρα

1 περισσοτερως

1:14 εν κυριω πεποιθοτας τοις δεσμοις μου περισσοτερως τολμαν αφοβως τον λογον λαλειν.

2 περιτομη

3:5 πεποιθεναι εν σαρκι, εγω μαλλον. περιτομη οκταημερος, εκ γενους ισραηλ, φυλης
3:3 την κατατομην. ημεις γαρ εσμεν η περιτομη, οι πνευματι θεου λατρευοντες και

2 πιστει

1:27 ενι πνευματι, μια ψυχη συναθλουντες τη πιστει του ευαγγελιου, και μη πτυρομενοι εν
3:9 την εκ θεου δικαιοσυνην επι τη πιστει, του γνωναι αυτον και την δυναμιν της

1 πιστευειν

1:29 το υπερ χριστου, ου μονον το εις αυτον πιστευειν αλλα και το υπερ αυτου πασχειν, τον

```
                                     3  πιστεως
2:17         ετι τη θυσια και λειτουργια της  πιστεως υμων, χαιρω και συνχαιρω πασιν υμιν.
3:9    δικαιοσυνην την εκ νομου αλλα την δια  πιστεως χριστου, την εκ θεου δικαιοσυνην επι τη
1:25        εις την υμων προκοπην και χαραν της  πιστεως, ινα το καυχημα υμων περισσευη εν

                                     1  πλειονας
1:14          και τοις λοιποις πασιν, και τους  πλειονας των αδελφων εν κυριω πεποιθοτας τοις

                                     1  πλεοναζοντα
4:17        το δομα. αλλα επιζητω τον καρπον τον  πλεοναζοντα εις λογον υμων. απεχω δε παντα και

                                     3  πλην
3:16         και τουτο ο θεος υμιν αποκαλυψει.  πλην εις ο εφθασαμεν, τω αυτω στοιχειν.
4:14       παντα ισχυω εν τω ενδυναμουντι με.  πλην καλως εποιησατε συγκοινωνησαντες μου τη
1:18       εγειρειν τοις δεσμοις μου. τι γαρ;  πλην οτι παντι τροπω, ειτε προφασει ειτε

                                     1  πληρωσατε
2:2           ει τις σπλαγχνα και οικτιρμοι,  πληρωσατε μου την χαραν ινα το αυτο φρονητε,

                                     1  πληρωσει
4:19        ευαρεστον τω θεω. ο δε θεος μου  πληρωσει πασαν χρειαν υμων κατα το πλουτος

                                     1  πλουτος
4:19     μου πληρωσει πασαν χρειαν υμων κατα το  πλουτος αυτου εν δοξη εν χριστω ιησου. τω δε

                                     2  πνευματι
3:3            ημεις γαρ εσμεν η περιτομη, οι  πνευματι θεου λατρευοντες και καυχωμενοι εν
1:27       ακουω τα περι υμων, οτι στηκετε εν ενι  πνευματι, μια ψυχη συναθλουντες τη πιστει του

                                     3  πνευματος
1:19       της υμων δεησεως και επιχορηγιας του  πνευματος ιησου χριστου, κατα την
4:23         του κυριου ιησου χριστου μετα του  πνευματος υμων.
2:1       τι παραμυθιον αγαπης, ει τις κοινωνια  πνευματος, ει τις σπλαγχνα και οικτιρμοι,

                                     1  ποιειτε
2:14         το ενεργειν υπερ της ευδοκιας. παντα  ποιειτε χωρις γογγυσμων και διαλογισμων, ινα

                                     1  ποιουμενος
1:4    υπερ παντων υμων μετα χαρας την δεησιν  ποιουμενος, επι τη κοινωνια υμων εις το

                                     1  πολιτευεσθε
1:27    μονον αξιως του ευαγγελιου του χριστου  πολιτευεσθε, ινα ειτε ελθων και ιδων υμας ειτε

                                     1  πολιτευμα
3:20     οι τα επιγεια φρονουντες. ημων γαρ το  πολιτευμα εν ουρανοις υπαρχει, εξ ου και σωτηρα

                                     1  πολλακις
3:18          ημας. πολλοι γαρ περιπατουσιν ους  πολλακις ελεγον υμιν, νυν δε και κλαιων λεγω.

                                     1  πολλοι
3:18     περιπατουντας καθως εχετε τυπον ημας.  πολλοι γαρ περιπατουσιν ους πολλακις ελεγον

                                     2  πολλω
2:12   ως εν τη παρουσια μου μονον αλλα νυν  πολλω μαλλον εν τη απουσια μου, μετα φοβου και
1:23     εις το αναλυσαι και συν χριστω ειναι,  πολλω (γαρ) μαλλον κρεισσον. το δε επιμενειν

                                     1  ποτε
4:10      εχαρην δε εν κυριω μεγαλως οτι ηδη  ποτε ανεθαλετε το υπερ εμου φρονειν, εφ ω και

                                     1  πραιτωριω
1:13    φανερους εν χριστω γενεσθαι εν ολω τω  πραιτωριω και τοις λοιποις πασιν, και τους

                                     1  πρασσετε
4:9    και ηκουσατε και ειδετε εν εμοι, ταυτα  πρασσετε. και ο θεος της ειρηνης εσται μεθ

                                     2  προκοπην
1:25    και παραμενω πασιν υμιν εις την υμων  προκοπην και χαραν της πιστεως, ινα το καυχημα
1:12       αδελφοι, οτι τα κατ εμε μαλλον εις  προκοπην του ευαγγελιου εληλυθεν, ωστε τους

                                     1  προσδεχεσθε
2:29   αυτον παλιν χαρητε καγω αλυποτερος ω.  προσδεχεσθε ουν αυτον εν κυριω μετα πασης
```

```
                                          1  προσευχη
4:6       μηδεν μεριμνατε αλλ εν παντι τη προσευχη και τη δεησει μετα ευχαριστιας τα

                                          1  προσευχομαι
1:9       σπλαγχνοις χριστου ιησου.  και τουτο προσευχομαι, ινα η αγαπη υμων ετι μαλλον και

                                          1  προσφιλη
4:8       οσα σεμνα, οσα δικαια, οσα αγνα, οσα προσφιλη, οσα ευφημα, ει τις αρετη και ει τις

                                          4  προς
2:30      ινα αναπληρωση το υμων υστερημα της προς με λειτουργιας.    το λοιπον, αδελφοι μου,
4:6              τα αιτηματα υμων γνωριζεσθω προς τον θεον.  και η ειρηνη του θεου η
1:26      εν εμοι δια της εμης παρουσιας παλιν προς υμας.  μονον αξιως του ευαγγελιου του
2:25      και λειτουργον της χρειας μου, πεμψαι προς υμας, επειδη επιποθων ην παντας υμας, και

                                          1  προφασει
1:18      τι γαρ; πλην οτι παντι τροπω, ειτε προφασει ειτε αληθεια, χριστος καταγγελλεται.

                                          1  πρωτης
1:5       υμων εις το ευαγγελιον απο της πρωτης ημερας αχρι του νυν,  πεποιθως αυτο

                                          1  πτυρομενοι
1:28      τη πιστει του ευαγγελιου.  και μη πτυρομενοι εν μηδενι υπο των αντικειμενων, ητις

                                          1  πως
3:11      συμμορφιζομενος τω θανατω αυτου,  ει πως καταντησω εις την εξαναστασιν την εκ

                                          5  σαρκι
1:24      κρεισσον.  το δε επιμενειν (εν) τη σαρκι αναγκαιοτερον δι υμας.  και τουτο
3:3       καιχωμενοι εν χριστω ιησου και ουκ εν σαρκι πεποιθοτες,  καιπερ εγω εχων πεποιθησιν
3:4       καιπερ εγω εχων πεποιθησιν και εν σαρκι.  ει τις δοκει αλλος πεποιθεναι εν σαρκι.
3:4       ει τις δοκει αλλος πεποιθεναι εν σαρκι, εγω μαλλον.  περιτομη οκταημερος, εκ
1:22      το αποθανειν κερδος.  ει δε το ζην εν σαρκι, τουτο μοι καρπος εργου. και τι αιρησομαι

                                          1  σε
4:3       αυτο φρονειν εν κυριω.  ναι ερωτω και σε, γνησιε συζυγε, συλλαμβανου αυταις, αιτινες

                                          1  σεμνα
4:8       λοιπον, αδελφοι, οσα εστιν αληθη, οσα σεμνα, οσα δικαια, οσα αγνα, οσα προσφιλη, οσα

                                          1  σκολιας
2:15      τεκνα θεου αμωμα μεσον γενεας σκολιας και διεστραμμενης, εν οις φαινεσθε ως

                                          1  σκοπειτε
3:17      συμμιμηται μου γινεσθε, αδελφοι, και σκοπειτε τους ουτω περιπατουντας καθως εχετε

                                          1  σκοπον
3:14      δε εμπροσθεν επεκτεινομενος,  κατα σκοπον διωκω εις το βραβειον της ανω κλησεως

                                          1  σκοπουντες
2:4       εαυτων,  μη τα εαυτων εκαστος σκοπουντες, αλλα και τα ετερων εκαστοι.    τουτο

                                          1  σκυβαλα
3:8       δι ον τα παντα εζημιωθην, και ηγουμαι σκυβαλα ινα χριστον κερδησω  και ευρεθω εν

                                          1  σπενδομαι
2:17      ουδε εις κενον εκοπιασα.  αλλα ει και σπενδομαι επι τη θυσια και λειτουργια της

                                          1  σπλαγχνα
2:1       ει τις κοινωνια πνευματος, ει τις σπλαγχνα και οικτιρμοι,  πληρωσατε μου την

                                          1  σπλαγχνοις
1:8       μοι ο θεος, ως επιποθω παντας υμας εν σπλαγχνοις χριστου ιησου.  και τουτο

                                          1  σπουδαιοτερως
2:28      και εμε, ινα μη λυπην επι λυπην σχω. σπουδαιοτερως ουν επεμψα αυτον ινα ιδοντες

                                          2  σταυρου
3:18      δε και κλαιων λεγω, τους εχθρους του σταυρου του χριστου.  ων το τελος απωλεια, ων ο
2:8       υπηκοος μεχρι θανατου, θανατου δε σταυρου.  διο και ο θεος αυτον υπερυψωσεν και
```

1 στεφανος
4:1 μου αγαπητοι και επιποθητοι, χαρα και στεφανος μου, ουτως στηκετε εν κυριω, αγαπητοι.

2 στηκετε
1:27 υμας ειτε απων ακουω τα περι υμων, οτι στηκετε εν ενι πνευματι, μια ψυχη συναθλουντες
4:1 χαρα και στεφανος μου, ουτως στηκετε εν κυριω, αγαπητοι. ευοδιαν παρακαλω

1 στοιχειν
3:16 πλην εις ο εφθασαμεν, τω αυτω στοιχειν. συμμιμηται μου γινεσθε, αδελφοι, και

1 συγκοινωνησαντε
4:14 ενδυναμουντι με. πλην καλως εποιησατε συγκοινωνησαντες μου τη θλιψει. οιδατε δε και

1 συγχαιρετε
2:18 το δε αυτο και υμεις χαιρετε και συγχαιρετε μοι. ελπιζω δε εν κυριω ιησου

1 συζυγε
4:3 εν κυριω. ναι ερωτω και σε, γνησιε συζυγε, συλλαμβανου αυταις, αιτινες εν τω

1 συλλαμβανου
4:3 ναι ερωτω και σε, γνησιε συζυγε, συλλαμβανου αυταις, αιτινες εν τω ευαγγελιω

1 συμμιμηται
3:17 εις ο εφθασαμεν, τω αυτω στοιχειν. συμμιμηται μου γινεσθε, αδελφοι, και σκοπειτε

1 συμμορφιζομενος
3:10 αυτου και κοινωνιαν παθηματων αυτου, συμμορφιζομενος τω θανατω αυτου, ει πως

1 συμμορφον
3:21 το σωμα της ταπεινωσεως ημων συμμορφον τω σωματι της δοξης αυτου κατα την

1 συμψυχοι
2:2 φρονητε, την αυτην αγαπην εχοντες, συμψυχοι, το εν φρονουντες, μηδεν κατ εριθειαν

4 συν
4:21 εν χριστω ιησου. ασπαζονται υμας οι συν εμοι αδελφοι. ασπαζονται υμας παντες οι
2:22 αυτου γινωσκετε. οτι ως πατρι τεκνον συν εμοι εδουλευσεν εις το ευαγγελιον. τουτον
1:1 χριστω ιησου τοις ουσιν εν φιλιπποις συν επισκοποις και διακονοις. χαρις υμιν και
1:23 την επιθυμιαν εχων εις το αναλυσαι και συν χριστω ειναι, πολλω (γαρ) μαλλον κρεισσον.

1 συναθλουντες
1:27 οτι στηκετε εν ενι πνευματι, μια ψυχη συναθλουντες τη πιστει του ευαγγελιου, και μη

1 συνεργον
2:25 ηγηουμην επαφροδιτον τον αδελφον και συνεργον και συνστρατιωτην μου, υμων δε

1 συνεργων
4:3 μοι μετα και κλημεντος και των λοιπων συνεργων μου, ων τα ονοματα εν βιβλω ζωης.

1 συνεχομαι
1:23 εργου. και τι αιρησομαι ου γνωριζω. συνεχομαι δε εκ των δυο, την επιθυμιαν εχων εις

1 συνηθλησαν
4:3 αυταις, αιτινες εν τω ευαγγελιω συνηθλησαν μοι μετα και κλημεντος και των

1 συνκοινωνους
1:7 απολογια και βεβαιωσει του ευαγγελιου συνκοινωνους μου της χαριτος παντας υμας οντας.

1 συνστρατιωτην
2:25 τον αδελφον και συνεργον και συνστρατιωτην μου, υμων δε αποστολον και

1 συντυχην
4:2 κυριω, αγαπητοι. ευοδιαν παρακαλω και συντυχην παρακαλω το αυτο φρονειν εν κυριω.

1 συνχαιρω
2:17 λειτουργια της πιστεως υμων, χαιρω και συνχαιρω πασιν υμιν. το δε αυτο και υμεις

1 σχηματι
2:7 εν ομοιωματι ανθρωπων γενομενος. και σχηματι ευρεθεις ως ανθρωπος εταπεινωσεν

```
                                                         1  σχω
2:27    αλλα  και  εμε.  ινα  μη  λυπην  επι  λυπην   σχω.     σπουδαιοτερως  ουν  επεμψα  αυτον  ινα

                                                         1  σωμα
3:21    ιησουν  χριστον.    ος  μετασχηματισει  το   σωμα  της  ταπεινωσεως  ημων  συμμορφον  τω  σωματι

                                                         2  σωματι
1:20    και  νυν  μεγαλυνθησεται  χριστος  εν  τω   σωματι  μου.  ειτε  δια  ζωης  ειτε  δια  θανατου.
3:21   σωμα  της  ταπεινωσεως  ημων  συμμορφον  τω   σωματι  της  δοξης  αυτου  κατα  την  ενεργειαν  του

                                                         1  σωτηρα
3:20        εν  ουρανοις  υπαρχει.  εξ  ου  και   σωτηρα  απεκδεχομεθα  κυριον  ιησουν  χριστον.    ος

                                                         2  σωτηριαν
1:19    οιδα  γαρ  οτι  τουτο  μοι  αποβησεται  εις   σωτηριαν  δια  της  υμων  δεησεως  και  επιχορηγιας
2:12    μου.  μετα  φοβου  και  τρομου  την  εαυτων   σωτηριαν  κατεργαζεσθε.    θεος  γαρ  εστιν  ο

                                                         1  σωτηριας
1:28        αυτοις  ενδειξις  απωλειας.  υμων  δε   σωτηριας.  και  τουτο  απο  θεου.    οτι  υμιν

                                                         1  ταπεινουσθαι
4:12    εν  οις  ειμι  αυταρκης  ειναι.   οιδα  και   ταπεινουσθαι.  οιδα  και  περισσευειν.  εν  παντι

                                                         1  ταπεινοφροσυνη
2:3    εριθειαν  μηδε  κατα  κενοδοξιαν.  αλλα  τη   ταπεινοφροσυνη  αλληλους  ηγουμενοι  υπερεχοντας

                                                         1  ταπεινωσεως
3:21        ος  μετασχηματισει  το  σωμα  της   ταπεινωσεως  ημων  συμμορφον  τω  σωματι  της  δοξης

                                                         3  ταυτα
3:7    αμεμπτος.  (αλλα)  ατινα  ην  μοι  κερδη,   ταυτα  ηγημαι  δια  τον  χριστον  ζημιαν.    αλλα
4:8        ει  τις  αρετη  και  ει  τις  επαινος,   ταυτα  λογιζεσθε.    α  και  εμαθετε  και  παρελαβετε
4:9    και  ηκουσατε  και  ειδετε  εν  εμοι.   ταυτα  πρασσετε.  και  ο  θεος  της  ειρηνης  εσται

                                                         2  ταχεως
2:24    πεποιθα  δε  εν  κυριω  οτι  και  αυτος   ταχεως  ελευσομαι.    αναγκαιον  δε  ηγησαμην
2:19    ελπιζω  δε  εν  κυριω  ιησου  τιμοθεον   ταχεως  πεμψαι  υμιν.  ινα  καγω  ευψυχω  γνους  τα

                                                         1  τε
1:7    δια  το  εχειν  με  εν  τη  καρδια  υμας.  εν   τε  τοις  δεσμοις  μου  και  εν  τη  απολογια  και

                                                         1  τεκνα
2:15        ινα  γενησθε  αμεμπτοι  και  ακεραιοι,   τεκνα  θεου  αμωμα  μεσον  γενεας  σκολιας  και

                                                         1  τεκνον
2:22    δοκιμην  αυτου  γινωσκετε.  οτι  ως  πατρι   τεκνον  συν  εμοι  εδουλευσεν  εις  το  ευαγγελιον.

                                                         1  τελειοι
3:15    του  θεου  εν  χριστω  ιησου.  οσοι  ουν   τελειοι.  τουτο  φρονωμεν.  και  ει  τι  ετερως

                                                         1  τελος
3:19        του  σταυρου  του  χριστου.  ων  το   τελος  απωλεια.  ων  ο  θεος  η  κοιλια  και  η  δοξα  εν

                                                         1  τετελειωμαι
3:12    εκ  νεκρων.   ουχ  οτι  ηδη  ελαβον  η  ηδη   τετελειωμαι.  διωκω  δε  ει  και  καταλαβω.  εφ  ω  και

                                                         4  τι
1:22    εν  σαρκι.  τουτο  μοι  καρπος  εργου.  και   τι  αιρησομαι  ου  γνωριζω.   συνεχομαι  δε  εκ  των
1:18        θλιψιν  εγειρειν  τοις  δεσμοις  μου.   τι  γαρ;  πλην  οτι  παντι  τροπω,  ειτε  προφασει
3:15    ουν  τελειοι.  τουτο  φρονωμεν.  και  ει   τι  ετερως  φρονειτε.  και  τουτο  ο  θεος  υμιν
2:1    ει  τις  ουν  παρακλησις  εν  χριστω.  ει   τι  παραμυθιον  αγαπης.  ει  τις  κοινωνια

                                                         1  τιμοθεον
2:19        μοι.   ελπιζω  δε  εν  κυριω  ιησου   τιμοθεον  ταχεως  πεμψαι  υμιν,  ινα  καγω  ευψυχω

                                                         1  τιμοθεος
1:1            παυλος  και  τιμοθεος  δουλοι  χριστου  ιησου  πασιν  τοις  αγιοις

                                                         2  τινες
1:15    τινες  μεν  και  δια  φθονον  και  εριν.   τινες  δε  και  δι  ευδοκιαν  τον  χριστον
1:15    τολμαν  αφοβως  τον  λογον  λαλειν.   τινες  μεν  και  δια  φθονον  και  εριν.  τινες  δε  και
```

4:8	οσα αγνα, οσα προσφιλη, οσα ευφημα, ει	τις	αρετη και ει τις επαινος, ταυτα λογιζεσθε.
3:4	εγω εχων πεποιθησιν και εν σαρκι. ει	τις	δοκει αλλος πεποιθεναι εν σαρκι, εγω
4:8	οσα ευφημα, ει τις αρετη και ει	τις	επαινος, ταυτα λογιζεσθε. α και εμαθετε
2:1	εν χριστω, ει τι παραμυθιον αγαπης, ει	τις	κοινωνια πνευματος, ει τις σπλαγχνα και
2:1	εν εμοι και νυν ακουετε εν εμοι. ει	τις	ουν παρακλησις εν χριστω, ει τι παραμυθιον
2:1	αγαπης, ει τις κοινωνια πνευματος, ει τις	σπλαγχνα και οικτιρμοι. πληρωσατε μου την

1 τοιουτους

| 2:29 | εν κυριω μετα πασης χαρας, και τους | τοιουτους | εντιμους εχετε. οτι δια το εργον |

1 τολμαν

| 1:14 | τοις δεσμοις μου περισσοτερως | τολμαν | αφοβως τον λογον λαλειν. τινες μεν και |

10 τουτο

1:28	απωλειας, υμων δε σωτηριας, και	τουτο	απο θεου. οτι υμιν εχαρισθη το υπερ
1:19	αλλα και χαρησομαι. οιδα γαρ οτι	τουτο	μοι αποβησεται εις σωτηριαν δια της υμων
1:22	κερδος. ει δε το ζην εν σαρκι,	τουτο	μοι καρπος εργου. και τι αιρησομαι ου
3:15	και ει τι ετερως φρονειτε, και	τουτο	ο θεος υμιν αποκαλυψει. πλην εις ο
1:25	τη σαρκι αναγκαιοτερον δι υμας. και	τουτο	πεποιθως οιδα οτι μενω και παραμενω πασιν
1:9	υμας εν σπλαγχνοις χριστου ιησου. και	τουτο	προσευχομαι, ινα η αγαπη υμων ετι μαλλον
1:7	ιησου. καθως εστιν δικαιον εμοι	τουτο	φρονειν υπερ παντων υμων, δια το εχειν με
2:5	αλλα και τα ετερων εκαστοι.	τουτο	φρονειτε εν υμιν ο και εν χριστω ιησου,
3:15	εν χριστω ιησου. οσοι ουν τελειοι,	τουτο	φρονωμεν. και ει τι ετερως φρονειτε, και
1:6	ημερας αχρι του νυν. πεποιθως αυτο	τουτο,	οτι ο εναρξαμενος εν υμιν εργον αγαθον

1 τουτον

| 2:23 | εμοι εδουλευσεν εις το ευαγγελιον. | τουτον | μεν ουν ελπιζα πεμψαι ως αν αφιδω τα |

1 τουτω

| 1:18 | αληθεια, χριστος καταγγελλεται, και εν | τουτω | χαιρω. αλλα και χαρησομαι, οιδα γαρ οτι |

1 τρομου

| 2:12 | εν τη απουσια μου, μετα φοβου και | τρομου | την εαυτων σωτηριαν κατεργαζεσθε. θεος |

1 τροπω

| 1:18 | δεσμοις μου. τι γαρ; πλην οτι παντι | τροπω, | ειτε προφασει ειτε αληθεια, χριστος |

1 τυπον

| 3:17 | τους ουτω περιπατουντας καθως εχετε | τυπον | ημας. πολλοι γαρ περιπατουσιν ους |

12 υμας

1:12	δοξαν και επαινον θεου. γινωσκειν δε	υμας	βουλομαι, αδελφοι, οτι τα κατ εμε μαλλον
1:27	πολιτευεσθε, ινα ειτε ελθων και ιδων	υμας	ειτε απων ακουω τα περι υμων, οτι στηκετε
1:8	γαρ μου ο θεος, ως επιποθω παντας	υμας	εν σπλαγχνοις χριστου ιησου. και τουτο
4:21	αγιον εν χριστω ιησου. ασπαζονται	υμας	οι συν εμοι αδελφοι. ασπαζονται υμας
1:7	συνκοινωνους μου της χαριτος παντας	υμας	οντας. μαρτυς γαρ μου ο θεος, ως επιποθω
4:22	υμας οι συν εμοι αδελφοι. ασπαζονται	υμας	παντες οι αγιοι, μαλιστα δε οι εκ της
1:10	και παση αισθησει, εις το δοκιμαζειν	υμας	τα διαφεροντα, ινα ητε ειλικρινεις και
1:24	(εν) τη σαρκι αναγκαιοτερον δι	υμας.	και τουτο πεποιθως οιδα οτι μενω και
1:26	εμοι δια της εμης παρουσιας παλιν προς	υμας.	μονον αξιως του ευαγγελιου του χριστου
2:25	λειτουργον της χρειας μου, πεμψαι προς	υμας.	επειδη επιποθων ην παντας υμας, και
1:7	υμων, δια το εχειν με εν τη καρδια	υμας,	εν τε τοις δεσμοις μου και εν τη απολογια
2:26	προς υμας. επειδη επιποθων ην παντας	υμας,	και αδημονων διοτι ηκουσατε οτι

3 υμεις

4:15	εις λογον δοσεως και λημψεως ει μη	υμεις	μονοι. οτι και εν θεσσαλονικη και απαξ
2:18	συνχαιρω πασιν υμιν. το δε αυτο και	υμεις	χαιρετε και συγχαιρετε μοι. ελπιζω δε εν
4:15	μου τη θλιψει. οιδατε δε και	υμεις,	φιλιππησιοι, οτι εν αρχη του ευαγγελιου.

12 υμιν

3:15	τι ετερως φρονειτε, και τουτο ο θεος	υμιν	αποκαλυψει. πλην εις ο εφθασαμεν, τω αυτω
3:1	γραφειν υμιν εμοι μεν ουκ οκνηρον,	υμιν	δε ασφαλες. βλεπετε τους κυνας, βλεπετε
1:25	οιδα οτι μενω και παραμενω πασιν	υμιν	εις την υμων προκοπην και χαραν της
3:1	μου, χαιρετε εν κυριω. τα αυτα γραφειν	υμιν	εμοι μεν ουκ οκνηρον, υμιν δε ασφαλες.
1:6	αυτο τουτο, οτι ο εναρξαμενος εν	υμιν	εργον αγαθον επιτελεσει αχρι ημερας
1:29	δε σωτηριας, και τουτο απο θεου. οτι	υμιν	εχαρισθη το υπερ χριστου, ου μονον το εις
1:2	συν επισκοποις και διακονοις. χαρις	υμιν	και ειρηνη απο θεου πατρος ημων και κυριου
2:13	θεος γαρ εστιν ο ενεργων εν	υμιν	και το θελειν και το ενεργειν υπερ της
2:5	τα ετερων εκαστοι. τουτο φρονειτε εν	υμιν	ο και εν χριστω ιησου, ος εν μορφη θεου
2:17	πιστεως υμων. χαιρω και συνχαιρω πασιν	υμιν.	το δε αυτο και υμεις χαιρετε και
2:19	εν κυριω ιησου τιμοθεον ταχεως πεμψαι	υμιν,	ινα καγω ευψυχω γνους τα περι υμων.

3:18   γαρ περιπατουσιν ους πολλακις ελεγον υμιν, νυν δε και κλαιων λεγω, τους εχθρους του

24 υμων

4:6   τη δεησει μετα ευχαριστιας τα αιτηματα υμων γνωριζεσθω προς τον θεον. και η ειρηνη
4:5   παλιν ερω, χαιρετε. το επιεικες υμων γνωσθητω πασιν ανθρωποις. ο κυριος εγγυς.
2:25   και συνεργον και συνστρατιωτην μου, υμων δε αποστολον και λειτουργον της χρειας
1:28   ητις εστιν αυτοις ενδειξις απωλειας, υμων δε σωτηριας, και τουτο απο θεου. οτι υμιν
1:19   μοι αποβησεται εις σωτηριαν δια της υμων δεησεως και επιχορηγιας του πνευματος
1:5   δεησιν ποιουμενος. επι τη κοινωνια υμων εις το ευαγγελιον απο της πρωτης ημερας
4:7   τας καρδιας υμων και τα νοηματα υμων εν χριστω ιησου. το λοιπον, αδελφοι, οσα
1:9   και τουτο προσευχομαι, ινα η αγαπη υμων ετι μαλλον και μαλλον περισσευη εν
4:7   παντα νουν φρουρησει τας καρδιας υμων και τα νοηματα υμων εν χριστω ιησου. το
4:19   ο δε θεος μου πληρωσει πασαν χρειαν υμων κατα το πλουτος αυτου εν δοξη εν χριστω
2:20   εχω ισοψυχον, οστις γνησιως τα περι υμων μεριμνησει. οι παντες γαρ τα εαυτων
1:4   παντοτε εν παση δεησει μου υπερ παντων υμων μετα χαρας την δεησιν ποιουμενος. επι τη
1:26   και χαραν της πιστεως. ινα το καυχημα υμων περισσευη εν χριστω ιησου εν εμοι δια της
1:25   μενω και παραμενω πασιν υμιν εις την υμων προκοπην και χαραν της πιστεως, ινα το
2:30   τη ψυχη, ινα αναπληρωση το υμων υστερημα της προς με λειτουργιας. το
4:23   ιησου χριστου μετα του πνευματος υμων.
4:17   τον καρπον τον πλεοναζοντα εις λογον υμων. απεχω δε παντα και περισσευω. πεπληρωμαι
4:9   και ο θεος της ειρηνης εσται μεθ υμων. εχαρην δε εν κυριω μεγαλως οτι ηδη ποτε
2:19   υμιν, ινα καγω ευψυχω γνους τα περι υμων. ουδενα γαρ εχω ισοψυχον, οστις γνησιως
1:3   ευχαριστω τω θεω μου επι παση τη μνεια υμων. παντοτε εν παση δεησει μου υπερ παντων
1:7   δικαιον εμοι τουτο φρονειν υπερ παντων υμων, δια το εχειν με εν τη καρδια υμας, εν τε
4:18   δεξαμενος παρα επαφροδιτου τα παρ υμων, οσμην ευωδιας, θυσιαν δεκτην, ευαρεστον
1:27   και ιδων υμας ειτε απων ακουω τα περι υμων, οτι στηκετε εν ενι πνευματι, μια ψυχη
2:17   τη θυσια και λειτουργια της πιστεως υμων, χαιρω και συνχαιρω πασιν υμιν. το δε

1 υπαρχει

3:20   ημων γαρ το πολιτευμα εν ουρανοις υπαρχει, εξ ου και σωτηρα απεκδεχομεθα κυριον

1 υπαρχων

2:6   και εν χριστω ιησου. ος εν μορφη θεου υπαρχων ουχ αρπαγμον ηγησατο το ειναι ισα θεω.

7 υπερ

1:29   το εις αυτον πιστευειν αλλα και το υπερ αυτου πασχειν. τον αυτον αγωνα εχοντες
4:10   μεγαλως οτι ηδη ποτε ανεθαλετε το υπερ εμου φρονειν, εφ ω και εφρονειτε
2:9   και εχαρισατο αυτω το ονομα το υπερ παν ονομα, ινα εν τω ονοματι ιησου παν
1:4   υμων, παντοτε εν παση δεησει μου υπερ παντων υμων μετα χαρας την δεησιν
1:7   καθως εστιν δικαιον εμοι τουτο φρονειν υπερ παντων υμων, δια το εχειν με εν τη καρδια
2:13   εν υμιν και το θελειν και το ενεργειν υπερ της ευδοκιας. παντα ποιειτε χωρις
1:29   τουτο απο θεου. οτι υμιν εχαρισθη το υπερ χριστου, ου μονον το εις αυτον πιστευειν

1 υπερεχον

3:8   και ηγουμαι παντα ζημιαν ειναι δια το υπερεχον της γνωσεως χριστου ιησου του κυριου

1 υπερεχοντας

2:3   τη ταπεινοφροσυνη αλληλους ηγουμενοι υπερεχοντας εαυτων, μη τα εαυτων εκαστος

1 υπερεχουσα

4:7   τον θεον. και η ειρηνη του θεου η υπερεχουσα παντα νουν φρουρησει τας καρδιας

1 υπερυψωσεν

2:9   δε σταυρου. διο και ο θεος αυτον υπερυψωσεν και εχαρισατο αυτω το ονομα το υπερ

1 υπηκοος

2:8   ανθρωπος εταπεινωσεν εαυτον γενομενος υπηκοος μεχρι θανατου. θανατου δε σταυρου. διο

1 υπηκουσατε

2:12   ωστε, αγαπητοι μου, καθως παντοτε υπηκουσατε, μη ως εν τη παρουσια μου μονον αλλα

2 υπο

1:28   και μη πτυρομενοι εν μηδενι υπο των αντικειμενων, ητις εστιν αυτοις
3:12   ει και καταλαβω, εφ ω και κατελημφθην υπο χριστου (ιησου). αδελφοι, εγω εμαυτον ου

1 υποταξαι

3:21   την ενεργειαν του δυνασθαι αυτον και υποταξαι αυτω τα παντα. ωστε, αδελφοι μου

1 υστερεισθαι

4:12   και πειναν, και περισσευειν και υστερεισθαι. παντα ισχυω εν τω ενδυναμουντι

		1 υστερημα
2:30 | τη ψυχη. ινα αναπληρωση το υμων | υστερημα της προς με λειτουργιας. το λοιπον,

		1 υστερησιν
4:11 | εφρονειτε ηκαιρεισθε δε. ουχ οτι καθ | υστερησιν λεγω, εγω γαρ εμαθον εν οις ειμι

		1 φαινεσθε
2:15 | σκολιας και διεστραμμενης. εν οις | φαινεσθε ως φωστηρες εν κοσμω. λογον ζωης

		1 φανερους
1:13 | εληλυθεν. ωστε τους δεσμους μου | φανερους εν χριστω γενεσθαι εν ολω τω πραιτωριω

		1 φαρισαιος
3:5 | εβραιος εξ εβραιων, κατα νομον | φαρισαιος, κατα ζηλος διωκων την εκκλησιαν.

		1 φθονον
1:15 | τον λογον λαλειν. τινες μεν και δια | φθονον και εριν. τινες δε και δι ευδοκιαν τον

		1 φιλιππησιοι
4:15 | μου τη θλιψει. οιδατε δε και υμεις, | φιλιππησιοι, οτι εν αρχη του ευαγγελιου, οτε

		1 φιλιπποις
1:1 | αγιοις εν χριστω ιησου τοις ουσιν εν | φιλιπποις συν επισκοποις και διακονοις. χαρις

		1 φοβου
2:12 | πολλω μαλλον εν τη απουσια μου. μετα | φοβου και τρομου την εαυτων σωτηριαν

		3 φρονειν
4:2 | παρακαλω και συντυχην παρακαλω το αυτο | φρονειν εν κυριω. και ερωτω και σε, γνησιε
1:7 | ιησου. καθως εστιν δικαιον εμοι τουτο | φρονειν υπερ παντων υμων, δια το εχειν με εν τη
4:10 | οτι ηδη ποτε ανεθαλετε το υπερ εμου | φρονειν. εφ ω και εφρονειτε ηκαιρεισθε δε. ουχ

		2 φρονειτε
2:5 | αλλα και τα ετερων εκαστοι. τουτο | φρονειτε εν υμιν ο και εν χριστω ιησου, ος εν
3:15 | τουτο φρονωμεν. και ει τι ετερως | φρονειτε, και τουτο ο θεος υμιν αποκαλυψει.

		1 φρονητε
2:2 | πληρωσατε μου την χαραν ινα το αυτο | φρονητε, την αυτην αγαπην εχοντες, συμψυχοι, το

		2 φρονουντες
3:19 | εν τη αισχυνη αυτων, οι τα επιγεια | φρονουντες. ημων γαρ το πολιτευμα εν ουρανοις
2:2 | αυτην αγαπην εχοντες, συμψυχοι, το εν | φρονουντες. μηδεν κατ εριθειαν μηδε κατα

		1 φρονωμεν
3:15 | χριστω ιησου. οσοι ουν τελειοι, τουτο | φρονωμεν. και ει τι ετερως φρονειτε, και τουτο

		1 φρουρησει
4:7 | του θεου η υπερεχουσα παντα νουν | φρουρησει τας καρδιας υμων και τα νοηματα υμων

		1 φυλης
3:5 | περιτομη οκταημερος. εκ γενους ισραηλ, | φυλης βενιαμειν, εβραιος εξ εβραιων, κατα νομον

		1 φωστηρες
2:15 | και διεστραμμενης. εν οις φαινεσθε ως | φωστηρες εν κοσμω. λογον ζωης επεχοντες, εις

		4 χαιρετε
4:4 | μου, ων τα ονοματα εν βιβλω ζωης. | χαιρετε εν κυριω παντοτε. παλιν ερω, χαιρετε.
3:1 | λειτουργιας. το λοιπον, αδελφοι μου. | χαιρετε εν κυριω. τα αυτα γραφειν υμιν εμοι μεν
2:18 | πασιν υμιν. το δε αυτο και υμεις | χαιρετε και συγχαιρετε μοι. ελπιζω δε εν κυριω
4:4 | χαιρετε εν κυριω παντοτε. παλιν ερω. | χαιρετε. το επιεικες υμων γνωσθητω πασιν

		2 χαιρω
2:17 | θυσια και λειτουργια της πιστεως υμων. | χαιρω και συνχαιρω πασιν υμιν. το δε αυτο και
1:18 | χριστος καταγγελλεται. και εν τουτω | χαιρω. αλλα και χαρησομαι. οιδα γαρ οτι τουτο

		1 χαρα
4:1 | αδελφοι μου αγαπητοι και επιποθητοι, | χαρα και στεφανος μου, ουτως στηκετε εν κυριω,

		2 χαραν
2:2 | και οικτιρμοι. πληρωσατε μου την | χαραν ινα το αυτο φρονητε, την αυτην αγαπην
1:25 | πασιν υμιν εις την υμων προκοπην και | χαραν της πιστεως, ινα το καυχημα υμων

```
                                  2  χαρας
1:4    πασῃ  δεησει  μου  υπερ  παντων  υμων  μετα  χαρας  την  δεησιν  ποιουμενος.   επι  τη  κοινωνια
2:29              ουν  αυτον  εν  κυριω  μετα  πασης  χαρας.  και  τους  τοιουτους  εντιμους  εχετε,   οτι

                                  1  χαρησομαι
1:18               και  εν  τουτω  χαιρω.  αλλα  και  χαρησομαι,   οιδα  γαρ  οτι  τουτο  μοι  αποβησεται

                                  1  χαρητε
2:28    επεμψα  αυτον  ινα  ιδοντες  αυτον  παλιν  χαρητε  καγω  αλυποτερος  ω.   προσδεχεσθε  ουν

                                  2  χαρις
4:23          δε  οι  εκ  της  καισαρος  οικιας.  η  χαρις  του  κυριου  ιησου  χριστου  μετα  του
1:2              συν  επισκοποις  και  διακονοις.  χαρις  υμιν  και  ειρηνη  απο  θεου  πατρος  ημων  και

                                  1  χαριτος
1:7     του  ευαγγελιου  συνκοινωνους  μου  της  χαριτος  παντας  υμας  οντας.   μαρτυς  γαρ  μου  ο

                                  1  χορταζεσθαι
4:12    εν  παντι  και  εν  πασιν  μεμυημαι  και  χορταζεσθαι  και  πειναν,  και  περισσευειν  και

                                  2  χρειαν
4:16    θεσσαλονικη  και  απαξ  και  δις  εις  την  χρειαν  μοι  επεμψατε.   ουχ  οτι  επιζητω  το  δομα,
4:19    τω  θεω.  ο  δε  θεος  μου  πληρωσει  πασαν  χρειαν  υμων  κατα  το  πλουτος  αυτου  εν  δοξη  εν

                                  1  χρειας
2:25    υμων  δε  αποστολον  και  λειτουργον  της  χρειας  μου,  πεμψαι  προς  υμας.   επειδη  επιποθων

                                  5  χριστον
3:7     ην  μοι  κερδη.  ταυτα  ηγημαι  δια  τον  χριστον  ζημιαν.   αλλα  μενουνγε  και  ηγουμαι
1:17              κειμαι,  οι  δε  εξ  εριθειας  τον  χριστον  καταγγελλουσιν,  ουχ  αγνως,  οιομενοι
3:8     εζημιωθην,  και  ηγουμαι  σκυβαλα  ινα  χριστον  κερδησω   και  ευρεθω  εν  αυτω,  μη  εχων
1:15    και  εριν,  τινες  δε  και  δι  ευδοκιαν  τον  χριστον  κηρυσσουσιν.   οι  μεν  εξ  αγαπης,  ειδοτες
3:20    και  σωτηρα  απεκδεχομεθα  κυριον  ιησουν  χριστον,   ος  μετασχηματισει  το  σωμα  της

                                  4  χριστος
2:11         εξομολογησεται  οτι  κυριος  ιησους  χριστος  εις  δοξαν  θεου  πατρος.   ωστε,  αγαπητοι
1:20    ως  παντοτε  και  νυν  μεγαλυνθησεται  χριστος  εν  τω  σωματι  μου,  ειτε  δια  ζωης  ειτε
1:21    ειτε  δια  θανατου.  εμοι  γαρ  το  ζην  χριστος  και  το  αποθανειν  κερδος.   ει  δε  το  ζην
1:18    τροπω,  ειτε  προφασει  ειτε  αληθεια,  χριστος  καταγγελλεται,  και  εν  τουτω  χαιρω.  αλλα

                                  17  χριστου
1:11    καρπον  δικαιοσυνης  τον  δια  ιησου  χριστου  εις  δοξαν  και  επαινον  θεου.   γινωσκειν
1:1     παυλος  και  τιμοθεος  δουλοι  χριστου  ιησου  πασιν  τοις  αγιοις  εν  χριστω  ιησου
3:8     ειναι  δια  το  υπερεχον  της  γνωσεως  χριστου  ιησου  του  κυριου  μου.  δι  ον  τα  παντα
1:6     εργον  αγαθον  επιτελεσει  αχρι  ημερας  χριστου  ιησου.  καθως  εστιν  δικαιον  εμοι  τουτο
1:8     ως  επιποθω  παντας  υμας  εν  σπλαγχνοις  χριστου  ιησου.  και  τουτο  προσευχομαι,  ινα  η
4:23    οικιας.  η  χαρις  του  κυριου  ιησου  χριστου  μετα  του  πνευματος  υμων.
2:30    εντιμους  εχετε,  οτι  δια  το  εργον  χριστου  μεχρι  θανατου  ηγγισεν  παραβολευσαμενος
1:27    υμας.  μονον  αξιως  του  ευαγγελιου  του  χριστου  πολιτευεσθε.  ινα  ειτε  ελθων  και  ιδων
3:12    και  καταλαβω,  εφ  ω  και  κατελημφθην  υπο  χριστου  (ιησου).   αδελφοι,  εγω  εμαυτον  ου
1:2     απο  θεου  πατρος  ημων  και  κυριου  ιησου  χριστου.  ευχαριστω  τω  θεω  μου  επι  παση  τη
2:21    γαρ  τα  εαυτων  ζητουσιν,  ου  τα  ιησου  χριστου.  την  δε  δοκιμην  αυτου  γινωσκετε,  οτι
1:19    και  επιχορηγιας  του  πνευματος  ιησου  χριστου.  κατα  την  αποκαραδοκιαν  και  ελπιδα  μου
1:10    ειλικρινεις  και  απροσκοποι  εις  ημεραν  χριστου,  πεπληρωμενοι  καρπον  δικαιοσυνης  τον
3:18    λεγω,  τους  εχθρους  του  σταυρου  του  χριστου,  ων  το  τελος  απωλεια.  ων  ο  θεος  η
2:16    επεχοντες,  εις  καυχημα  εμοι  εις  ημεραν  χριστου,  οτι  ουκ  εις  κενον  εδραμον  ουδε  εις
1:29    απο  θεου.  οτι  υμιν  εχαρισθη  το  υπερ  χριστου,  ου  μονον  το  εις  αυτον  πιστευειν  αλλα
3:9     την  εκ  νομου  αλλα  την  δια  πιστεως  χριστου,  την  εκ  θεου  δικαιοσυνην  επι  τη  πιστει,

                                  11  χριστω
1:13    ωστε  τους  δεσμους  μου  φανερους  εν  χριστω  γενεσθαι  εν  ολω  τω  πραιτωριω  και  τοις
1:23    επιθυμιαν  εχων  εις  το  αναλυσαι  και  συν  χριστω  ειναι,  πολλω  (γαρ)  μαλλον  κρεισσον.   το
1:26    ινα  το  καυχημα  υμων  περισσευη  εν  χριστω  ιησου  εν  εμοι  δια  της  εμης  παρουσιας
3:3     θεου  λατρευοντες  και  καυχωμενοι  εν  χριστω  ιησου  και  ουκ  εν  σαρκι  πεποιθοτες,
1:1     χριστου  ιησου  πασιν  τοις  αγιοις  εν  χριστω  ιησου  τοις  ουσιν  εν  φιλιπποις  συν
3:14    βραβειον  της  ανω  κλησεως  του  θεου  εν  χριστω  ιησου.  οσοι  ουν  τελειοι,  τουτο
4:7     καρδιας  υμων  και  τα  νοηματα  υμων  εν  χριστω  ιησου.  το  λοιπον,  αδελφοι,  οσα  εστιν
4:19    υμων  κατα  το  πλουτος  αυτου  εν  δοξη  εν  χριστω  ιησου.  τω  δε  θεω  και  πατρι  ημων  η  δοξα
4:21    αμην.  ασπασασθε  παντα  αγιον  εν  χριστω  ιησου.  ασπαζονται  υμας  οι  συν  εμοι
2:5     τουτο  φρονειτε  εν  υμιν  ο  και  εν  χριστω  ιησου.  ος  εν  μορφη  θεου  υπαρχων  ουχ
2:1     εν  εμοι.   ει  τις  ουν  παρακλησις  εν  χριστω,  ει  τι  παραμυθιον  αγαπης,  ει  τις
```

		1	χωρις
2:14	υπερ της ευδοκιας. παντα ποιειτε	χωρις	γογγυσμων και διαλογισμων, ινα γενησθε

		2	ψυχη
1:27	υμων, οτι στηκετε εν ενι πνευματι, μια	ψυχη	συναθλουντες τη πιστει του ευαγγελιου.
2:30	θανατου ηγγισεν παραβολευσαμενος τη	ψυχη,	ινα αναπληρωση το υμων υστερημα της προς

		3	ω
4:10	ανεθαλετε το υπερ εμου φρονειν, εφ	ω	και εφρονειτε ηκαιρεισθε δε. ουχ οτι καθ
3:12	διωκω δε ει και καταλαβω, εφ	ω	και κατελημφθην υπο χριστου (ιησου).
2:28	αυτον παλιν χαρητε καγω αλυποτερος	ω.	προσδεχεσθε ουν αυτον εν κυριω μετα πασης

		3	ων
3:19	του χριστου, ων το τελος απωλεια,	ων	ο θεος η κοιλια και η δοξα εν τη αισχυνη
4:3	κλημεντος και των λοιπων συνεργων μου,	ων	τα ονοματα εν βιβλω ζωης. χαιρετε εν κυριω
3:19	τους εχθρους του σταυρου του χριστου,	ων	το τελος απωλεια, ων ο θεος η κοιλια η

		3	ωστε
1:13	εις προκοπην του ευαγγελιου εληλυθεν,	ωστε	τους δεσμους μου φανερους εν χριστω
2:12	ιησους χριστος εις δοξαν θεου πατρος.	ωστε,	αγαπητοι μου, καθως παντοτε υπηκουσατε,
4:1	αυτον και υποταξαι αυτω τα παντα.	ωστε,	αδελφοι μου αγαπητοι και επιποθητοι, χαρα

		7	ως
2:23	τουτον μεν ουν ελπιζω πεμψαι	ως	αν αφιδω τα περι εμε εξαυτης. πεποιθα δε εν
2:7	γενομενος. και σχηματι ευρεθεις	ως	ανθρωπος εταπεινωσεν εαυτον γενομενος
2:12	μου, καθως παντοτε υπηκουσατε, μη	ως	εν τη παρουσια μου μονον αλλα νυν πολλω
1:8	υμας οντας. μαρτυς γαρ μου ο θεος,	ως	επιποθω παντας υμας εν σπλαγχνοις χριστου
1:20	αισχυνθησομαι, αλλ εν παση παρρησια	ως	παντοτε και νυν μεγαλυνθησεται χριστος εν τω
2:22	την δε δοκιμην αυτου γινωσκετε, οτι	ως	πατρι τεκνον συν εμοι εδουλευσεν εις το
2:15	και διεστραμμενης, εν οις φαινεσθε	ως	φωστηρες εν κοσμω. λογον ζωης επεχοντες,

PART VI
REVERSE CONCORDANCE

4:9   και ει τις επαινος, ταυτα λογιζεσθε.   α και εμαθετε και παρελαβετε και ηκουσατε και

4 οιδα

4:12   εν οις ειμι αυταρκης ειναι.   οιδα και ταπεινουσθαι. οιδα και περισσευειν· εν
1:19   τουτω χαιρω. αλλα και χαρησομαι.   οιδα γαρ οτι τουτο μοι αποβησεται εις σωτηριαν δια
1:25   δι υμας. και τουτο πεποιθως οιδα οτι μενω και παραμενω πασιν υμιν εις την υμων
4:12   ειναι. οιδα και ταπεινουσθαι. οιδα και περισσευειν. εν παντι και εν πασιν

1 ελπιδα

1:20   κατα την αποκαραδοκιαν και ελπιδα μου οτι εν ουδενι αισχυνθησομαι. αλλ εν παση

1 απεκδεχομεθα

3:20   υπαρχει. εξ ου και σωτηρα ατεκδεχομεθα κυριον ιησουν χριστον. ος μετασχηματισει το

1 πεποιθα

2:24   αν αφιδα τα περι εμε εξαυτης. πεποιθα δε εν κυριω οτι και αυτος ταχεως ελευσομαι.

1 δικαια

4:8   οσα εστιν αληθη. οσα σεμνα, οσα δικαια οσα αγνα, οσα προσφιλη, οσα ευφημα, ει τις

1 απολογια

1:7   τε τοις δεσμοις μου και εν τη απολογια και βεβαιωσει του ευαγγελιου συνκοινωνους μου

1 λειτουργια

2:17   στενδομαι επι τη θυσια και λειτουργια της πιστεως υμων. χαιρω και συνχαιρω πασιν

11 δια

1:20   τω σωματι μου. ειτε δια ζωης ειτε δια θανατου. εμοι γαρ το ζην χριστος και το
1:20   χριστος εν τω σωματι μου. ειτε δια ζωης ειτε δια θανατου. εμοι γαρ το ζην
1:15   τον λογον λαλειν. τινες μεν και δια φθονον και εριν. τινες δε και δι ευδοκιαν τον
3:7   ατινα ην μοι κερδη. ταυτα ηγημαι δια τον χριστον ζημιαν. αλλα μενουνγε και ηγουμαι
3:8   και ηγουμαι παντα ζημιαν ειναι δια το υπερεχον της γνωσεως χριστου ιησου του
1:26   περισσευη εν χριστω ιησου εν εμοι δια της εμης παρουσιας παλιν προς υμας. μονον
2:30   τους τοιουτους εντιμους εχετε. οτι δια το εργον χριστου μεχρι θανατου ηγγισεν
1:19   τουτο μοι αποβησεται εις σωτηριαν δια της υμων δεησεως και επιχορηγιας του πνευματος
3:9   δικαιοσυνην την εκ νομου αλλα την δια πιστεως χριστου, την εκ θεου δικαιοσυνην επι
1:11   πεπληρωμενοι καρπον δικαιοσυνης τον δια ιησου χριστου εις δοξαν και επαινον θεου.
1:7   τουτο φρονειν υπερ παντων υμων, δια το εχειν με εν τη καρδια υμας, εν τε τοις

1 καρδια

1:7   υμων, δια το εχειν με εν τη καρδια υμας, εν τε τοις δεσμοις μου και εν τη

1 επιγεια

3:19   δοξα εν τη αισχυνη αυτων, οι τα επιγεια φρονουντες. ημων γαρ το πολιτευμα εν ουρανοις

1 αληθεια

1:18   παντι τροπω. ειτε προφασει ειτε αληθεια χριστος καταγγελλεται. και εν τουτω χαιρω.

1 απωλεια

3:19   του χριστου. ων το τελος απωλεια ων ο θεος η κοιλια και η δοξα εν τη αισχυνη

1 μνεια

1:3   ευχαριστω τω θεω μου επι παση τη μνεια υμων. παντοτε εν παση δεησει μου υπερ παντων

1 κοιλια

3:19   ων το τελος απωλεια. ων ο θεος η κοιλια και η δοξα εν τη αισχυνη αυτων, οι τα επιγεια

1 μια

1:27   υμων, οτι στηκετε εν ενι πνευματι, μια ψυχη συναθλουντες τη πιστει του ευαγγελιου.

1 ουδεμια

4:15   οτε εξηλθον απο μακεδονιας. ουδεμια μοι εκκλησια εκοινωνησεν εις λογον δοσεως και

2 κοινωνια

1:5   την δεησιν ποιουμενος. επι τη κοινωνια υμων εις το ευαγγελιον απο της πρωτης ημερας
2:1   τι παραμυθιον αγαπης, ει τις κοινωνια πνευματος. ει τις σπλαγχνα και οικτιρμοι.

1 εκκλησια

4:15   απο μακεδονιας. ουδεμια μοι εκκλησια εκοινωνησεν εις λογον δοσεως και λημψεως ει μη

1 παρρησια
1:20   αισχυνθησομαι, αλλ εν παση παρρησια ως παντοτε και νυν μεγαλυνθησεται χριστος εν

1 θυσια
2:17   αλλα ει και σπενδομαι επι τη θυσια και λειτουργια της πιστεως υμων, χαιρω και

1 απουσια
2:12   αλλα νυν πολλω μαλλον εν τη απουσια μου, μετα φοβου και τρομου την εαυτων σωτηριαν

1 παρουσια
2:12   υπηκουσατε, μη ως εν τη παρουσια μου μονον αλλα νυν πολλω μαλλον εν τη απουσια

1 σκυβαλα
3:8   τα παντα εζημιωθην, και ηγουμαι σκυβαλα ινα χριστον κερδησω   και ευρεθω εν αυτω, μη

12 αλλα
2:17   εδραμον ουδε εις κενον εκοπιασα.   αλλα ει και σπενδομαι επι τη θυσια και λειτουργια
3:8   ηγημαι δια τον χριστον ζημιαν.   αλλα μενουνγε και ηγουμαι παντα ζημιαν ειναι δια το
2:7   ηγησατο το ειναι ισα θεω,   αλλα εαυτον εκενωσεν μορφην δουλου λαβων, εν
1:29   ου μονον το εις αυτον πιστευειν αλλα και το υπερ αυτου πασχειν. τον αυτον αγωνα
2:27   ηλεησεν αυτον, ουκ αυτον δε μονον αλλα και εμε, ινα μη λυπην επι λυπην σχω.
2:12   μη ως εν τη παρουσια μου μονον αλλα νυν πολλω μαλλον εν τη απουσια μου, μετα φοβου
3:9   εχων εμην δικαιοσυνην την εκ νομου αλλα την δια πιστεως χριστου, την εκ θεου
1:18   καταγγελλεται, και εν τουτω χαιρω. αλλα και χαρησομαι, οιδα γαρ οτι τουτο μοι
2:27   γαρ ησθενησεν παραπλησιον θανατω. αλλα ο θεος ηλεησεν αυτον, ουκ αυτον δε μονον αλλα
4:17   ουχ οτι επιζητω το δομα, αλλα επιζητω τον καρπον τον πλεοναζοντα εις λογον
2:3   κατ εριθειαν μηδε κατα κενοδοξιαν, αλλα τη ταπεινοφροσυνη αλληλους ηγουμενοι
2:4   μη τα εαυτων εκαστος σκοπουντες, αλλα και τα ετερων εκαστοι.   τουτο φρονειτε εν υμιν

1 υστερημα
2:30   ψυχη, ινα αναπληρωση το υμων υστερημα της προς με λειτουργιας.   το λοιπον, αδελφοι

1 ευφημα
4:8   οσα αγνα, οσα προσφιλη, οσα ευφημα ει τις αρετη και ει τις επαινος, ταυτα

2 καυχημα
1:26   και χαραν της πιστεως, ινα το καυχημα υμων περισσευη εν χριστω ιησου εν εμοι δια της
2:16   λογον ζωης επεχοντες, εις καυχημα εμοι εις ημεραν χριστου, οτι ουκ εις κενον

1 δομα
4:17   μοι επεμψατε. ουχ οτι επιζητω το δομα αλλα επιζητω τον καρπον τον πλεοναζοντα εις

2 ονομα
2:9   αυτω το ονομα το υπερ παν ονομα ινα εν τω ονοματι ιησου παν γονυ καμψη
2:9   υπερυψωσεν και εχαρισατο αυτω το ονομα το υπερ παν ονομα, ινα εν τω ονοματι ιησου

1 πολιτευμα
3:20   φρονουντες. ημων γαρ το πολιτευμα εν ουρανοις υπαρχει, εξ ου και σωτηρα

1 αμωμα
2:15   αμεμπτοι και ακεραιοι, τεκνα θεου αμωμα μεσον γενεας σκολιας και διεστραμμενης, εν οις

1 σωμα
3:21   χριστον. ος μετασχηματισει το σωμα της ταπεινωσεως ημων συμμορφον τω σωματι της

1 αγνα
4:8   αληθη, οσα σεμνα, οσα δικαια, οσα αγνα οσα προσφιλη, οσα ευφημα, ει τις αρετη και ει

1 ουδενα
2:20   καγω ευψυχω γνους τα περι υμων. ουδενα γαρ εχω ισοψυχον, οστις γνησιως τα περι υμων

12 ινα
2:10   αυτω το ονομα το υπερ παν ονομα, ινα εν τω ονοματι ιησου παν γονυ καμψη επουρανιων
2:15   χωρις γογγυσμων και διαλογισμων. ινα γενησθε αμεμπτοι και ακεραιοι, τεκνα θεου
1:26   προκοπην και χαραν της πιστεως, ινα το καυχημα υμων περισσευη εν χριστω ιησου εν
3:8   εζημιωθην, και ηγουμαι σκυβαλα ινα χριστον κερδησω   και ευρεθω εν αυτω, μη εχων
2:2   οικτιρμοι. πληρωσατε μου την χαραν ινα το αυτο φρονητε, την αυτην αγαπην εχοντες,
2:28   σπουδαιοτερως ουν επεμψα αυτον ινα ιδοντες αυτον παλιν χαρητε καγω αλυποτερος ω.
1:10   το δοκιμαζειν υμας τα διαφεροντα, ινα ητε ειλικρινεις και απροσκοποι εις ημεραν
1:27   ευαγγελιου του χριστου πολιτευεσθε. ινα ειτε ελθων και ιδων υμας ειτε απων ακουω τα
2:27   ουκ αυτον δε μονον αλλα και εμε, ινα μη λυπην επι λυπην σχω. σπουδαιοτερως ουν
2:30   ηγγισεν παραβολευσαμενος τη ψυχη, ινα αναπληρωση το υμων υστερημα της προς με

```
1:9         ιησου.    και  τουτο  προσευχομαι.  ινα  η  αγαπη  υμων  ετι  μαλλον  και  μαλλον  περισσευη
2:19    ιησου  τιμοθεον  ταχεως  πεμψαι  υμιν.  ινα  καγω  ευψυχω  γνους  τα  περι  υμων.    ουδενα  γαρ

                                      1  ατινα
3:7       νομω  γενομενος  αμεμπτος.   (αλλα)  ατινα  ην  μοι  κερδη.  ταυτα  ηγημαι  δια  τον  χριστον

                                      1  τεκνα
2:15       γενησθε  αμεμπτοι  και  ακεραιοι.  τεκνα  θεου  αμωμα  μεσον  γενεας  σκολιας  και

                                      1  σεμνα
4:8        αδελφοι.  οσα  εστιν  αληθη.  οσα  σεμνα  οσα  δικαια.  οσα  αγνα.  οσα  προσφιλη.  οσα

                                      1  σπλαγχνα
2:1       τις  κοινωνια  πνευματος.  ει  τις  σπλαγχνα  και  οικτιρμοι.    πληρωσατε  μου  την  χαραν  ινα  το

                                      1  αγωνα
1:30     το  υπερ  αυτου  πασχειν.    τον  αυτον  αγωνα  εχοντες  οιον  ειδετε  εν  εμοι  και  νυν  ακουετε  εν

                                      2  δοξα
3:19    απωλεια.  ων  ο  θεος  η  κοιλια  και  η  δοξα  εν  τη  αισχυνη  αυτων.  οι  τα  επιγεια  φρονουντες.
4:20    ιησου.    τω  δε  θεω  και  πατρι  ημων  η  δοξα  εις  τους  αιωνας  των  αιωνων.  αμην.    ασπασασθε

                                      1  παρα
4:18       περισσευω.  πεπληρωμαι  δεξαμενος  παρα  επαφροδιτου  τα  παρ  υμων.  οσμην  ευωδιας.  θυσιαν

                                      1  χαρα
4:1        μου  αγαπητοι  και  επιποθητοι.  χαρα  και  στεφανος  μου.  ουτως  στηκετε  εν  κυριω.

                                      1  σωτηρα
3:20      εν  ουρανοις  υπαρχει.  εξ  ου  και  σωτηρα  απεκδεχομεθα  κυριον  ιησουν  χριστον.    ος

                                      1  εκοπιασα
2:16     κενον  εδραμον  ουδε  εις  κενον  εκοπιασα  αλλα  ει  και  σπενδομαι  επι  τη  θυσια  και

                                      1  πασα
2:11   και  επιγειων  και  καταχθονιων.    και  πασα  γλωσσα  εξομολογησεται  οτι  κυριος  ιησους

                                      1  ισα
2:6         ουχ  αρπαγμον  ηγησατο  το  ειναι  ισα  θεω.    αλλα  εαυτον  εκενωσεν  μορφην  δουλου

                                      6  οσα
4:8    εστιν  αληθη.  οσα  σεμνα.  οσα  δικαια.  οσα  αγνα.  οσα  προσφιλη.  οσα  ευφημα.  ει  τις  αρετη
4:8      οσα  σεμνα.  οσα  δικαια.  οσα  αγνα.  οσα  προσφιλη.  οσα  ευφημα.  ει  τις  αρετη  και  ει  τις
4:8        οσα  εστιν  αληθη.  οσα  σεμνα.  οσα  δικαια.  οσα  αγνα.  οσα  προσφιλη.  οσα  ευφημα.  ει
4:8     λοιπον,  αδελφοι.  οσα  εστιν  αληθη.  οσα  σεμνα.  οσα  δικαια.  οσα  αγνα.  οσα  προσφιλη.  οσα
4:8    οσα  δικαια.  οσα  αγνα.  οσα  προσφιλη,  οσα  ευφημα,  ει  τις  αρετη  και  ει  τις  επαινος,  ταυτα
4:8     χριστω  ιησου.    το  λοιπον.  αδελφοι.  οσα  εστιν  αληθη.  οσα  σεμνα.  οσα  δικαια.  οσα  αγνα.

                                      1  γλωσσα
2:11      και  καταχθονιων.    και  πασα  γλωσσα  εξομολογησεται  οτι  κυριος  ιησους  χριστος  εις

                                      1  υπερεχουσα
4:7     και  η  ειρηνη  του  θεου  η  υπερεχουσα  παντα  νουν  φρουρησει  τας  καρδιας  υμων  και  τα

                                      19  τα
2:4       ηγουμενοι  υπερεχοντας  εαυτων.  μη  τα  εαυτων  εκαστος  σκοπουντες.  αλλα  και  τα  ετερων
2:4      εαυτων  εκαστος  σκοπουντες.  αλλα  και  τα  ετερων  εκαστοι.    τουτο  φρονειτε  εν  υμιν  ο  και
4:7      νουν  φρουρησει  τας  καρδιας  υμων  και  τα  νοηματα  υμων  εν  χριστω  ιησου.    το  λοιπον.
3:19     και  η  δοξα  εν  τη  αισχυνη  αυτων.  οι  τα  επιγεια  φρονουντες.    ημων  γαρ  το  πολιτευμα  εν
1:12     δε  υμας  βουλομαι.  αδελφοι.  οτι  τα  κατ  εμε  μαλλον  εις  προκοπην  του  ευαγγελιου
3:8      χριστου  του  κυριου  μου.  δι  ον  τα  παντα  εζημιωθην.  και  ηγουμαι  σκυβαλα  ινα
4:3       και  των  λοιπων  συνεργων  μου.  ων  τα  ονοματα  εν  βιβλω  ζωης.    χαιρετε  εν  κυριω
2:21    περι  υμων  μεριμνησει.  οι  παντες  γαρ  τα  εαυτων  ζητουσιν.  ου  τα  ιησου  χριστου.    την  δε
4:6       και  τη  δεησει  μετα  ευχαριστιας  τα  αιτηματα  υμων  γνωριζεσθω  προς  τον  θεον.    και  η
1:10      αισθησει.  εις  το  δοκιμαζειν  υμας  τα  διαφεροντα.  ινα  ητε  ειλικρινεις  και  απροσκοποι
2:19    πεμψαι  υμιν.  ινα  καγω  ευψυχω  γνους  τα  περι  υμων.  ουδενα  γαρ  εχω  ισοψυχον.  οστις
2:20     γαρ  εχω  ισοψυχον.  οστις  γνησιως  τα  περι  υμων  μεριμνησει.    οι  παντες  γαρ  τα  εαυτων
2:21   οι  παντες  γαρ  τα  εαυτων  ζητουσιν.  ου  τα  ιησου  χριστου.    την  δε  δοκιμην  αυτου
4:18       δεξαμενος  παρα  επαφροδιτου  τα  παρ  υμων.  οσμην  ευωδιας.  θυσιαν  δεκτην.
2:23    μεν  ουν  ελπιζω  πεμψαι  ως  αν  αφιδω  τα  περι  εμε  εξαυτης.    πεποιθα  δε  εν  κυριω  οτι  και
3:21    του  δυνασθαι  αυτον  και  υποταξαι  αυτω  τα  παντα.    ωστε.  αδελφοι  μου  αγαπητοι  και
1:27   ελθων  και  ιδων  υμας  ειτε  απων  ακουω  τα  περι  υμων.  οτι  στηκετε  εν  ενι  πνευματι.  μια
3:1        αδελφοι  μου.  χαιρετε  εν  κυριω.  τα  αυτα  γραφειν  υμιν  εμοι  μεν  ουκ  οκνηρον.  υμιν
```

3:13 ου λογιζομαι κατειληφεναι. εν δε. τα μεν οπισω επιλανθανομενος τοις δε εμπροσθεν

8 κατα

3:6   εξ εβραιων, κατα νομον φαρισαιος.   κατα ζηλος διωκων την εκκλησιαν, κατα δικαιοσυνην
3:14 τοις δε εμπροσθεν επεκτεινομενος.   κατα σκοπον διωκω εις το βραβειον της ανω κλησεως
1:20 του πνευματος ιησου χριστου.   κατα την αποκαραδοκιαν και ελπιδα μου οτι εν ουδενι
2:3   μηδεν κατ εριθειαν μηδε κατα κενοδοξιαν. αλλα τη ταπεινοφροσυνη αλληλους
4:19 μου πληρωσει πασαν χρειαν υμων κατα το πλουτος αυτου εν δοξη εν χριστω ιησου. τω
3:21 τω σωματι της δοξης αυτου κατα την ενεργειαν του δυνασθαι αυτον και υποταξαι
3:6   κατα ζηλος διωκων την εκκλησιαν, κατα δικαιοσυνην την εν νομω γενομενος αμεμπτος.
3:5   βενιαμειν, εβραιος εξ εβραιων, κατα νομον φαρισαιος, κατα ζηλος διωκων την

1 νοηματα

4:7   τας καρδιας υμων και τα νοηματα υμων εν χριστω ιησου. το λοιπον, αδελφοι, οσα

1 αιτηματα

4:6   τη δεησει μετα ευχαριστιας τα αιτηματα υμων γνωριζεσθω προς τον θεον. και η ειρηνη

1 ονοματα

4:3   των λοιπων συνεργων μου. ων τα ονοματα εν βιβλω ζωης. χαιρετε εν κυριω παντοτε.

6 μετα

4:6   εν παντι τη προσευχη και τη δεησει μετα ευχαριστιας τα αιτηματα υμων γνωριζεσθω προς
4:3   εν τω ευαγγελιω συνηθλησαν μοι μετα και κλημεντος και των λοιπων συνεργων μου. ων
1:4   παση δεησει μου υπερ παντων υμων μετα χαρας την δεησιν ποιουμενος, επι τη κοινωνια
4:23 η χαρις του κυριου ιησου χριστου μετα του πνευματος υμων.
2:29 ω. προσδεχεσθε ουν αυτον εν κυριω μετα πασης χαρας. και τους τοιουτους εντιμους
2:12 πολλω μαλλον εν τη απουσια μου. μετα φοβου και τρομου την εαυτων σωτηριαν

8 παντα

4:13 και περισσευειν και υστερεισθαι. παντα ισχυω εν τω ενδυναμουντι με. πλην καλως
2:14 το ενεργειν υπερ της ευδοκιας. παντα ποιειτε χωρις γογγυσμων και διαλογισμων, ινα
4:7   η ειρηνη του θεου η υπερεχουσα παντα νουν φρουρησει τας καρδιας υμων και τα νοηματα
3:8   ιησου του κυριου μου. δι ον τα παντα εζημιωθην. και ηγουμαι σκυβαλα ινα χριστον
3:21 αυτον και υποταξαι αυτω τα παντα ωστε. αδελφοι μου αγαπητοι και επιποθητοι.
4:18 εις λογον υμων. απεχω δε παντα και περισσευω. πεπληρωμαι δεξαμενος παρα
4:21 των αιωνων. αμην. ασπασασθε παντα αγιον εν χριστω ιησου. ασπαζονται υμας οι συν
3:8   αλλα μενουνγε και ηγουμαι παντα ζημιαν ειναι δια το υπερεχον της γνωσεως

1 πλεοναζοντα

4:17 αλλα επιζητω τον καρπον τον πλεοναζοντα εις λογον υμων. απεχω δε παντα και περισσευω.

1 διαφεροντα

1:10 εις το δοκιμαζειν υμας τα διαφεροντα ινα ητε ειλικρινεις και απροσκοποι εις ημεραν

1 μαλιστα

4:22 υμας παντες οι αγιοι, μαλιστα δε οι εκ της καισαρος οικιας. η χαρις του

1 αυτα

3:1   αδελφοι μου, χαιρετε εν κυριω. τα αυτα γραφειν υμιν εμοι μεν ουκ οκνηρον, υμιν δε

3 ταυτα

3:7   (αλλα) ατινα ην μοι κερδη, ταυτα ηγημαι δια τον χριστον ζημιαν. αλλα μενουνγε
4:9   και ηκουσατε και ειδετε εν εμοι, ταυτα πρασσετε. και ο θεος της ειρηνης εσται μεθ
4:8   ει τις αρετη και ει τις επαινος, ταυτα λογιζεσθε. α και εμαθετε και παρελαβετε και

1 επεμψα

2:28 λυπην σχω. σπουδαιοτερως ουν επεμψα αυτον ινα ιδοντες αυτον παλιν χαρητε καγω

1 μενουνγε

3:8   δια τον χριστον ζημιαν. αλλα μενουνγε και ηγουμαι παντα ζημιαν ειναι δια το υπερεχον

1 συζυγε

4:3   κυριω. ναι ερωτω και σε, γνησιε συζυγε συλλαμβανου αυταις, αιτινες εν τω ευαγγελιω

27 δε

2:24 αφιδω τα περι εμε εξαυτης. πεποιθα δε εν κυριω οτι και αυτος ταχεως ελευσομαι.
4:22 υμας παντες οι αγιοι, μαλιστα δε οι εκ της καισαρος οικιας. η χαρις του κυριου
4:10 εφ ω και εφρονειτε ηκαιρεισθε δε ουχ οτι καθ υστερησιν λεγω. εγω γαρ εμαθον
4:15 μου τη θλιψει. οιδατε δε και υμεις, φιλιππησιοι, οτι εν αρχη του
1:23 τι αιρησομαι ου γνωριζω. συνεχομαι δε εκ των δυο. την επιθυμιαν εχων εις το αναλυσαι
1:22 χριστος και το αποθανειν κερδος. ει δε το ζην εν σαρκι, τουτο μοι καρπος εργου. και
1:17 απολογιαν του ευαγγελιου κειμαι, οι δε εξ εριθειας τον χριστον καταγγελλουσιν. ουχ

3:13	ου λογιζομαι κατειληφεναι. εν	δε τα μεν οπισω επιλανθανομενος τοις δε
4:10	της ειρηνης εσται μεθ υμων. εχαρην	δε εν κυριω μεγαλως οτι ηδη ποτε ανεθαλετε το
2:22	ζητουσιν, ου τα ιησου χριστου. την	δε δοκιμην αυτου γινωσκετε. οτι ως πατρι τεκνον
1:12	δοξαν και επαινον θεου. γινωσκειν	δε υμας βουλομαι, αδελφοι. οτι τα κατ εμε μαλλον
3:1	υμιν εμοι μεν ουκ οκνηρον, υμιν	δε ασφαλες. βλεπετε τους κυνας, βλεπετε τους
2:25	αυτος ταχεως ελευσομαι. αναγκαιον	δε ηγησαμην επαφροδιτον τον αδελφον και συνεργον
2:27	αλλα ο θεος ηλεησεν αυτον. ουκ αυτον	δε μονον αλλα και εμε. ινα μη λυπην επι λυπην
3:18	ους πολλακις ελεγον υμιν, νυν	δε και κλαιων λεγω, τους εχθρους του σταυρου του
1:28	εστιν αυτοις ενδειξις απωλειας, υμων	δε σωτηριας. και τουτο απο θεου. οτι υμιν
2:25	συνεργον και συνστρατιωτην μου, υμων	δε αποστολον και λειτουργον της χρειας μου.
4:19	θυσιαν δεκτην, ευαρεστον τω θεω. ο	δε θεος μου πληρωσει πασαν χρειαν υμων κατα το
2:18	χαιρω και συνχαιρω πασιν υμιν. το	δε αυτο και υμεις χαιρετε και συνχαιρετε μοι.
1:24	πολλω (γαρ) μαλλον κρεισσον. το	δε επιμενειν (εν) τη σαρκι αναγκαιοτερον δι υμας.
1:15	μεν και δια φθονον και εριν, τινες	δε και δι ευδοκιαν τον χριστον κηρυσσουσιν. οι
3:13	τα μεν οπισω επιλανθανομενος τοις	δε εμπροσθεν επεκτεινομενος, κατα σκοπον διωκω
2:8	υπηκοος μεχρι θανατου, θανατου	δε σταυρου. διο και ο θεος αυτον υπερυψωσεν και
3:19	χαιρετε και συνχαιρετε μοι. ελπιζω	δε εν κυριω ιησου τιμοθεον ταχεως πεμψαι υμιν.
3:12	ηδη ελαβον η ηδη τετελειωμαι. διωκω	δε ει και καταλαβω. εφ ω και κατελημφθην υπο
4:20	αυτου εν δοξη εν χριστω ιησου. τω	δε θεω και πατρι ημων η δοξα εις τους αιωνας των
4:18	πλεοναζοντα εις λογον υμων. απεχω	δε παντα και περισσευω. πεπληρωμαι δεξαμενος παρα

		1 μηδε	
2:3	εν φρονουντες, μηδεν κατ εριθειαν μηδε	κατα κενοδοξιαν. αλλα τη ταπεινοφροσυνη

		1 ουδε	
2:16	χριστου. οτι ουκ εις κενον εδραμον ουδε	εις κενον εκοπιασα. αλλα ει και σπενδομαι επι

		1 ασπασασθε	
4:21	αιωνας των αιωνων. αμην. ασπασασθε	παντα αγιον εν χριστω ιησου. ασπαζονται υμας

		1 κατεργαζεσθε	
2:12	τρομου την εαυτων σωτηριαν κατεργαζεσθε	θεος γαρ εστιν ο ενεργων εν υμιν και το

		1 λογιζεσθε	
4:8	και ει τις επαινος. ταυτα λογιζεσθε	α και εμαθετε και παρελαβετε και ηκουσατε

		1 φαινεσθε	
2:15	και διεστραμμενης. εν οις φαινεσθε	ως φωστηρες εν κοσμω. λογον ζωης επεχοντες.

		1 γινεσθε	
3:17	αυτω στοιχειν. συμμιμηται μου γινεσθε	αδελφοι. και σκοπειτε τους ουτω περιπατουντας

		1 πολιτευεσθε	
1:27	του ευαγγελιου του χριστου πολιτευεσθε	ινα ειτε ελθων και ιδων υμας ειτε απων ακουω

		1 προσδεχεσθε	
2:29	χαρητε καγω αλυποτερος ω. προσδεχεσθε	ουν αυτον εν κυριω μετα πασης χαρας. και τους

		1 γενησθε	
2:15	γογγυσμων και διαλογισμων. ινα γενησθε	αμεμπτοι και ακεραιοι. τεκνα θεου αμωμα μεσον

		1 ηκαιρεισθε	
4:10	φρονειν. εφ ω και εφρονειτε ηκαιρεισθε	δε. ουχ οτι καθ υστερησιν λεγω, εγω γαρ

		1 γνησιε	
4:3	εν κυριω. ναι ερωτω και σε, γνησιε	συζυγε, συλλαμβανου αυταις, αιτινες εν τω

		3 με	
4:13	παντα ισχυω εν τω ενδυναμουντι με	πλην καλως εποιησατε συγκοινωνησαντες μου τη
1:7	υπερ παντων υμων, δια το εχειν με	εν τη καρδια υμας. εν τε τοις δεσμοις μου και
2:30	αναπληρωση το υμων υστερημα της προς με	λειτουργιας. το λοιπον. αδελφοι μου. χαιρετε

		3 εμε	
2:27	αυτον. ουκ αυτον δε μονον αλλα και εμε	ινα μη λυπην επι λυπην σχω. σπουδαιοτερως
2:23	ελπιζω πεμψαι ως αν αφιδω τα περι εμε	εξαυτης. πεποιθα δε εν κυριω οτι και αυτος
1:12	υμας βουλομαι, αδελφοι. οτι τα κατ εμε	μαλλον εις προκοπην του ευαγγελιου εληλυθεν.

		1 σε	
4:3	φρονειν εν κυριω. ναι ερωτω και σε	γνησιε συζυγε, συλλαμβανου αυταις, αιτινες εν

		1 τε	
1:7	το εχειν με εν τη καρδια υμας. εν τε	τοις δεσμοις μου και εν τη απολογια και

δε		τε

                                1 οιδατε

4:15   συγκοινωνησαντες μου τη θλιψει.   οιδατε δε και υμεις, φιλιππησιοι, οτι εν αρχη του

                                1 μεριμνατε

4:6   ο κυριος εγγυς. μηδεν μεριμνατε αλλ εν παντι τη προσευχη και τη δεησει μετα

                                1 εποιησατε

4:14   ενδυναμουντι με. πλην καλως εποιησατε συγκοινωνησαντες μου τη θλιψει. οιδατε δε και

                                2 ηκουσατε

4:9   και εμαθετε και παρελαβετε και ηκουσατε και ειδετε εν εμοι. ταυτα πρασσετε. και ο θεος

2:26   υμας. και αδημονων διοτι ηκουσατε οτι ησθενησεν. και γαρ ησθενηϳεν παραπλησιον

                                1 υπηκουσατε

2:12   αγαπητοι μου, καθως παντοτε υπηκουσατε μη ως εν τη παρουσια μου μονον αλλα νυν πολλω

                                1 πληρωσατε

2:2   τις σπλαγχνα και οικτιρμοι, πληρωσατε μου την χαραν ινα το αυτο φρονητε, την αυτην

                                1 επεμψατε

4:16   και δις εις την χρειαν μοι επεμψατε ουχ οτι επιζητω το δομα, αλλα επιζητω τον

                                1 παρελαβετε

4:9   α και εμαθετε και παρελαβετε και ηκουσατε και ειδετε εν εμοι, ταυτα

                                2 ειδετε

4:9   και παρελαβετε και ηκουσατε και ειδετε εν εμοι, ταυτα πρασσετε. και ο θεος της

1:30   τον αυτον αγωνα εχοντες οιον ειδετε εν εμοι και νυν ακουετε εν εμοι.   ει τις ουν

                                1 εμαθετε

4:9   ταυτα λογιζεσθε. α και εμαθετε και παρελαβετε και ηκουσατε και ειδετε εν

                                2 στηκετε

1:27   απων ακουω τα περι υμων, οτι στηκετε εν ενι πνευματι, μια ψυχη συναθλουντες τη

4:1   χαρα και στεφανος μου, ουτως στηκετε εν κυριω, αγαπητοι. ευοδιαν παρακαλω και

                                1 γινωσκετε

2:22   την δε δοκιμην αυτου γινωσκετε οτι ως πατρι τεκνον συν εμοι εδουλευσεν εις

                                1 ανεθαλετε

4:10   εν κυριω μεγαλως οτι ηδη ποτε ανεθαλετε το υπερ εμου φρονειν, εφ ω και εφρονειτε

                                3 βλεπετε

3:2   ασφαλες. βλεπετε τους κυνας, βλεπετε τους κακους εργατας, βλεπετε την κατατομην.

3:1   ουκ οκνηρον, υμιν δε ασφαλες. βλεπετε τους κυνας. βλεπετε τους κακους εργατας,

3:2   βλεπετε τους κακους εργατας, βλεπετε την κατατομην. ημεις γαρ εσμεν η περιτομη. οι

                                4 χαιρετε

4:4   ων τα ονοματα εν βιβλω ζωης. χαιρετε εν κυριω παντοτε. παλιν ερω, χαιρετε. το

2:18   υμιν. το δε αυτο και υμεις χαιρετε και συγχαιρετε μοι. ελπιζω δε εν κυριω ιησου

3:1   το λοιπον, αδελφοι μου, χαιρετε εν κυριω. τα αυτα γραφειν υμιν εμοι μεν ουκ

4:4   εν κυριω παντοτε. παλιν ερω, χαιρετε το επιεικες υμων γνωσθητω πασιν ανθρωποις. ο

                                1 συγχαιρετε

2:18   αυτο και υμεις χαιρετε και συγχαιρετε μοι. ελπιζω δε εν κυριω ιησου τιμοθεον ταχεως

                                1 πρασσετε

4:9   και ειδετε εν εμοι, ταυτα πρασσετε και ο θεος της ειρηνης εσται μεθ υμων.

                                1 ακουετε

1:30   οιον ειδετε εν εμοι και νυν ακουετε εν εμοι.   ει τις ουν παρακλησις εν χριστω, ει

                                2 εχετε

2:29   και τους τοιουτους εντιμους εχετε οτι δια το εργον χριστου μεχρι θανατου

3:17   τους ουτω περιπατουντας καθως εχετε τυπον ημας. πολλοι γαρ περιπατουσιν ους

                                1 ητε

1:10   δοκιμαζειν υμας τα διαφεροντα, ινα ητε ειλικρινεις και απροσκοποι εις ημεραν χριστου.

                                1 φρονητε

2:2   μου την χαραν ινα το αυτο φρονητε την αυτην αγαπην εχοντες, συμψυχοι. το εν

1 χαρητε

2:28   αυτον ινα ιδοντες αυτον παλιν χαρητε   καγω αλυποτερος ω.   προσδεχεσθε ουν αυτον εν

6 ειτε

1:27   του χριστου πολιτευεσθε, ινα ειτε   ελθων και ιδων υμας ειτε απων ακουω τα περι
1:18   οτι παντι τροπω. ειτε προφασει ειτε   αληθεια. χριστος καταγγελλεται. και εν τουτω
1:27   ινα ειτε ελθων και ιδων υμας ειτε   απων ακουω τα περι υμων. οτι στηκετε εν ενι
1:20   εν τω σωματι μου. ειτε δια ζωης ειτε   δια θανατου. εμοι γαρ το ζην χριστος και το
1:20   χριστος εν τω σωματι μου. ειτε   δια ζωης ειτε δια θανατου. εμοι γαρ το ζην
1:18   τι γαρ; πλην οτι παντι τροπω. ειτε   προφασει ειτε αληθεια. χριστος καταγγελλεται.

1 ποιειτε

2:14   υπερ της ευδοκιας.   παντα ποιειτε   χωρις γογγυσμων και διαλογισμων.   ινα γενησθε

2 φρονειτε

2:5   και τα ετερων εκαστοι.   τουτο φρονειτε   εν υμιν ο και εν χριστω ιησου.   ος εν μορφη
3:15   φρονωμεν. και ει τι ετερως φρονειτε   και τουτο ο θεος υμιν αποκαλυψει.   πλην εις ο

1 εφρονειτε

4:10   υπερ εμου φρονειν. εφ ω και εφρονειτε   ηκαιρεισθε δε.   ουχ οτι καθ υστερησιν λεγω.

1 σκοπειτε

3:17   μου γινεσθε. αδελφοι. και σκοπειτε   τους ουτω περιπατουντας καθως εχετε τυπον

1 οτε

4:15   οτι εν αρχη του ευαγγελιου. οτε   εξηλθον απο μακεδονιας. ουδεμια μοι εκκλησια

1 ποτε

4:10   εχαρην δε εν κυριω μεγαλως οτι ηδη ποτε   ανεθαλετε το υπερ εμου φρονειν. εφ ω και

4 παντοτε

1:4   μου επι παση τη μνεια υμων.   παντοτε   εν παση δεησει μου υπερ παντων υμων μετα χαρας
1:20   αλλ εν παση παρρησια ως παντοτε   και νυν μεγαλυνθησεται χριστος εν τω σωματι
2:12   ωστε. αγαπητοι μου, καθως παντοτε   υπηκουσατε. μη ως εν τη παρουσια μου μονον
4:4   βιβλω ζωης.   χαιρετε εν κυριω παντοτε   παλιν ερω. χαιρετε.   το επιεικες υμων

3 ωστε

4:1   και υποταξαι αυτω τα παντα.   ωστε   αδελφοι μου αγαπητοι και επιποθητοι. χαρα και
2:12   χριστος εις δοξαν θεου πατρος.   ωστε   αγαπητοι μου. καθως παντοτε υπηκουσατε. μη ως
1:13   προκοπην του ευαγγελιου εληλυθεν.   ωστε   τους δεσμους μου φανερους εν χριστω γενεσθαι

9 η

4:23   δε οι εκ της καισαρος οικιας.   η   χαρις του κυριου ιησου χριστου μετα του
1:9   ιησου.   και τουτο προσευχομαι. ινα η   αγαπη υμων ετι μαλλον και μαλλον περισσευη εν
4:7   υμων γνωριζεσθω προς τον θεον.   και η   ειρηνη του θεου η υπερεχουσα παντι νουν
3:19   τελος απωλεια. ων ο θεος η κοιλια και η   δοξα εν τη αισχυνη αυτων. οι τα επιγεια
3:3   την κατατομην.   ημεις γαρ εσμεν η   περιτομη. οι πνευματι θεου λατρευοντες και
3:12   την εκ νεκρων.   ουχ οτι ηδη ελαβον η   ηδη τετελειωμαι. διωκω δε ει και καταλαβω. εφ
4:20   ιησου.   τω δε θεω και πατρι ημων η   δοξα εις τους αιωνας των αιωνων. αμην.
3:19   ων το τελος απωλεια. ων ο θεος η   κοιλια και η δοξα εν τη αισχυνη αυτων. οι τα
4:7   προς τον θεον.   και η ειρηνη του θεου η   υπερεχουσα παντα νουν φρουρησει τας καρδιας

3 ηδη

3:12   εκ νεκρων.   ουχ οτι ηδη ελαβον η ηδη   τετελειωμαι. διωκω δε ει και καταλαβω. εφ ω
4:10   εχαρην δε εν κυριω μεγαλως οτι ηδη   ποτε ανεθαλετε το υπερ εμου φρονειν. εφ ω και
3:12   εξαναστασιν την εκ νεκρων.   ουχ οτι ηδη   ελαβον η ηδη τετελειωμαι. διωκω δε ει και

1 επειδη

2:26   χρειας μου. πεμψαι προς υμας,   επειδη   επιποθων ην παντας υμας. και αδημονων διοτι

1 κερδη

3:7   αμεμπτος. (αλλα) ατινα ην μοι κερδη   ταυτα ηγημαι δια τον χριστον ζημιαν.   αλλα

1 αληθη

4:8   το λοιπον. αδελφοι. οσα εστιν αληθη   οσα σεμνα. οσα δικαια. οσα αγνα. οσα

1 εχαρισθη

1:29   και τουτο απο θεου.   οτι υμιν εχαρισθη   το υπερ χριστου. ου μονον το εις αυτον

1 θεσσαλονικη

4:16   μη υμεις μονοι.   οτι και εν θεσσαλονικη   και απαξ και δις εις την χρειαν μοι επεμψατε.

1 προσφιλη

4:8 οσα δικαια. οσα αγνα. οσα προσφιλη οσα ευφημα. ει τις αρετη και ει τις επαινος.

6 μη

2:4 ηγουμενοι υπερεχοντας εαυτων. μη τα εαυτων εκαστος σκοπουντες. αλλα και τα
2:27 ουκ αυτον δε μονον αλλα και εμε. ινα μη λυπην επι λυπην σχω. σπουδαιοτερως ουν επεμψα
1:28 τη πιστει του ευαγγελιου. και μη πτυρομενοι εν μηδενι υπο των αντικειμενων.
4:15 εις λογον δοσεως και λημψεως ει μη υμεις μονοι. οτι και εν θεσσαλονικη και απαξ
2:12 μου. καθως παντοτε υπηκουσατε. μη ως εν τη παρουσια μου μονον αλλα νυν πολλω
3:9 χριστον κερδησω και ευρεθω εν αυτω. μη εχων εμην δικαιοσυνην την εκ νομου αλλα την

2 περιτομη

3:5 εν σαρκι. εγω μαλλον. περιτομη οκταημερος. εκ γενους ισραηλ. φυλης βενιαμειν.
3:3 κατατομην. ημεις γαρ εσμεν η περιτομη οι πνευματι θεου λατρευοντες και καυχωμενοι

2 ειρηνη

4:7 γνωριζεσθω προς τον θεον. και η ειρηνη του θεου η υπερεχουσα παντα νουν φρουρησει τας
1:2 και διακονοις. χαρις υμιν και ειρηνη απο θεου πατρος ημων και κυριου ιησου χριστου.

1 ταπεινοφροσυνη

2:3 κατα κενοδοξιαν. αλλα τη ταπεινοφροσυνη αλληλους ηγουμενοι υπερεχοντας εαυτων.   μη τα

1 αισχυνη

3:19 θεος η κοιλια και η δοξα εν τη αισχυνη αυτων. οι τα επιγεια φρονουντες.   ημων γαρ το

1 δοξη

4:19 υμων κατα το πλουτος αυτου εν δοξη εν χριστω ιησου.   τω δε θεω και πατρι ημων η

1 αγαπη

1:9 και τουτο προσευχομαι. ινα η αγαπη υμων ετι μαλλον και μαλλον περισσευη εν

4 παση

1:9 μαλλον περισσευη εν επιγνωσει και παση αισθησει.   εις το δοκιμαζειν υμας τα
1:3 χριστου. ευχαριστω τω θεω μου επι παση τη μνεια υμων.   παντοτε εν παση δεησει μου
1:4 παση τη μνεια υμων.   παντοτε εν παση δεησει μου υπερ παντων υμων μετα χαρας την
1:20 εν ουδενι αισχυνθησομαι. αλλ εν παση παρρησια ως παντοτε και νυν μεγαλυνθησεται

1 αναπληρωση

2:30 τη ψυχη. ινα αναπληρωση το υμων υστερημα της προς με λειτουργιας.   το

16 τη

2:3 εριθειαν μηδε κατα κενοδοξιαν. αλλα τη ταπεινοφροσυνη αλληλους ηγουμενοι υπερεχοντας
1:3 ευχαριστω τω θεω μου επι παση τη μνεια υμων.   παντοτε εν παση δεησει μου υπερ
4:6 αλλ εν παντι τη προσευχη και τη δεησει μετα ευχαριστιας τα αιτηματα υμων
1:5 χαρας την δεησιν ποιουμενος. επι τη κοινωνια υμων εις το ευαγγελιον απο της πρωτης
2:17 εκοπιασα. αλλα ει και σπενδομαι επι τη θυσια και λειτουργια της πιστεως υμων. χαιρω
3:9 χριστου. την εκ θεου δικαιοσυνην επι τη πιστει. του γνωναι αυτον και την δυναμιν της
4:6 εγγυς. μηδεν μεριμνατε αλλ εν παντι τη προσευχη και τη δεησει μετα ευχαριστιας τα
3:19 ων ο θεος η κοιλια και η δοξα εν τη αισχυνη αυτων. οι τα επιγεια φρονουντες.   ημων
1:7 υπερ παντων υμων. δια το εχειν με εν τη καρδια υμας. εν τε τοις δεσμοις μου και εν τη
1:7 υμας. εν τε τοις δεσμοις μου και εν τη απολογια και βεβαιωσει του ευαγγελιου
2:12 μου μονον αλλα νυν πολλω μαλλον εν τη απουσια μου. μετα φοβου και τρομου την εαυτων
2:12 καθως παντοτε υπηκουσατε. μη ως εν τη παρουσια μου μονον αλλα νυν πολλω μαλλον εν τη
1:27 ενι πνευματι. μια ψυχη συναθλουντες τη πιστει του ευαγγελιου. και μη πτυρομενοι εν
2:30 θανατου ηγγισεν παραβολευσαμενος τη ψυχη. ινα αναπληρωση το υμων υστερημα της προς
4:14 καλως εποιησατε συγκοινωνησαντες μου τη θλιψει. οιδατε δε και υμεις. φιλιππησιοι. οτι
1:24 κρεισσον. το δε επιμενειν (εν) τη σαρκι αναγκαιοτερον δι υμας. και τουτο

1 αρετη

4:8 οσα προσφιλη. οσα ευφημα. ει τις αρετη και ει τις επαινος. ταυτα λογιζεσθε.   α και

2 περισσευη

1:9 υμων ετι μαλλον και μαλλον περισσευη εν επιγνωσει και παση αισθησει.   εις το
1:26 πιστεως. ινα το καυχημα υμων περισσευη εν χριστω ιησου εν εμοι δια της εμης παρουσιας

1 μορφη

2:6 ο και εν χριστω ιησου. ος εν μορφη θεου υπαρχων ουχ αρπαγμον ηγησατο το ειναι ισα

1 αρχη

4:15 δε και υμεις. φιλιππησιοι. οτι εν αρχη του ευαγγελιου. οτε εξηλθον απο μακεδονιας.

```
                                          1  προσευχη
4:6      μεριμνατε αλλ εν παντι τη προσευχη   και τη δεησει μετα ευχαριστιας τα αιτηματα

                                          2  ψυχη
1:27    οτι στηκετε εν ενι πνευματι, μια ψυχη  συναθλουντες τη πιστει του ευαγγελιου.  και  μη
2:30      ηγγισεν παραβολευσαμενος τη ψυχη   ινα αναπληρωση το υμων υστερημα της προς με

                                          1  καμψη
2:10   ινα εν τω ονοματι ιησου παν γονυ καμψη  επουρανιων και επιγειων και καταχθονιων,  και

                                          1  καθ
4:11    εφρονειτε ηκαιρεισθε δε.   ουχ οτι καθ  υστερησιν λεγω, εγω γαρ εμαθον εν οις ειμι

                                          1  μεθ
4:9       και ο θεος της ειρηνης εσται μεθ  υμων.  εχαρην δε εν κυριω μεγαλως οτι ηδη ποτε

                                          1  δυνασθαι
3:21   αυτου κατα την ενεργειαν του δυνασθαι  αυτον και υποταξαι αυτω τα παντα.    ωστε,

                                          1  χορταζεσθαι
4:12   και εν πασιν μεμυημαι και χορταζεσθαι  και πειναν, και περισσευειν και υστερεισθαι.

                                          1  γενεσθαι
1:13   δεσμους μου φανερους εν χριστω γενεσθαι  εν ολω τω πραιτωριω και τοις λοιποις πασιν.

                                          1  υστερεισθαι
4:12     πειναν, και περισσευειν και υστερεισθαι  παντα ισχυω εν τω ενδυναμουντι με.   πλην

                                          1  ταπεινουσθαι
4:12    αυταρκης ειναι.  οιδα και ταπεινουσθαι  οιδα και περισσευειν. εν παντι και εν πασιν

                                        107  και
3:9        σκυβαλα ινα χριστον κερδησω    και  ευρεθω εν αυτω, μη εχων εμην δικαιοσυνην την
2:27       διοτι ηκουσατε οτι ησθενησεν.  και  γαρ ησθενησεν παραπλησιον θανατω. αλλα ο θεος
4:7        υμων γνωριζεσθω προς τον θεον.  και  η ειρηνη του θεου η υπερεχουσα παντα νουν
1:25       τη σαρκι αναγκαιοτερον δι υμας.  και  τουτο πεποιθως οιδα οτι μενω και παραμενω
1:9        υμας εν σπλαγχνοις χριστου ιησου.  και  τουτο προσευχομαι. ινα η αγαπη υμων ετι μαλλον
1:14       πραιτωριω και τοις λοιποις πασιν.  και  τους πλειονας των αδελφων εν κυριω πεποιθοτας
2:11       και επιγειων και καταχθονιων,  και  πασα γλωσσα εξομολογησεται οτι κυριος ιησους
1:28            τη πιστει του ευαγγελιου,  και  μη πτυρομενοι εν μηδενι υπο των αντικειμενων.
4:9        ει τις επαινος, ταυτα λογιζεσθε.  α  και  εμαθετε και παρελαβετε και ηκουσατε και ειδετε
4:12       εν οις ειμι αυταρκης ειναι.  οιδα και  ταπεινουσθαι. οιδα και περισσευειν. εν παντι
4:12       ειναι.  οιδα και ταπεινουσθαι  και  περισσευειν. εν παντι και εν πασιν μεμυημαι
1:7        τοις δεσμοις μου και εν τη απολογια  και  βεβαιωσει του ευαγγελιου συνκοινωνους μου της
3:19       τελος απωλεια. ων ο θεος η κοιλια  και  η δοξα εν τη αισχυνη αυτων, οι τα επιγεια
2:17       αλλα ει και σπενδομαι επι τη θυσια  και  λειτουργια της πιστεως υμων. χαιρω και
1:29       μονον το εις αυτον πιστευειν αλλα  και  το υπερ αυτου πασχειν.  τον αυτον αγωνα
2:27       αυτον, ουκ αυτον δε μονον αλλα  και  εμε, ινα μη λυπην επι λυπην σχω.
1:18            και εν τουτω χαιρω. αλλα  και  χαρησομαι.  οιδα γαρ οτι τουτο μοι αποβησεται
2:4        τα εαυτων εκαστος σκοπουντες, αλλα  και  τα ετερων εκαστοι.  τουτο φρονειτε εν υμιν ο
2:1        κοινωνια πνευματος, ει τις σπλαγχνα  και  οικτιρμοι,  πληρωσατε μου την χαραν ινα το
4:1        μου αγαπητοι και επιποθητοι, χαρα  και  στεφανος μου. ουτως στηκετε εν κυριω.
4:3        εν τω ευαγγελιω συνηθλησαν μοι μετα  και  κλημεντος και των λοιπων συνεργων μου. ων τα
4:18       εις λογον υμων.  απεχω δε παντα  και  περισσευω. πεπληρωμαι δεξαμενος παρα
3:8        τον χριστον ζημιαν.  αλλα μενουνγε  και  ηγουμαι παντα ζημιαν ειναι δια το υπερεχον της
4:15            μου τη θλιψει.  οιδατε δε  και  υμεις, φιλιππησιοι. οτι εν αρχη του
3:18       ους πολλακις ελεγον υμιν, νυν δε  και  κλαιων λεγω. τους εχθρους του σταυρου του
1:15       και δια φθονον και εριν, τινες δε  και  δι ευδοκιαν τον χριστον κηρυσσουσιν.  οι μεν
4:9        εμαθετε και παρελαβετε και ηκουσατε  και  ειδετε εν εμοι, ταυτα πρασσετε. και ο θεος της
4:9          α και εμαθετε και παρελαβετε  και  ηκουσατε και ειδετε εν εμοι, ταυτα πρασσετε.
4:9        ταυτα λογιζεσθε.  α και εμαθετε  και  παρελαβετε και ηκουσατε και ειδετε εν εμοι.
2:18       υμιν.  το δε αυτο και υμεις χαιρετε  και  συγχαιρετε μοι.  ελπιζω δε εν κυριω ιησου
1:20       αλλ εν παση παρρησια ως παντοτε  και  νυν μεγαλυνθησεται χριστος εν τω σωματι μου,
4:16            μονοι.  οτι και εν θεσσαλονικη  και  απαξ και δις εις την χρειαν μοι επεμψατε.  ουχ
4:8        προσφιλη, οσα ευφημα, ει τις αρετη  και  ει τις επαινος, ταυτα λογιζεσθε.  α και
4:6        μεριμνατε αλλ εν παντι τη προσευχη  και  τη δεησει μετα ευχαριστιας τα αιτηματα υμων
4:12       εν πασιν μεμυημαι και χορταζεσθαι  και  πειναν, και περισσευειν και υστερεισθαι.
4:12       εν παντι και εν πασιν μεμυημαι  και  χορταζεσθαι και πειναν, και περισσευειν και
1:23       την επιθυμιαν εχων εις το αναλυσαι  και  συν χριστω ειναι, πολλω (γαρ) μαλλον κρεισσον.
2:17       ουδε εις κενον εκοπιασα.  αλλα ει  και  σπενδομαι επι τη θυσια και λειτουργια της
3:12            η ηδη τετελειωμαι. διωκω δε  και  καταλαβω, εφ ω και κατελημφθην υπο χριστου
1:9        και μαλλον περισσευη εν επιγνωσει  και  παση αισθησει.  εις το δοκιμαζειν υμας τα
```

1:30	αγωνα εχοντες οιον ειδετε εν εμοι	και	νυν ακουετε εν εμοι. ει τις ουν παρακλησις
4:1	παντα. ωστε, αδελφοι μου αγαπητοι	και	επιποθητοι, χαρα και στεφανος μου, ουτως
2:15	διαλογισμων. ινα γενησθε αμεμπτοι	και	ακεραιοι. τεκνα θεου αμωμα μεσον γενεας
4:12	οιδα και περισσευειν. εν παντι	και	εν πασιν μεμυημαι και χορταζεσθαι και πειναν.
4:16	και λημψεως ει μη υμεις μονοι. οτι	και	εν θεσσαλονικη και απαξ και δις εις την χρειαν
2:24	εξαυτης. πεποιθα δε εν κυριω οτι	και	αυτος ταχεως ελευσομαι. αναγκαιον δε ηγησαμην
1:20	χριστου. κατα την αποκαραδοκιαν	και	ελπιδα μου οτι εν ουδενι αισχυνθησομαι αλλ εν
1:11	τον δια ιησου χριστου εις δοξαν	και	επαινον θεου. γινωσκειν δε υμας βουλομαι
1:15	αφοβως τον λογον λαλειν. τινες μεν	και	δια φθονον και εριν, τινες δε και δι ευδοκιαν
2:9	διο και ο θεος αυτον υπερυψωσεν	και	εχαρισατο αυτω το ονομα το υπερ παν ονομα.
1:25	πασιν υμιν εις την υμων προκοπην	και	χαραν της πιστεως. ινα το καυχημα υμων
2:13	ο ενεργων εν υμιν και το θελειν	και	το ενεργειν υπερ της ευδοκιας. παντα ποιειτε
4:12	και πειναν, και περισσευειν	και	υστερεισθαι. παντα ισχυω εν τω ενδυναμουντι
2:13	θεος γαρ εστιν ο ενεργων εν υμιν	και	το θελειν και το ενεργειν υπερ της ευδοκιας
1:2	και διακονοις. χαρις υμιν	και	ειρηνη απο θεου πατρος ημων και κυριου ιησου
3:4	καιπερ εγω εχων πεποιθησιν	και	εν σαρκι. ει τις δοκει αλλος πεποιθεναι εν
2:25	τον αδελφον και συνεργον	και	συνστρατιωτην μου, υμων δε αποστολον και
1:9	ινα η αγαπη υμων ετι μαλλον	και	μαλλον περισσευη εν επιγνωσει και παση
2:25	μου, υμων δε αποστολον	και	λειτουργον της χρειας μου, πεμψαι προς υμας,
1:15	λαλειν. τινες μεν και δια φθονον	και	εριν, τινες δε και δι ευδοκιαν τον χριστον
3:21	την ενεργειαν του δυνασθαι αυτον	και	υποταξαι αυτω τα παντα. ωστε, αδελφοι μου
3:10	επι τη πιστει. του γνωναι αυτον	και	την δυναμιν της αναστασεως αυτου και κοινωνιαν
2:25	δε ηγησαμην επαφροδιτον τον αδελφον	και	συνεργον και συνστρατιωτην μου, υμων δε
1:27	χριστου πολιτευεσθε. ινα ειτε ελθων	και	ιδων υμας ειτε απων ακουω τα περι υμων. οτι
2:10	γονυ καμψη επουρανιων και επιγειων	και	καταχθονιων. και πασα γλωσσα εξομολογησεται
2:10	ιησου παν γονυ καμψη επουρανιων	και	επιγειων και καταχθονιων. και πασα γλωσσα
1:2	και ειρηνη απο θεου πατρος ημων	και	κυριου ιησου χριστου. ευχαριστω τω θεω μου
2:14	παντα ποιειτε χωρις γογγυσμων	και	διαλογισμων. ινα γενησθε αμεμπτοι και
4:7	νουν φρουρησει τας καρδιας υμων	και	τα νοηματα υμων εν χριστω ιησου. το λοιπον,
4:16	οτι και εν θεσσαλονικη και απαξ	και	δις εις την χρειαν μοι επεμψατε. ουχ οτι
2:5	εκαστοι. τουτο φρονειτε εν υμιν ο	και	εν χριστω ιησου, ος εν μορφη θεου υπαρχων ουχ
2:9	θανατου, θανατου δε σταυρου. διο	και	ο θεος αυτον υπερυψωσεν και εχαρισατο αυτω το
2:18	συνχαιρω πασιν υμιν. το δε αυτο	και	υμεις χαιρετε και συγχαιρετε μοι. ελπιζω δε
2:15	θεου αμωμα μεσον γενεας σκολιας	και	διεστραμμενης. εν οις φαινεσθε ως φωστηρες εν
3:3	οι πνευματι θεου λατρευοντες	και	καυχωμενοι εν χριστω ιησου και ουκ εν σαρκι
1:10	τα διαφεροντα. ινα ητε ειλικρινεις	και	απροσκοποι εις ημεραν χριστου. πεπληρωμενοι
1:1	ουσιν εν φιλιπποις συν επισκοποις	και	διακονοις. χαρις υμιν και ειρηνη απο θεου
1:1	παυλος	και	τιμοθεος δουλοι χριστου ιησου πασιν τοις
4:3	συνηθλησαν μοι μετα και κλημεντος	και	των λοιπων συνεργων μου, ων τα ονοματα εν
1:21	θανατου. εμοι γαρ το ζην χριστος	και	το αποθανειν κερδος. ει δε το ζην εν σαρκι
1:19	εις σωτηριαν δια της δεησεως	και	επιχορηγιας του πνευματος ιησου χριστου. κατα
4:15	εκοινωνησεν εις λογον δοσεως	και	λημψεως ει μη υμεις μονοι. οτι και εν
3:20	εν ουρανοις υπαρχει. εξ ου	και	σωτηρα απεκδεχομεθα κυριον ιησουν χριστον. ος
2:12	εν τη απουσια μου, μετα φοβου	και	τρομου την εαυτων σωτηριαν κατεργαζεσθε. θεος
1:7	καρδια υμας, εν τε τοις δεσμοις μου	και	εν τη απολογια και βεβαιωσει του ευαγγελιου
3:3	και καυχωμενοι εν χριστω ιησου	και	ουκ εν σαρκι πεποιθοτες. καιπερ εγω εχων
3:10	την δυναμιν της αναστασεως αυτου	και	κοινωνιαν παθηματων αυτου. συμμορφιζομενος τω
4:10	το υπερ εμου φρονειν. εφ ω	και	εφρονειτε ηκαιρεισθε δε. ουχ οτι καθ
3:12	διωκω δε ει και καταλαβω. εφ ω	και	κατελημφθην υπο χριστου (ιησου). αδελφοι, εγω
4:20	εν δοξη εν χριστω ιησου. τω δε θεω	και	πατρι ημων η δοξα εις τους αιωνας των αιωνων.
1:13	χριστω γενεσθαι εν ολω τω πραιτωριω	και	τοις λοιποις πασιν. και τους πλειονας των
4:2	κυριω, αγαπητοι. ευοδιαν παρακαλω	και	συντυχην παρακαλω το αυτο φρονειν εν κυριω.
1:25	και τουτο πεποιθως οιδα οτι μενω	και	παραμενω πασιν υμιν εις την υμων προκοπην και
2:17	λειτουργια της πιστεως υμων, χαιρω	και	συνχαιρω πασιν υμιν. το δε αυτο και υμεις
4:3	αυτο φρονειν εν κυριω. ναι ερωτω	και	σε, γνησιε συζυγε. συλλαμβανου αυταις. αιτινες
4:9	και ειδετε εν εμοι, ταυτα πρασσετε.	και	ο θεος της ειρηνης εσται μεθ υμων. εχαρην δε
3:15	οσοι ουν τελειοι, τουτο φρονωμεν.	και	ει τι ετερως φρονειτε. και τουτο ο θεος υμιν
2:7	εν ομοιωματι ανθρωπων γενομενος.	και	σχηματι ευρεθεις ως ανθρωπος εταπεινωσεν
1:22	εν σαρκι, τουτο μοι καρπος εργου.	και	τι αιρησομαι ου γνωριζω. συνεχομαι δε εκ των
3:15	και ει τι ετερως φρονειτε.	και	τουτο ο θεος υμιν αποκαλυψει. πλην εις ο
1:18	αληθεια, χριστος καταγγελλεται.	και	εν τουτω χαιρω. αλλα και χαρησομαι. οιδα γαρ
3:17	συμμιμηται μου γινεσθε, αδελφοι.	και	σκοπειτε τους ουτω περιπατουντας καθως εχετε
4:12	και χορταζεσθαι και πειναν.	και	περισσευειν και υστερεισθαι. παντα ισχυω εν
3:8	μου, δι ον τα παντα εζημιωθην.	και	ηγουμαι σκυβαλα ινα χριστον κερδησω. και
1:28	απωλειας, υμων δε σωτηριας.	και	τουτο απο θεου. οτι υμιν εχαρισθη το υπερ
2:26	επειδη επιποθων ην παντας υμας.	και	αδημονων διοτι ηκουσατε οτι ησθενησεν. και
2:29	αυτον εν κυριω μετα πασης χαρας.	και	τους τοιουτους εντιμους εχετε. οτι δια το

1 ηγημαι

3:7	(αλλα) ατινα ην μοι κερδη, ταυτα ηγημαι δια τον χριστον ζημιαν. αλλα μενουνγε και

```
                                        1  μεμνημαι
4:12        εν παντι και εν πασιν μεμνημαι και χορταζεσθαι και πειναν. και περισσευειν

                                        1  κειμαι
1:16     οτι εις απολογιαν του ευαγγελιου κειμαι οι δε εξ εριθειας τον χριστον

                                        1  σπενδομαι
2:17     κενον εκοπιασα.  αλλα ει και σπενδομαι επι τη θυσια και λειτουργια της πιστεως υμων.

                                        1  λογιζομαι
3:13        αδελφοι. εγω εμαυτον ου λογιζομαι κατειληφεναι. εν δε, τα μεν οπισω

                                        1  βουλομαι
1:12        θεου.  γινωσκειν δε υμας βουλομαι αδελφοι, οτι τα κατ εμε μαλλον εις προκοπην

                                        1  αισχυνθησομαι
1:20     ελπιδα μου οτι εν ουδενι αισχυνθησομαι αλλ εν παση παρρησια ως παντοτε και νυν

                                        1  χαρησομαι
1:18     και εν τουτω χαιρω. αλλα και χαρησομαι οιδα γαρ οτι τουτο μοι αποβησεται εις

                                        1  αιρησομαι
1:22        μοι καρπος εργου. και τι αιρησομαι ου γνωριζω.  συνεχομαι δε εκ των δυο, την

                                        1  ελευσομαι
2:24     εν κυριω οτι και αυτος ταχεως ελευσομαι αναγκαιον δε ηγησαμην επαφροδιτον τον

                                        1  συνεχομαι
1:23     και τι αιρησομαι ου γνωριζω. συνεχομαι δε εκ των δυο, την επιθυμιαν εχων εις το

                                        1  προσευχομαι
1:9         χριστου ιησου.  και τουτο προσευχομαι ινα η αγαπη υμων ετι μαλλον και μαλλον

                                        2  ηγουμαι
3:8           ζημιαν.  αλλα μενουνγε και ηγουμαι παντα ζημιαν ειναι δια το υπερεχον της γνωσεως
3:8       δι ον τα παντα εζημιωθην. και ηγουμαι σκυβαλα ινα χριστον κερδησω  και ευρεθω εν

                                        1  τετελειωμαι
3:12     ουχ οτι ηδη ελαβον η ηδη τετελειωμαι διωκω δε ει και καταλαβω, εφ ω και

                                        1  πεπληρωμαι
4:18        δε παντα και περισσευω. πεπληρωμαι δεξαμενος παρα επαφροδιτου τα παρ υμων. οσμην

                                        1  ναι
4:3       παρακαλω το αυτο φρονειν εν κυριω.  ναι ερωτω και σε, γνησιε συζυγε, συλλαμβανου

                                        1  πεποιθεναι
3:4       εν σαρκι. ει τις δοκει αλλος πεποιθεναι εν σαρκι, εγω μαλλον.  περιτομη οκταημερος, εκ

                                        1  κατειληφεναι
3:13       εγω εμαυτον ου λογιζομαι κατειληφεναι εν δε, τα μεν οπισω επιλανθανομενος τοις δε

                                        4  ειναι
3:8       μενουνγε και ηγουμαι παντα ζημιαν ειναι δια το υπερεχον της γνωσεως χριστου ιησου του
2:6       υπαρχων ουχ αρπαγμον ηγησατο το ειναι ισα θεω,  αλλα εαυτον εκενωσεν μορφην δουλου
4:11      γαρ εμαθον εν οις ειμι αυταρκης ειναι οιδα και ταπεινουσθαι. οιδα και περισσευειν.
1:23      εις το αναλυσαι και συν χριστω ειναι πολλω (γαρ) μαλλον κρεισσον.  το δε επιμενειν

                                        1  γνωναι
3:10     δικαιοσυνην επι τη πιστει.  του γνωναι αυτον και την δυναμιν της αναστασεως αυτου και

                                        1  υποταξαι
3:21        του δυνασθαι αυτον και υποταξαι αυτω τα παντα.    ωστε, αδελφοι μου αγαπητοι

                                        1  αναλυσαι
1:23     δυο, την επιθυμιαν εχων εις το αναλυσαι και συν χριστω ειναι. πολλω (γαρ) μαλλον

                                        1  καταγγελλεται
1:18        ειτε αληθεια. χριστος καταγγελλεται και εν τουτω χαιρω. αλλα και χαρησομαι,  οιδα
```

```
                                                    1  αποβησεται
1:19        οιδα γαρ οτι τουτο μοι αποβησεται  εις σωτηριαν δια της υμων δεησεως και
2:11          και πασα γλωσσα εξομολογησεται  οτι κυριος ιησους χριστος εις δοξαν θεου
1:20        ως παντοτε και νυν μεγαλυνθησεται  χριστος εν τω σωματι μου. ειτε δια ζωης ειτε

                                                    1  συμμιμηται
3:17             τω αυτω στοιχειν.  συμμιμηται  μου γινεσθε, αδελφοι, και σκοπειτε τους ουτω

                                                    2  ασπαζονται
4:22     υμας οι συν εμοι αδελφοι. ασπαζονται  υμας παντες οι αγιοι, μαλιστα δε οι εκ της
4:21     παντα αγιον εν χριστω ιησου. ασπαζονται  υμας οι συν εμοι αδελφοι.  ασπαζονται υμας

                                                    1  εσται
4:9       πρασσετε. και ο θεος της ειρηνης εσται  μεθ υμων.  εχαρην δε εν κυριω μεγαλως οτι ηδη

                                                    3  πεμψαι
2:19      εν κυριω ιησου τιμοθεον ταχεως πεμψαι  υμιν, ινα καγω ευψυχω γνους τα περι υμων.
2:23          τουτον μεν ουν ελπιζω πεμψαι  ως αν αφιδω τα περι εμε εξαυτης.  πεποιθα δε
2:25     και λειτουργον της χρειας μου, πεμψαι  προς υμας,  επειδη επιποθων ην παντας υμας,

                                                    3  δι
1:15      δια φθονον και εριν, τινες δε και δι  ευδοκιαν τον χριστον κηρυσσουσιν.  οι μεν εξ
1:24         (εν) τη σαρκι αναγκαιοτερον δι  υμας.  και τουτο πεποιθως οιδα οτι μενω και
3:8        χριστου ιησου του κυριου μου, δι  ον τα παντα εζημιωθην, και ηγουμαι σκυβαλα ινα

                                                   13  ει
2:1        εν εμοι και νυν ακουετε εν εμοι.  ει  τις ουν παρακλησις εν χριστω, ει τι παραμυθιον
1:22       χριστος και το αποθανειν κερδος.  ει  δε το ζην εν σαρκι, τουτο μοι καρπος εργου.
3:11      συμμορφιζομενος τω θανατω αυτου,  ει  πως καταντησω εις την εξαναστασιν την εκ
2:17         οιδε εις κενον εκοπιασα.  αλλα  ει  και σπενδομαι επι τη θυσια και λειτουργια της
3:12     ελαβον η ηδη τετελειωμαι, διωκω δε  ει  και καταλαβω, εφ ω και κατελημφθην υπο χριστου
4:8          οσα ευφημα, ει τις αρετη και  ει  τις επαινος, ταυτα λογιζεσθε.  α και εμαθετε
3:15      ουν τελειοι, τουτο φρονωμεν.  και  ει  τι ετερως φρονειτε. και τουτο ο θεος υμιν
4:15       εις λογον δοσεως και λημψεως  ει  μη υμεις μονοι.  οτι και εν θεσσαλονικη και
3:4        εγω εχων πεποιθησιν και εν σαρκι.  ει  τις δοκει αλλος πεποιθεναι εν σαρκι, εγω
4:8      οσα αγνα, οσα προσφιλη, οσα ευφημα.  ει  τις αρετη και ει τις επαινος, ταυτα λογιζεσθε.
2:1       εν χριστω, ει τι παραμυθιον αγαπης,  ει  τις κοινωνια πνευματος, ει τις σπλαγχνα και
2:1        αγαπης, ει τις κοινωνια πνευματος,  ει  τις σπλαγχνα και οικτιρμοι.  πληρωσατε μου την
2:1       ει τις ουν παρακλησις εν χριστω,  ει  τι παραμυθιον αγαπης, ει τις κοινωνια

                                                    1  δοκει
3:4        πεποιθησιν και εν σαρκι. ει τις δοκει  αλλος πεποιθεναι εν σαρκι, εγω μαλλον.

                                                    1  προφασει
1:18     πλην οτι παντι τροπω, ειτε προφασει  ειτε αληθεια, χριστος καταγγελλεται, και εν

                                                    1  επιτελεσει
1:6         εν υμιν εργον αγαθον επιτελεσει  αχρι ημερας χριστου ιησου.  καθως εστιν

                                                    2  δεησει
1:4      τη μνεια υμων,  παντοτε εν παση δεησει  μου υπερ παντων υμων μετα χαρας την δεησιν
4:6      αλλ εν παντι τη προσευχη και τη δεησει  μετα ευχαριστιας τα αιτηματα υμων γνωριζεσθω

                                                    1  αισθησει
1:9         εν επιγνωσει και παση αισθησει  εις το δοκιμαζειν υμας τα διαφεροντα, ινα

                                                    1  μεριμνησει
2:20     οστις γνησιως τα περι υμων μεριμνησει  οι παντες γαρ τα εαυτων ζητουσιν, ου τα

                                                    1  φρουρησει
4:7     θεου η υπερεχουσα παντα νουν φρουρησει  τας καρδιας υμων και τα νοηματα υμων εν χριστω

                                                    1  μετασχηματισει
3:21        ιησουν χριστον.  ος μετασχηματισει  το σωμα της ταπεινωσεως ημων συμμορφον τω

                                                    1  βεβαιωσει
1:7     μου και εν τη απολογια και βεβαιωσει  του ευαγγελιου συνκοινωνους μου της χαριτος

                                                    1  επιγνωσει
1:9        και μαλλον περισσευη εν επιγνωσει  και παση αισθησει,  εις το δοκιμαζειν υμας τα
```

1 πληρωσει
4:19 τω θεω. ο δε θεος μου πληρωσει πασαν χρειαν υμων κατα το πλουτος αυτου εν

2 πιστει
3:9 την εκ θεου δικαιοσυνην επι τη πιστει του γνωναι αυτον και την δυναμιν της
1:27 μια ψυχη συναθλουντες τη πιστει του ευαγγελιου. και μη πτυρομενοι εν μηδενι

1 υπαρχει
3:20 γαρ το πολιτευμα εν ουρανοις υπαρχει εξ ου και σωτηρα απεκδεχομεθα κυριον ιησουν

1 θλιψει
4:14 συγκοινωνησαντες μου τη θλιψει οιδατε δε και υμεις, φιλιππησιοι, οτι εν

1 αποκαλυψει
3:15 και τουτο ο θεος υμιν αποκαλυψει πλην εις ο εφθασαμεν, τω αυτω στοιχειν.

5 σαρκι
1:24 το δε επιμενειν (εν) τη σαρκι αναγκαιοτερον δι υμας. και τουτο πεποιθως
3:4 καιπερ εγω εχων πεποιθησιν και εν σαρκι ει τις δοκει αλλος πεποιθεναι εν σαρκι. εγω
3:4 ει τις δοκει αλλος πεποιθεναι εν σαρκι εγω μαλλον. περιτομη οκταημερος, εκ γενους
3:3 εν χριστω ιησου και ουκ εν σαρκι πεποιθοτες. καιπερ εγω εχων πεποιθησιν και εν
1:22 κερδος. ει δε το ζην εν σαρκι τουτο μοι καρπος εργου. και τι αιρησομαι ου

1 ειμι
4:11 λεγω. εγω γαρ εμαθον εν οις ειμι αυταρκης ειναι. οιδα και ταπεινουσθαι. οιδα

1 ενι
1:27 ακουω τα περι υμων, οτι στηκετε εν ενι πνευματι, μια ψυχη συναθλουντες τη πιστει του

1 μηδενι
1:28 και μη πτυρομενοι εν μηδενι υπο των αντικειμενων. ητις εστιν αυτοις

1 ουδενι
1:20 και ελπιδα μου οτι εν ουδενι αισχυνθησομαι. αλλ εν παση παρρησια ως παντοτε

8 οι
1:16 ευδοκιαν τον χριστον κηρυσσουσιν. οι μεν εξ αγαπης, ειδοτες οτι εις απολογιαν του
1:17 απολογιαν του ευαγγελιου κειμαι. οι δε εξ εριθειας τον χριστον καταγγελλουσιν. ουχ
2:21 γνησιως τα περι υμων μεριμνησει. οι παντες γαρ τα εαυτων ζητουσιν. ου τα ιησου
4:22 υμας παντες οι αγιοι, μαλιστα δε οι εκ της καισαρος οικιας. η χαρις του κυριου
4:21 εν χριστω ιησου ασπαζονται υμας οι συν εμοι αδελφοι. ασπαζονται υμας παντες οι
4:22 αδελφοι. ασπαζονται υμας παντες οι αγιοι, μαλιστα δε οι εκ της καισαρος οικιας.
3:3 ημεις γαρ εσμεν η περιτομη, οι πνευματι θεου λατρευοντες και καυχωμενοι εν
3:19 και η δοξα εν τη αισχυνη αυτων, οι τα επιγεια φρονουντες. ημων γαρ το πολιτευμα

1 ακεραιοι
2:15 ινα γενησθε αμεμπτοι και ακεραιοι τεκνα θεου αμωμα μεσον γενεας σκολιας και

1 αγιοι
4:22 ασπαζονται υμας παντες οι αγιοι μαλιστα δε οι εκ της καισαρος οικιας. η

1 τελειοι
3:15 θεου εν χριστω ιησου. οσοι ουν τελειοι τουτο φρονωμεν. και ει τι ετερως φρονειτε.

1 φιλιππησιοι
4:15 οιδατε δε και υμεις, φιλιππησιοι οτι εν αρχη του ευαγγελιου, οτε εξηλθον απο

1 πολλοι
3:18 καθως εχετε τυπον ημας. πολλοι γαρ περιπατουσιν ους πολλακις ελεγον υμιν. νυν

1 δουλοι
1:1 παυλος και τιμοθεος δουλοι χριστου ιησου πασιν τοις αγιοις εν χριστω

7 μοι
4:15 οτε εξηλθον απο μακεδονιας. ουδεμια μοι εκκλησια εκοινωνησεν εις λογον δοσεως και
2:18 και υμεις χαιρετε και συγχαιρετε μοι ελπιζω δε εν κυριω ιησου τιμοθεον ταχεως
4:16 και απαξ και δις εις την χρειαν μοι επεμψατε. ουχ οτι επιζητω το δομα, αλλα
4:3 αιτινες εν τω ευαγγελιω συνηθλησαν μοι μετα και κλημεντος και των λοιπων συνεργων
3:7 αμεμπτος. (αλλα) ατινα ην μοι κερδη, ταυτα ηγημαι δια τον χριστον ζημιαν.
1:19 και χαρησομαι. οιδα γαρ οτι τουτο μοι αποβησεται εις σωτηριαν δια της υμων δεησεως
1:22 ει δε το ζην εν σαρκι, τουτο μοι καρπος εργου. και τι αιρησομαι ου γνωριζω.

		10 εμοι
1:21	ειτε δια ζωης ειτε δια θανατου. εμοι	γαρ το ζην χριστος και το αποθανειν κερδος.
2:16	λογον ζωης επεχοντες, εις καυχημα εμοι	εις ημεραν χριστου. οτι ουκ εις κενον εδραμον
4:9	και ηκουσατε και ειδετε εν εμοι	ταυτα πρασσετε. και ο θεος της ειρηνης εσται
1:30	αυτον αγωνα εχοντες οιον ειδετε εν εμοι	και νυν ακουετε εν εμοι. ει τις ουν
1:30	ειδετε εν εμοι και νυν ακουετε εν εμοι	ει τις ουν παρακλησις εν χριστω, ει τι
1:26	υμων περισσευη εν χριστω ιησου εν εμοι	δια της εμης παρουσιας παλιν προς υμας. μονον
3:1	εν κυριω. τα αυτα γραφειν υμιν εμοι	μεν ουκ οκνηρον, υμιν δε ασφαλες. βλεπετε τους
1:7	ιησου. καθως εστιν δικαιον εμοι	τουτο φρονειν υπερ παντων υμων, δια το εχειν
4:21	ιησου. ασπαζονται υμας οι συν εμοι	αδελφοι. ασπαζονται υμας παντες οι αγιοι,
2:22	γινωσκετε, οτι ως πατρι τεκνον συν εμοι	εδουλευσεν εις το ευαγγελιον. τουτον μεν ουν

		1 οικτιρμοι
2:1	ει τις σπλαγχνα και οικτιρμοι	πληρωσατε μου την χαραν ινα το αυτο φρονητε.

		1 οιομενοι
1:17	καταγγελλουσιν, ουχ αγνως. οιομενοι	θλιψιν εγειρειν τοις δεσμοις μου. τι γαρ;

		1 πτυρομενοι
1:28	του ευαγγελιου. και μη πτυρομενοι	εν μηδενι υπο των αντικειμενων. ητις εστιν

		1 ηγουμενοι
2:3	τη ταπεινοφροσυνη αλληλους ηγουμενοι	υπερεχοντας εαυτων. μη τα εαυτων εκαστος

		1 πεπληρωμενοι
1:11	εις ημεραν χριστου. πεπληρωμενοι	καρπον δικαιοσυνης τον δια ιησου χριστου εις

		1 καυχωμενοι
3:3	θεου λατρευοντες και καυχωμενοι	εν χριστω ιησου και ουκ εν σαρκι πεποιθοτες,

		1 μονοι
4:15	δοσεως και λημψεως ει μη υμεις μονοι	οτι και εν θεσσαλονικη και απαξ και δις εις

		1 απροσκοποι
1:10	ινα ητε ειλικρινεις και απροσκοποι	εις ημεραν χριστου. πεπληρωμενοι καρπον

		1 οσοι
3:15	κλησεως του θεου εν χριστω ιησου. οσοι	ουν τελειοι, τουτο φρονωμεν. και ει τι ετερως

		1 επιποθητοι
4:1	αδελφοι μου αγαπητοι και επιποθητοι	χαρα και στεφανος μου, ουτως στηκετε εν

		3 αγαπητοι
4:1	τα παντα. ωστε, αδελφοι μου αγαπητοι	και επιποθητοι. χαρα και στεφανος μου. ουτως
2:12	εις δοξαν θεου πατρος. ωστε, αγαπητοι	μου. καθως παντοτε υπηκουσατε, μη ως εν τη
4:1	μου, ουτως στηκετε εν κυριω, αγαπητοι	ευοδιαν παρακαλω και συντυχην παρακαλω το

		1 αμεμπτοι
2:15	και διαλογισμων, ινα γενησθε αμεμπτοι	και ακεραιοι, τεκνα θεου αμωμα μεσον γενεας

		1 εκαστοι
2:4	σκοπουντες, αλλα και τα ετερων εκαστοι	τουτο φρονειτε εν υμιν ο και εν χριστω

		7 αδελφοι
3:13	υπο χριστου (ιησου). αδελφοι	εγω εμαυτον ου λογιζομαι κατειληφεναι. εν δε,
4:21	ασπαζονται υμας οι συν εμοι αδελφοι	ασπαζονται υμας παντες οι αγιοι, μαλιστα δε
3:17	συμμιμηται μου γινεσθε, αδελφοι	και σκοπειτε τους ουτω περιπατουντας καθως
4:1	υποταξαι αυτω τα παντα. ωστε, αδελφοι	μου αγαπητοι και επιποθητοι, χαρα και στεφανος
1:12	γινωσκειν δε υμας βουλομαι, αδελφοι	οτι τα κατ εμε μαλλον εις προκοπην του
3:1	με λειτουργιας. το λοιπον, αδελφοι	μου, χαιρετε εν κυριω. τα αυτα γραφειν υμιν
4:8	εν χριστω ιησου. το λοιπον, αδελφοι	οσα εστιν αληθη, οσα σεμνα, οσα δικαια, οσα

		1 συμψυχοι
2:2	την αυτην αγαπην εχοντες, συμψυχοι	το εν φρονουντες. μηδεν κατ εριθειαν μηδε

		5 επι
1:5	μετα χαρας την δεησιν ποιουμενος. επι	τη κοινωνια υμων εις το ευαγγελιον απο της
2:17	εκοπιασα. αλλα ει και σπενδομαι επι	τη θυσια και λειτουργια της πιστεως υμων.
3:9	χριστου. την εκ θεου δικαιοσυνην επι	τη πιστει. του γνωναι αυτον και την δυναμιν
2:27	δε μονον αλλα και εμε, ινα μη λυπην επι	λυπην σχω. σπουδαιοτερως ουν επεμψα αυτον ινα
1:3	χριστου. ευχαριστω τω θεω μου επι	παση τη μνεια υμων. παντοτε εν παση δεησει

4 περι

2:19	υμιν. ινα καγω ευψυχω γνους τα περι	υμων. ουδενα γαρ εχω ισοψυχον. οστις γνησιως
2:20	γαρ εχω ισοψυχον. οστις γνησιως τα περι	υμων μεριμνησει. οι παντες γαρ τα εαυτων
2:23	ουν ελπιζω πεμψαι ως αν αφιδω τα περι	εμε εξαυτης. πεποιθα δε εν κυριω οτι και
1:27	και ιδων υμας ειτε απων ακουω τα περι	υμων. οτι στηκετε εν ενι πνευματι. μια ψυχη

2 πατρι

4:20	εν χριστω ιησου. τω δε θεω και πατρι	ημων η δοξα εις τους αιωνας των αιωνων. αμην.
2:22	δοκιμην αυτου γινωσκετε. οτι ως πατρι	τεκνον συν εμοι εδουλευσεν εις το ευαγγελιον.

2 αχρι

1:6	εν υμιν εργον αγαθον επιτελεσει αχρι	ημερας χριστου ιησου. καθως εστιν δικαιον
1:5	ευαγγελιον απο της πρωτης ημερας αχρι	του νυν. πεποιθως αυτο τουτο. οτι ο

2 μεχρι

2:8	εαυτον γενομενος υπηκοος μεχρι	θανατου. θανατου δε σταυρου. διο και ο θεος
2:30	εχετε. οτι δια το εργον χριστου μεχρι	θανατου ηγγισεν παραβολευσαμενος τη ψυχη. ινα

4 τι

1:18	θλιψιν εγειρειν τοις δεσμοις μου. τι	γαρ; πλην οτι παντι τροπω. ειτε προφασει ειτε
1:22	σαρκι. τουτο μοι καρπος εργου. και τι	αιρησομαι ου γνωριζω. συνεχομαι δε εκ των
3:15	ουν τελειοι. τουτο φρονωμεν. και ει τι	ετερως φρονειτε. και τουτο ο θεος υμιν
2:1	ει τις ουν παρακλησις εν χριστω. ει τι	παραμυθιον αγαπης. ει τις κοινωνια πνευματος.

1 σχηματι

2:7	ανθρωπων γενομενος. και σχηματι	ευρεθεις ως ανθρωπος εταπεινωσεν εαυτον

1 ονοματι

2:10	το υπερ παν ονομα. ινα εν τω ονοματι	ιησου παν γονυ καμψη επουρανιων και επιγειων

2 πνευματι

1:27	περι υμων. οτι στηκετε εν ενι πνευματι	μια ψυχη συναθλουντες τη πιστει του
3:3	ημεις γαρ εσμεν η περιτομη, οι πνευματι	θεου λατρευοντες και καυχωμενοι εν χριστω

1 ομοιωματι

2:7	μορφην δουλου λαβων. εν ομοιωματι	ανθρωπων γενομενος. και σχηματι ευρεθεις ως

2 σωματι

1:20	νυν μεγαλυνθησεται χριστος εν τω σωματι	μου. ειτε δια ζωης ειτε δια θανατου. εμοι γαρ
3:21	ταπεινωσεως ημων συμμορφον τω σωματι	της δοξης αυτου κατα την ενεργειαν του

1 ετι

1:9	τουτο προσευχομαι. ινα η αγαπη υμων ετι	μαλλον και μαλλον περισσευη εν επιγνωσει και

3 παντι

1:18	δεσμοις μου. τι γαρ; πλην οτι παντι	τροπω. ειτε προφασει ειτε αληθεια. χριστος
4:6	εγγυς. μηδεν μεριμνατε αλλ εν παντι	τη προσευχη και τη δεησει μετα ευχαριστιας τα
4:12	οιδα και περισσευειν. εν παντι	και εν πασιν μεμυημαι και χορταζεσθαι και

1 ενδυναμουντι

4:13	παντα ισχυω εν τω ενδυναμουντι	με. πλην καλως εποιησατε συγκοινωνησαντες μου

21 οτι

4:16	και λημψεως ει μη υμεις μονοι. οτι	και εν θεσσαλονικη και απαξ και δις εις την
1:29	δε σωτηριας. και τουτο απο θεου. οτι	υμιν εχαρισθη το υπερ χριστου. ου μονον το εις
2:30	και τους τοιουτους εντιμους εχετε. οτι	δια το εργον χριστου μεχρι θανατου ηγγισεν
1:25	δι υμας. και τουτο πεποιθως οιδα οτι	μενω και παραμενω πασιν υμιν εις την υμων
2:26	υμας. και αδημονων διοτι ηκουσατε οτι	ησθενησεν. και γαρ ησθενησεν παραπλησιον
2:11	και πασα γλωσσα εξομολογησεται οτι	κυριος ιησους χριστος εις δοξαν θεου πατρος.
1:18	τοις δεσμοις μου. τι γαρ; πλην οτι	παντι τροπω. ειτε προφασει ειτε αληθεια.
1:19	αλλα και χαρησομαι. οιδα γαρ οτι	τουτο μοι αποβησεται εις σωτηριαν δια της υμων
1:16	οι μεν εξ αγαπης. ειδοτες οτι	εις απολογιαν του ευαγγελιου κειμαι. οι δε εξ
4:10	υμων. εχαρην δε εν κυριω μεγαλως οτι	ηδη ποτε ανεθαλετε το υπερ εμου φρονειν. εφ ω
1:20	την αποκαραδοκιαν και ελπιδα μου οτι	εν ουδενι αισχυνθησομαι. αλλ εν παση παρρησια
4:11	ω και εφρονειτε ηκαιρεισθε δε. ουχ οτι	καθ υστερησιν λεγω. εγω γαρ εμαθον εν οις ειμι
4:17	εις την χρειαν μοι επεμψατε. ουχ οτι	επιζητω το δομα. αλλα επιζητω τον καρπον τον
3:12	την εξαναστασιν την εκ νεκρων. ουχ οτι	ηδη ελαβον η ηδη τετελειωμαι. διωκω δε ει και
2:24	εμε εξαυτης. πεποιθα δε εν κυριω οτι	και αυτος ταχεως ελευσομαι. αναγκαιον δε
2:22	την δε δοκιμην αυτου γινωσκετε. οτι	ως πατρι τεκνον συν εμοι εδουλευσεν εις το
4:15	οιδατε δε και υμεις. φιλιππησιοι. οτι	εν αρχη του ευαγγελιου. οτε εξηλθον απο
1:12	δε υμας βουλομαι. αδελφοι. οτι	τα κατ εμε μαλλον εις προκοπην του ευαγγελιου
1:27	υμας ειτε απων ακουω τα περι υμων. οτι	στηκετε εν ενι πνευματι. μια ψυχη συναθλουντες

1:6　　αχρι του νυν.　πεποιθως αυτο τουτο, οτι ο εναρξαμενος εν υμιν εργον αγαθον επιτελεσει
2:16　　καυχημα εμοι εις ημεραν χριστου. οτι ουκ εις κενον εδραμον ουδε εις κενον εκοπιασα.

1 διοτι

2:26　　　ην παντας υμας. και αδημονων διοτι ηκουσατε οτι ησθενησεν. και γαρ ησθενησεν

6 εκ

1:23　　αιρησομαι ου γνωριζω.　συνεχομαι δε εκ των δυο, την επιθυμιαν εχων εις το αναλυσαι
4:22　　υμας παντες οι αγιοι. μαλιστα δε οι εκ της καισαρος οικιας. η χαρις του κυριου ιησου
3:9　　 αυτω, μη εχων εμην δικαιοσυνην την εκ νομου αλλα την δια πιστεως χριστου, την εκ
3:11　　καταντησω εις την εξαναστασιν την εκ νεκρων.　ουχ οτι ηδη ελαβον η ηδη τετελειωμαι.
3:9　　 αλλα την δια πιστεως χριστου, την εκ θεου δικαιοσυνην επι τη πιστει.　του γνωναι
3:5　　 εγω μαλλον.　περιτομη οκταημερος. εκ γενους ισραηλ. φυλης βενιαμειν. εβραιος εξ

4 ουκ

3:3　　 και καυχωμενοι εν χριστω ιησου και ουκ εν σαρκι πεποιθοτες.　καιπερ εγω εχων
2:16　　　　 εμοι εις ημεραν χριστου. οτι ουκ εις κενον εδραμον ουδε εις κενον εκοπιασα.
3:1　　 τα αυτα γραφειν υμιν εμοι μεν ουκ οκνηρον. υμιν δε ασφαλες. βλεπετε τους κυνας,
2:27　　θανατω. αλλα ο θεος ηλεησεν αυτον. ουκ αυτον δε μονον αλλα και εμε. ινα μη λυπην επι

1 ισραηλ

3:5　　　 περιτομη οκταημερος. εκ γενους ισραηλ φυλης βενιαμειν. εβραιος εξ εβραιων. κατα

2 αλλ

4:6　　　 ο κυριος εγγυς.　μηδεν μεριμνατε αλλ εν παντι τη προσευχη και τη δεησει μετα
1:20　　μου οτι εν ουδενι αισχυνθησομαι. αλλ εν παση παρρησια ως παντοτε και νυν

1 αν

2:23　　　τουτον μεν ουν ελπιζω πεμψαι ως αν αφιδω τα περι εμε εξαυτης.　πεποιθα δε εν

1 απολογιαν

1:16　　 εξ αγαπης. ειδοτες οτι εις απολογιαν του ευαγγελιου κειμαι.　οι δε εξ εριθειας τον

1 ευοδιαν

4:2　　 στηκετε εν κυριω, αγαπητοι.　ευοδιαν παρακαλω και συντυχην παρακαλω το αυτο φρονειν

1 ενεργειαν

3:21　　　της δοξης αυτου κατα την ενεργειαν του δυνασθαι αυτον και υποταξαι αυτω τα παντα.

1 εριθειαν

2:3　　　 το εν φρονουντες.　μηδεν κατ εριθειαν μηδε κατα κενοδοξιαν. αλλα τη ταπεινοφροσυνη

2 χρειαν

4:19　　 ο δε θεος μου πληρωσει πασαν χρειαν υμων κατα το πλουτος αυτου εν δοξη εν χριστω
4:16　　　και απαξ και δις εις την χρειαν μοι επεμψατε.　ουχ οτι επιζητω το δομα. αλλα

1 αποκαραδοκιαν

1:20　　 ιησου χριστου.　κατα την αποκαραδοκιαν και ελπιδα μου οτι εν ουδενι αισχυνθησομαι.

1 ευδοκιαν

1:15　　　 και εριν. τινες δε και δι ευδοκιαν τον χριστον κηρυσσουσιν.　οι μεν εξ αγαπης.

2 ζημιαν

3:8　　 αλλα μενουνγε και ηγουμαι παντα ζημιαν ειναι δια το υπερεχον της γνωσεως χριστου
3:7　　 ταυτα ηγημαι δια τον χριστον ζημιαν αλλα μενουνγε και ηγουμαι παντα ζημιαν ειναι

1 επιθυμιαν

1:23　　 συνεχομαι δε εκ των δυο, την επιθυμιαν εχων εις το αναλυσαι και συν χριστω ειναι.

1 κοινωνιαν

3:10　　 της αναστασεως αυτου και κοινωνιαν παθηματων αυτου, συμμορφιζομενος τω θανατω

1 κενοδοξιαν

2:3　　 μηδεν κατ εριθειαν μηδε κατα κενοδοξιαν αλλα τη ταπεινοφροσυνη αλληλους ηγουμενοι

2 σωτηριαν

2:12　　 φοβου και τρομου την εαυτων σωτηριαν κατεργαζεσθε.　θεος γαρ εστιν ο ενεργων εν
1:19　　 οτι τουτο μοι αποβησεται εις σωτηριαν δια της υμων δεησεως και επιχορηγιας του

1 εκκλησιαν

3:6　　 κατα ζηλος διωκων την εκκλησιαν κατα δικαιοσυνην την εν νομω γενομενος

		1 θυσιαν
4:18	τα περ υμων. οσμην ευωδιας. θυσιαν	δεκτην. ευαρεστον τω θεω. ο δε θεος μου

		1 τολμαν
1:14	τοις δεσμοις μου περισσοτερως τολμαν	αφοβως τον λογον λαλειν. τινες μεν και δια

		1 πεινα
4:12	μεμνημαι και χορταζεσθαι και πειναν	και περισσευειν και υστερεισθαι. παντα ισχυω

		2 δοξαν
2:11	οτι κυριος ιησους χριστος εις δοξαν	θεου πατρος. ωστε, αγαπητοι μου, καθως
1:11	τον δια ιησου χριστου εις δοξαν	και επαινον θεου. γινωσκειν δε υμας βουλομαι.

		2 παν
2:9	και εχαρισατο αυτω το ονομα το υπερ παν	ονομα. ινα εν τω ονοματι ιησου παν γονυ καμψη
2:10	παν ονομα. ινα εν τω ονοματι ιησου παν	γονυ καμψη επουρανιων και επιγειων και

		2 χαραν
1:25	υμιν εις την υμων προκοπην και χαραν	της πιστεως. ινα το καυχημα υμων περισσευη εν
2:2	και οικτιρμοι. πληρωσατε μου την χαραν	ινα το αυτο φρονητε. την αυτην αγαπην εχοντες.

		2 ημεραν
2:16	επεχοντες. εις καυχημα εμοι εις ημεραν	χριστου. οτι ουκ εις κενον εδραμον ουδε εις
1:10	ειλικρινεις και απροσκοποι εις ημεραν	χριστου. πεπληρωμενοι καρπον δικαιοσυνης τον

		1 πασαν
4:19	τω θεω. ο δε θεος μου πληρωσει πασαν	χρειαν υμων κατα το πλουτος αυτου εν δοξη εν

		1 συνηθλησαν
4:3	αιτινες εν τω ευαγγελιω συνηθλησαν	μοι μετα και κλημεντος και των λοιπων συνεργων

		67 εν
3:20	φρονουντες. ημων γαρ το πολιτευμα εν	ουρανοις υπαρχει. εξ ου και σωτηρα
2:10	το ονομα το υπερ παν ονομα. ινα εν	τω ονοματι ιησου παν γονυ καμψη επουρανιων και
3:19	ων ο θεος η κοιλια και η δοξα εν	τη αισχυνη αυτων. οι τα επιγεια φρονουντες.
4:3	λοιπων συνεργων μου. ων τα ονοματα εν	βιβλω ζωης. χαιρετε εν κυριω παντοτε. παλιν
2:24	τα περι εμε εξαυτης. πεποιθα δε εν	κυριω οτι και αυτος ταχεως ελευσομαι.
4:10	ειρηνης εσται μεθ υμων. εχαρην δε εν	κυριω μεγαλως οτι ηδη ποτε ανεθαλετε το υπερ
2:19	και συγχαιρετε μοι. ελπιζω δε εν	κυριω ιησου τιμοθεον ταχεως πεμψαι υμιν, ινα
1:7	υπερ παντων υμων. δια το εχειν με εν	τη καρδια υμας, εν τε τοις δεσμοις μου και εν
4:9	παρελαβετε και ηκουσατε και ειδετε εν	εμοι, ταυτα πρασσετε. και ο θεος της ειρηνης
1:30	τον αυτον αγωνα εχοντες οιον ειδετε εν	εμοι και νυν ακουετε εν εμοι. ει τις ουν
1:27	απων ακουω τα περι υμων, οτι στηκετε εν	ενι πνευματι, μια ψυχη συναθλουντες τη πιστει
4:1	χαρα και στεφανος μου. ουτως στηκετε εν	κυριω. αγαπητοι. ευωδιαν παρακαλω και
4:4	τα ονοματα εν βιβλω ζωης. χαιρετε εν	κυριω παντοτε. παλιν ερω, χαιρετε. το
3:1	το λοιπον, αδελφοι μου. χαιρετε εν	κυριω. τα αυτα γραφειν υμιν εμοι μεν ουκ
1:30	οιον ειδετε εν εμοι και νυν ακουετε εν	εμοι. ει τις ουν παρακλησις εν χριστω, ει τι
2:5	τα ετερων εκαστοι. τουτο φρονειτε εν	υμιν ο και εν χριστω ιησου. ος εν μορφη θεου
1:4	μου επι παση τη μνεια υμων, παντοτε εν	παση δεησει μου υπερ παντων υμων μετα χαρας
4:19	υμων κατα το πλουτος αυτου εν δοξη εν	χριστω ιησου. τα δε θεω και πατρι ημων η δοξα
1:9	υμων ετι μαλλον και μαλλον περισσευη εν	επιγνωσει και παση αισθησει. εις το
1:26	ινα το καυχημα υμων περισσευη εν	χριστω ιησου εν εμοι δια της εμης παρουσιας
1:13	μου φανερους εν χριστω γενεσθαι εν	ολω τω πραιτωριω και τοις λοιποις πασιν. και
4:12	οιδα και ταπεινουσθαι. εν παντι εν	πασιν μεμυημαι και χορταζεσθαι και πειναν. και
4:16	λημψεως ει μη υμεις μονοι. οτι και εν	θεσσαλονικη και απαξ και δις εις την χρειαν
3:4	καιπερ εγω εχων πεποιθησιν και εν	σαρκι. ει τις δοκει αλλος πεποιθεναι εν σαρκι.
2:5	τουτο φρονειτε εν υμιν ο και εν	χριστω ιησου. ος εν μορφη θεου υπαρχων ουχ
1:7	υμας. εν τε τοις δεσμοις μου και εν	τη απολογια και βεβαιωσει του ευαγγελιου
1:18	αληθεια. χριστος καταγγελλεται. και εν	τουτω χαιρω. αλλα και χαρησομαι. οιδα γαρ οτι
3:4	σαρκι. ει τις δοκει αλλος πεποιθεναι εν	σαρκι, εγω μαλλον. περιτομη οκταημερος, εκ
1:28	του ευαγγελιου. και μη πτυρομενοι εν	μηδενι υπο των αντικειμενων, ητις εστιν αυτοις
3:3	θεου λατρευοντες και καυχωμενοι εν	χριστω ιησου και ουκ εν σαρκι πεποιθοτες.
1:20	την αποκαραδοκιαν και ελπιδα μου οτι εν	ουδενι αισχυνθησομαι. αλλ εν παση παρρησια ως
4:15	δε και υμεις, φιλιππησιοι. οτι εν	αρχη του ευαγγελιου, οτε εξηλθον απο
3:3	καυχωμενοι εν χριστω ιησου και ουκ εν	σαρκι πεποιθοτες. καιπερ εγω εχων πεποιθησιν
4:6	ο κυριος εγγυς. μηδεν μεριμνατε αλλ εν	παντι τη προσευχη και τη δεησει μετα
1:20	μου οτι εν ουδενι αισχυνθησομαι. αλλ εν	παση παρρησια ως παντοτε και νυν
1:22	το αποθανειν κερδος. ει δε το ζην εν	σαρκι, τουτο μοι καρπος εργου. και τι
3:6	την εκκλησιαν. κατα δικαιοσυνην την εν	νομω γενομενος αμεμπτος. (αλλα) ατινα ην μοι
4:2	συντυχην παρακαλω το αυτο φρονειν εν	κυριω. ναι ερωτω και σε. γνησιε συζυγε.
1:1	αγιοις εν χριστω ιησου τοις ουσιν εν	φιλιπποις συν επισκοποις και διακονοις. χαρις
4:11	καθ υστερησιν λεγω, εγω γαρ εμαθον εν	οις ειμι αυταρκης ειναι. οιδα και

4:21	αιωνων. αμην. ασπασασθε παντα αγιον εν	χριστω ιησου. ασπαζονται υμας οι συν εμοι
2:12	μου μονον αλλα νυν πολλω μαλλον εν	τη απουσια μου. μετα φοβου και τρομου την
2:29	αλυποτερος ω. προσδεχεσθε ουν αυτον εν	κυριω μετα πασης χαρας. και τους τοιουτους
2:13	θεος γαρ εστιν ο ενεργων εν	υμιν και το θελειν και το ενεργειν υπερ της
4:7	τας καρδιας υμων και τα νοηματα υμων εν	χριστω ιησου. το λοιπον, αδελφοι. οσα εστιν
1:14	και τους πλειονας των αδελφων εν	κυριω πεποιθοτας τοις δεσμοις μου περισσοτερως
2:2	αυτην αγαπην εχοντες, συμψυχοι. το εν	φρονουντες. μηδεν κατ εριθειαν μηδε κατα
1:8	μου ο θεος, ως επιποθω παντας υμας εν	σπλαγχνοις χριστου ιησου. και τουτο
4:3	συζυγε, συλλαμβανου αυταις. αιτινες εν	τω ευαγγελιω συνηθλησαν μοι μετα και κλημεντος
2:15	εν οις φαινεσθε ως φωστηρες εν	κοσμω, λογον ζωης επεχοντες, εις καυχημα εμοι
1:1	χριστου ιησου πασιν τοις αγιοις εν	χριστω ιησου τοις ουσιν εν φιλιπποις συν
2:1	εν εμοι. ει τις ουν παρακλησις εν	χριστω, ει τι παραμυθιον αγαπης. ει τις
2:6	εν υμιν ο και εν χριστω ιησου. ος	μορφη θεου υπαρχων ουχ αρπαγμον ηγησατο το
1:6	αυτο τουτο. οτι ο εναρξαμενος εν	υμιν εργον αγαθον επιτελεσει αχρι ημερας
1:20	και νυν μεγαλυνθησεται χριστος εν	τω σωματι μου. ειτε δια ζωης ειτε δια θανατου.
1:13	ωστε τους δεσμους μου φανερους εν	χριστω γενεσθαι εν ολω τω πραιτωριω και τοις
2:12	μου, καθως παντοτε υπηκουσατε. μη ως εν	τη παρουσια μου μονον αλλα νυν πολλω μαλλον εν
3:14	το βραβειον της ανω κλησεως του θεου εν	χριστω ιησου. οσοι ουν τελειοι. τουτο
1:26	υμων περισσευη εν χριστω ιησου εν	εμοι δια της εμης παρουσιας παλιν προς υμας.
4:19	χρειαν υμων κατα το πλουτος αυτου εν	δοξη εν χριστω ιησου. τω δε θεω και πατρι
3:9	ινα χριστον κερδησω και ευρεθω εν	αυτω. μη εχων εμην δικαιοσυνην την εκ νομου
4:13	και υστερεισθαι. παντα ισχυω εν	τω ενδυναμουντι με. πλην καλως εποιησατε
3:13	εμαυτον ου λογιζομαι κατειληφεναι. εν	δε, τα μεν οπισω επιλανθανομενος τοις δε
4:12	ταπεινουσθαι. οιδα και περισσευειν. εν	παντι και εν πασιν μεμυημαι και χορταζεσθαι
2:7	εαυτον εκενωσεν μορφην δουλου λαβων, εν	ομοιωματι ανθρωπων γενομενος. και σχηματι
1:7	δια το εχειν με εν τη καρδια υμας, εν	τε τοις δεσμοις μου και εν τη απολογια και
2:15	γενεας σκολιας και διεστραμμενης. εν	οις φαινεσθε ως φωστηρες εν κοσμω, λογον ζωης

		2 μηδεν	
4:6	πασιν ανθρωποις. ο κυριος εγγυς.	μηδεν	μεριμνατε αλλ εν παντι τη προσευχη και τη
2:3	συμψυχοι. το εν φρονουντες,	μηδεν	κατ εριθειαν μηδε κατα κενοδοξιαν. αλλα τη

		1 εμπροσθεν	
3:13	οπισω επιλανθανομενος τοις δε εμπροσθεν	επεκτεινομενος,	κατα σκοπον διωκω εις το

		1 εληλυθεν	
1:12	εις προκοπην του ευαγγελιου εληλυθεν	ωστε τους δεσμους μου φανερους εν χριστω

		5 μεν	
3:13	λογιζομαι κατειληφεναι. εν δε, τα μεν	οπισω επιλανθανομενος τοις δε εμπροσθεν
1:16	τον χριστον κηρυσσουσιν. οι μεν	εξ αγαπης. ειδοτες οτι εις απολογιαν του
3:1	εν κυριω. τα αυτα γραφειν υμιν εμοι μεν	ουκ οκνηρον. υμιν δε ασφαλες. βλεπετε τους
2:23	εις το ευαγγελιον. τουτον μεν	ουν ελπιζω πεμψαι ως αν αφιδω τα περι εμε
1:15	αφοβως τον λογον λαλειν. τινες μεν	και δια φθονον και εριν. τινες δε και δι

		1 εφθασαμεν	
3:16	υμιν αποκαλυψει. πλην εις ο εφθασαμεν	τω αυτω στοιχειν. συμμιμηται μου γινεσθε.

		1 εσμεν	
3:3	βλεπετε την κατατομην. ημεις γαρ εσμεν	η περιτομη, οι πνευματι θεου λατρευοντες και

		1 φρονωμεν	
3:15	οσοι ουν τελειοι. τουτο φρονωμεν	και ει τι ετερως φρονειτε. και τουτο ο θεος

		1 ηλεησεν	
2:27	παραπλησιον θανατω. αλλα ο θεος ηλεησεν	αυτον. ουκ αυτον δε μονον αλλα και εμε, ινα μη

		2 ησθενησεν	
2:26	αδημονων διοτι ηκουσατε οτι ησθενησεν	και γαρ ησθενησεν παραπλησιον θανατω. αλλα ο
2:27	οτι ησθενησεν. και γαρ ησθενησεν	παραπλησιον θανατω. αλλα ο θεος ηλεησεν αυτον.

		1 εκοινωνησεν	
4:15	ουδεμια μοι εκκλησια εκοινωνησεν	εις λογον δοσεως και λημψεως ει μη υμεις

		1 ηγγισεν	
2:30	το εργον χριστου μεχρι θανατου ηγγισεν	παραβολευσαμενος τη ψυχη. ινα αναπληρωση το

		1 εδουλευσεν	
2:22	οτι ως πατρι τεκνον συν εμοι εδουλευσεν	εις το ευαγγελιον. τουτον μεν ουν ελπιζω

		1 εκενωσεν	
2:7	το ειναι ισα θεω. αλλα εαυτον εκενωσεν	μορφην δουλου λαβων, εν ομοιωματι ανθρωπων

		1	εταπεινωσεν			
2:8	ευρεθεις ως ανθρωπος	εταπεινωσεν	εαυτον γενομενος υπηκοος μεχρι θανατου.			

		1	υπερυψωσεν			
2:9	διο και ο θεος αυτον	υπερυψωσεν	και εχαρισατο αυτω το ονομα το υπερ παν ονομα.			

		2	ην			
3:7	γενομενος αμεμπτος. (αλλα) ατινα	ην	μοι κερδη, ταυτα ηγημαι δια τον χριστον			
2:26	πεμψαι προς υμας. επειδη επιποθων	ην	παντας υμας, και αδημονων διοτι ηκουσατε οτι			

		2	ζην			
1:22	και το αποθανειν κερδος. ει δε το	ζην	εν σαρκι, τουτο μοι καρπος εργου. και τι			
1:21	ζωης ειτε δια θανατου. εμοι γαρ το	ζην	χριστος και το αποθανειν κερδος. ει δε το ζην			

		1	κατελημφθην			
3:12	ει και καταλαβω, εφ ω και	κατελημφθην	υπο χριστου (ιησου). αδελφοι, εγω εμαυτον ου			

		1	εζημιωθην			
3:8	κυριου μου, δι ον τα παντα	εζημιωθην	και ηγουμαι σκυβαλα ινα χριστον κερδησω και			

		3	πλην			
4:14	ισχυω εν τω ενδυναμουντι με.	πλην	καλως εποιησατε συγκοινωνησαντες μου τη			
3:16	και τουτο ο θεος υμιν αποκαλυψει.	πλην	εις ο εφθασαμεν, τω αυτω στοιχειν. συμμιμηται			
1:18	τοις δεσμοις μου. τι γαρ;	πλην	οτι παντι τροπω, ειτε προφασει ειτε αληθεια,			

		1	αμην			
4:20	η δοξα εις τους αιωνας των αιωνων.	αμην	ασπασασθε παντα αγιον εν χριστω ιησου.			

		1	ηγησαμην			
2:25	ελευσομαι. αναγκαιον δε	ηγησαμην	επαφροδιτον τον αδελφον και συνεργον και			

		1	εμην			
3:9	και ευρεθω εν αυτω, μη εχων	εμην	δικαιοσυνην την εκ νομου αλλα την δια πιστεως			

		1	δοκιμην			
2:22	ου τα ιησου χριστου. την δε	δοκιμην	αυτου γινωσκετε, οτι ως πατρι τεκνον συν εμοι			

		1	κατατομην			
3:2	κακους εργατας, βλεπετε την	κατατομην	ημεις γαρ εσμεν η περιτομη, οι πνευματι θεου			

		1	οσμην			
4:18	παρα επαφροδιτου τα παρ υμων,	οσμην	ευωδιας, θυσιαν δεκτην, ευαρεστον τω θεω. ο			

		3	δικαιοσυνην			
3:6	διωκων την εκκλησιαν, κατα	δικαιοσυνην	την εν νομω γενομενος αμεμπτος. (αλλα) ατινα			
3:9	εν αυτω, μη εχων εμην	δικαιοσυνην	την εκ νομου αλλα την δια πιστεως χριστου. την			
3:9	χριστου. την εκ θεου	δικαιοσυνην	επι τη πιστει. του γνωναι αυτον και την			

		1	αγαπην			
2:2	ινα το αυτο φρονητε, την αυτην	αγαπην	εχοντες, συμψυχοι, το εν φρονουντες, μηδεν			

		2	προκοπην			
1:25	πασιν υμιν εις την υμων	προκοπην	και χαραν της πιστεως, ινα το καυχημα υμων			
1:12	οτι τα κατ εμε μαλλον εις	προκοπην	του ευαγγελιου εληλυθεν, ωστε τους δεσμους			

		2	λυπην			
2:27	δε μονον αλλα και εμε, ινα μη	λυπην	επι λυπην σχω. σπουδαιοτερως ουν επεμψα αυτον			
2:27	αλλα και εμε, ινα μη λυπην επι	λυπην	σχω. σπουδαιοτερως ουν επεμψα αυτον ινα			

		1	εχαρην			
4:10	της ειρηνης εσται μεθ υμων.	εχαρην	δε εν κυριω μεγαλως οτι ηδη ποτε ανεθαλετε το			

		19	την			
2:22	ζητουσιν, ου τα ιησου χριστου.	την	δε δοκιμην αυτου γινωσκετε, οτι ως πατρι			
3:9	εμην δικαιοσυνην την εκ νομου αλλα	την	δια πιστεως χριστου, την εκ θεου δικαιοσυνην			
1:20	του πνευματος ιησου χριστου, κατα	την	αποκαραδοκιαν και ελπιδα μου οτι εν ουδενι			
3:21	τω σωματι της δοξης αυτου κατα	την	ενεργειαν του δυνασθαι αυτον και υποταξαι αυτω			
3:2	τους κακους εργατας, βλεπετε	την	κατατομην. ημεις γαρ εσμεν η περιτομη, οι			
3:10	τη πιστει. του γνωναι αυτον και	την	δυναμιν της αναστασεως αυτου και κοινωνιαν			
3:6	την εκκλησιαν, κατα δικαιοσυνην	την	εν νομω γενομενος αμεμπτος. (αλλα) ατινα ην			
3:9	εν αυτω, μη εχων εμην δικαιοσυνην	την	εκ νομου αλλα την δια πιστεως χριστου. την εκ			
3:11	πως καταντησω εις την εξαναστασιν	την	εκ νεκρων. ουχ οτι ηδη ελαβον η ηδη			

3:6	νομον φαρισαιος. κατα ζηλος διωκων την εκκλησιαν. κατα δικαιοσυνην την εν νομω
1:4	μου υπερ παντων υμων μετα χαρας την δεησιν τοιουμενος. επι τη κοινωνια υμων εις
1:25	μενω και παραμενω πασιν υμιν εις την υμων προκοπην και χαραν της πιστεως. ινα το
4:16	εν θεσσαλονικη και απαξ και δις εις την χρειαν μοι επεμψατε. ουχ οτι επιζητω το δομα
3:11	θανατω αυτου. ει πως καταντησω εις την εξαναστασιν την εκ νεκρων. ουχ οτι ηδη ελαβον
2:2	και οικτιρμοι. πληρωσατε μου την χαραν ινα το αυτο φρονητε. την αυτην αγαπην
2:12	απουσια μου. μετα φοβου και τρομου την εαυτων σωτηριαν κατεργαζεσθε. θεος γαρ εστιν
2:2	μου την χαραν ινα το αυτο φρονητε. την αυτην αγαπην εχοντες. συμψυχοι. το εν
1:23	γνωριζω. συνεχομαι δε εκ των δυο. την επιθυμιαν εχων εις το αναλυσαι και συν χριστω
3:9	νομου αλλα την δια πιστεως χριστου. την εκ θεου δικαιοσυνην επι τη πιστει. του γνωναι

1 δεκτην
4:18 παρ υμων. οσμην ευωδιας. θυσιαν δεκτην ευαρεστον τω θεω. ο δε θεος μου πληρωσει

1 αυτην
2:2 χαραν ινα το αυτο φρονητε. την αυτην αγαπην εχοντες. συμψυχοι. το εν φρονουντες.

1 συνστρατιωτην
2:25 αδελφον και συνεργον και συνστρατιωτην μου. υμων δε αποστολον και λειτουργον της

1 μορφην
2:7 ισα θεω. αλλα εαυτον εκενωσεν μορφην δουλου λαβων. εν ομοιωματι ανθρωπων γενομενος.

1 συντυχην
4:2 ευοδιαν παρακαλω και συντυχην παρακαλω το αυτο φρονειν εν κυριω. ναι ερωτω

1 ενεργειν
2:13 εν υμιν και το θελειν και το ενεργειν υπερ της ευδοκιας. παντα ποιειτε χωρις

1 δοκιμαζειν
1:10 και παση αισθησει. εις το δοκιμαζειν υμας τα διαφεροντα. ινα ητε ειλικρινεις και

1 γινωσκειν
1:12 εις δοξαν και επαινον θεου. γινωσκειν δε υμας βουλομαι. αδελφοι. οτι τα κατ εμε

1 λαλειν
1:14 τολμαν αφοβως τον λογον λαλειν τινες μεν και δια φθονον και εριν. τινες δε

1 θελειν
2:13 εστιν ο ενεργων εν υμιν και το θελειν και το ενεργειν υπερ της ευδοκιας. παντα

1 βενιαμειν
3:5 εκ γενους ισραηλ. φυλης βενιαμειν εβραιος εξ εβραιων. κατα νομον φαρισαιος.

1 αποθανειν
1:21 γαρ το ζην χριστος και το αποθανειν κερδος. ει δε το ζην εν σαρκι. τουτο μοι

1 επιμενειν
1:24 (γαρ) μαλλον κρεισσον. το δε επιμενειν (εν) τη σαρκι αναγκαιοτερον δι υμας. και

3 φρονειν
4:2 και συντυχην παρακαλω το αυτο φρονειν εν κυριω. ναι ερωτω και σε. γνησιε συζυγε.
1:7 καθως εστιν δικαιον εμοι τουτο φρονειν υπερ παντων υμων. δια το εχειν με εν τη καρδια
4:10 ηδη ποτε ανεθαλετε το υπερ εμου φρονειν εφ ω και εφρονειτε ηκαιρεισθε δε. ουχ οτι

1 εγειρειν
1:17 ουχ αγνως. οιομενοι θλιψιν εγειρειν τοις δεσμοις μου. τι γαρ; πλην οτι παντι

2 περισσευειν
4:12 και ταπεινουσθαι. οιδα και περισσευειν εν παντι και εν πασιν μεμυημαι και
4:12 χορταζεσθαι και πειναν. και περισσευειν και υστερεισθαι. παντα ισχυω εν τω

1 πιστευειν
1:29 ου μονον το εις αυτον πιστευειν αλλα και το υπερ αυτου πασχειν. τον αυτον

1 γραφειν
3:1 μου. χαιρετε εν κυριω. τα αυτα γραφειν υμιν εμοι μεν ουκ οκνηρον. υμιν δε ασφαλες.

1 εχειν
1:7 φρονειν υπερ παντων υμων. δια το εχειν με εν τη καρδια υμας. εν τε τοις δεσμοις μου

1 στοιχειν
3:16 πλην εις ο εφθασαμεν, τω αυτω στοιχειν συμμιμηται μου γινεσθε, αδελφοι, και

1 πασχειν
1:29 αλλα και το υπερ αυτου πασχειν τον αυτον αγωνα εχοντες οιον ειδετε εν εμοι

3 παλιν
2:28 επεμψα αυτον ινα ιδοντες αυτον παλιν χαρητε καγω αλυποτερος ω. προσδεχεσθε ουν
1:26 εν εμοι δια της εμης παρουσιας παλιν προς υμας. μονον αξιως του ευαγγελιου του
4:4 ζωης. χαιρετε εν κυριω παντοτε· παλιν ερω, χαιρετε. το επιεικες υμων γνωσθητω πασιν

1 δυναμιν
3:10 του γνωναι αυτον και την δυναμιν της αναστασεως αυτου και κοινωνιαν παθηματων

12 υμιν
2:19 κυριω ιησου τιμοθεον ταχεως πεμψαι υμιν ινα καγω ευψυχω γνους τα περι υμων. ουδενα
1:29 σωτηριας, και τουτο απο θεου. οτι υμιν εχαρισθη το υπερ χριστου, ου μονον το εις
2:5 ετερων εκαστοι. τουτο φρονειτε εν υμιν ο και εν χριστω ιησου, ος εν μορφη θεου
2:13 θεος γαρ εστιν ο ενεργων εν υμιν και το θελειν και το ενεργειν υπερ της
1:6 αυτο τουτο, οτι ο εναρξαμενος εν υμιν εργον αγαθον επιτελεσει αχρι ημερας χριστου
3:1 χαιρετε εν κυριω· τα αυτα γραφειν υμιν εμοι μεν ουκ οκνηρον, υμιν δε ασφαλες· βλεπετε
1:25 οιδα οτι μενω και παραμενω πασιν υμιν εις την υμων προκοπην και χαραν της πιστεως,
2:17 υμων, χαιρω και συγχαιρω πασιν υμιν το δε αυτο και υμεις χαιρετε και συγχαιρετε
3:18 περιπατουσιν ους πολλακις ελεγον υμιν νυν δε και κλαιων λεγω, τους εχθρους του
1:2 επισκοποις και διακονοις. χαρις υμιν και ειρηνη απο θεου πατρος ημων και κυριου
3:15 ετερως φρονειτε, και τουτο ο θεος υμιν αποκαλυψει. πλην εις ο εφθασαμεν, τω αυτω
3:1 γραφειν υμιν εμοι μεν ουκ οκνηρον, υμιν δε ασφαλες· βλεπετε τους κυνας, βλεπετε τους

1 εριν
1:15 τινες μεν και δια φθονον και εριν τινες δε και δι ευδοκιαν τον χριστον

6 πασιν
4:12 και περισσευειν· εν παντι και εν πασιν μεμυημαι και χορταζεσθαι και πειναν, και
1:13 ολω τω πραιτωριω και τοις λοιποις πασιν και τους πλειονας των αδελφων εν κυριω
1:1 και τιμοθεος δουλοι χριστου ιησου πασιν τοις αγιοις εν χριστω ιησου τοις ουσιν εν
1:25 οιδα οτι μενω και παραμενω πασιν υμιν εις την υμων προκοπην και χαραν της
2:17 πιστεως υμων, χαιρω και συγχαιρω πασιν υμιν. το δε αυτο και υμεις χαιρετε και
4:5 το επιεικες υμων γνωσθητω πασιν ανθρωποις· ο κυριος εγγυς. μηδεν μεριμνατε

1 εξαναστασιν
3:11 ει πως καταντησω εις την εξαναστασιν την εκ νεκρων. ουχ οτι ηδη ελαβον η ηδη

1 δεησιν
1:4 υπερ παντων υμων μετα χαρας την δεησιν ποιουμενος, επι τη κοινωνια υμων εις το

1 πεποιθησιν
3:4 πεποιθοτες, καιπερ εγω εχων πεποιθησιν και εν σαρκι. ει τις δοκει αλλος πεποιθεναι εν

1 υστερησιν
4:11 ηκαιρεισθε δε. ουχ οτι καθ υστερησιν λεγω, εγω γαρ εμαθον εν οις ειμι αυταρκης

1 ουσιν
1:1 τοις αγιοις εν χριστω ιησου τοις ουσιν εν φιλιπποις συν επισκοποις και διακονοις·

1 καταγγελλουσιν
1:17 εξ εριθειας τον χριστον καταγγελλουσιν ουχ αγνως, οιομενοι θλιψιν εγειρειν τοις

1 κηρυσσουσιν
1:15 και δι ευδοκιαν τον χριστον κηρυσσουσιν οι μεν εξ αγαπης, ειδοτες οτι εις απολογιαν

1 περιπατουσιν
3:18 τυπον ημας. πολλοι γαρ περιπατουσιν ους πολλακις ελεγον υμιν, νυν δε και κλαιων

1 ζητουσιν
2:21 οι παντες γαρ τα εαυτων ζητουσιν ου τα ιησου χριστου. την δε δοκιμην αυτου

4 εστιν
4:8 ιησου. το λοιπον, αδελφοι, οσα εστιν αληθη, οσα σεμνα, οσα δικαια, οσα αγνα, οσα
2:13 σωτηριαν κατεργαζεσθε. θεος γαρ εστιν ο ενεργων εν υμιν και το θελειν και το
1:28 μηδενι υπο των αντικειμενων, ητις εστιν αυτοις ενδειξις απωλειας, υμων δε σωτηριας,
1:7 αχρι ημερας χριστου ιησου. καθως εστιν δικαιον εμοι τουτο φρονειν υπερ παντων υμων,

1 θλιψιν
1:17 ουχ αγνως, οιομενοι θλιψιν εγειρειν τοις δεσμοις μου. τι γαρ; πλην οτι

1 ον
3:8 χριστου ιησου του κυριου μου. δι ον τα παντα εζημιωθην. και ηγουμαι σκυβαλα ινα

1 ελαβον
3:12 την εκ νεκρων. ουχ οτι ηδη ελαβον η ηδη τετελειωμαι. διωκω δε ει και καταλαβω.

1 ελεγον
3:18 γαρ περιπατουσιν ους πολλακις ελεγον υμιν, νυν δε και κλαιων λεγω. τους εχθρους του

4 λογον
2:16 φαινεσθε ως φωστηρες εν κοσμω. λογον ζαης επεχοντες, εις καυχημα εμοι εις ημεραν
1:14 περισσοτερως τολμαν αφοβως τον λογον λαλειν. τινες μεν και δια φθονον και εριν,
4:17 τον καρπον τον πλεοναζοντα εις λογον υμων. απεχω δε παντα και περισσευω.
4:15 μοι εκκλησια εκοινωνησεν εις λογον δοσεως και λημψεως ει μη υμεις μονοι. οτι και

2 εργον
1:6 τουτο. οτι ο εναρξαμενος εν υμιν εργον αγαθον επιτελεσει αχρι ημερας χριστου ιησου.
2:30 εντιμους εχετε, οτι δια το εργον χριστου μεχρι θανατου ηγγισεν παραβολευσαμενος

1 συνεργον
2:25 επαφροδιτον τον αδελφον και συνεργον και συνστρατιωτην μου. υμων δε αποστολον και

1 λειτουργον
2:25 μου. υμων δε αποστολον και λειτουργον της χρειας μου. πεμψαι προς υμας. επειδη

1 θεον
4:6 αιτηματα υμων γνωριζεσθω προς τον θεον και η ειρηνη του θεου η υπερεχουσα παντα

1 τιμοθεον
2:19 μοι. ελπιζω δε εν κυριω ιησου τιμοθεον ταχεως πεμψαι υμιν. ινα καγω ευψυχω γνους τα

1 αγαθον
1:6 οτι ο εναρξαμενος εν υμιν εργον αγαθον επιτελεσει αχρι ημερας χριστου ιησου. καθως

1 εμαθον
4:11 οτι καθ υστερησιν λεγω. εγω γαρ εμαθον εν οις ειμι αυταρκης ειναι. οιδα και

1 εξηλθον
4:15 οτι εν αρχη του ευαγγελιου, οτε εξηλθον απο μακεδονιας, ουδεμια μοι εκκλησια

1 αναγκαιον
2:25 και αυτος ταχεως ελευσομαι. αναγκαιον δε ηγησαμην επαφροδιτον τον αδελφον και

1 δικαιον
1:7 χριστου ιησου. καθως εστιν δικαιον εμοι τουτο φρονειν υπερ παντων υμων, δια το

1 αγιον
4:21 αιωνων. αμην. ασπασασθε παντα αγιον εν χριστω ιησου. ασπαζονται υμας οι συν εμοι

1 βραβειον
3:14 κατα σκοπον διωκω εις το βραβειον της ανω κλησεως του θεου εν χριστω ιησου.

1 παραμυθιον
2:1 παρακλησις εν χριστω, ει τι παραμυθιον αγαπης. ει τις κοινωνια πνευματος. ει τις

2 ευαγγελιον
2:22 συν εμοι εδουλευσεν εις το ευαγγελιον τουτον μεν ουν ελπιζω πεμψαι ως αν αφιδω τα
1:5 επι τη κοινωνια υμων εις το ευαγγελιον απο της πρωτης ημερας αχρι του νυν. πεποιθως

1 οιον
1:30 πασχειν. τον αυτον αγωνα εχοντες οιον ειδετε εν εμοι και νυν ακουετε εν εμοι. ει

1 κυριον
3:20 εξ ου και σωτηρα απεκδεχομεθα κυριον ιησουν χριστον. ος μετασχηματισει το σωμα της

1 παραπλησιον
2:27 και γαρ ησθενησεν παραπλησιον θανατω. αλλα ο θεος ηλεησεν αυτον. ουκ αυτον

```
                                           6  μαλλον
1:12            αδελφοι. οτι τα κατ εμε  μαλλον  εις προκοπην του ευαγγελιου εληλυθεν.   ωστε
1:9       ινα η αγαπη υμων ετι  μαλλον και   μαλλον  περισσευη εν επιγνωσει και παση αισθησει.  εις
1:9            ινα η αγαπη υμων ετι  μαλλον  και  μαλλον περισσευη εν επιγνωσει και παση
3:4       αλλος πεποιθεναι εν σαρκι. εγω  μαλλον  περιτομη οκταημερος. εκ γενους ισραηλ. φυλης
2:12        μου μονον αλλα νυν πολλω  μαλλον  εν τη απουσια μου. μετα φοβου και τρομου την
1:23        συν χριστω ειναι. πολλω (γαρ)  μαλλον  κρεισσον.   το δε επιμενειν (εν) τη σαρκι

                                           1  αποστολον
2:25        συνστρατιωτην μου. υμων δε αποστολον  και λειτουργον της χρειας μου. πεμψαι προς

                                           1  εδραμον
2:16            χριστου. οτι ουκ εις κενον εδραμον  ουδε εις κενον εκοπιασα.   αλλα ει και

                                           1  αρπαγμον
2:6       ος εν μορφη θεου υπαρχων ουχ αρπαγμον  ηγησατο το ειναι ισα θεω.   αλλα εαυτον

                                           1  νομον
3:5           εβραιος εξ εβραιων. κατα νομον  φαρισαιος,  κατα ζηλος διωκων την εκκλησιαν.

                                           2  κενον
2:16        ουκ εις κενον εδραμον ουδε εις κενον  εκοπιασα.  αλλα ει και σπενδομαι επι τη θυσια
2:16        εις ημεραν χριστου. οτι ουκ εις κενον  εδραμον ουδε εις κενον εκοπιασα.   αλλα ει και

                                           1  επαινον
1:11      δια ιησου χριστου εις δοξαν και επαινον  θεου.  γινωσκειν δε υμας βουλομαι, αδελφοι.

                                           1  τεκνον
2:22        αυτου γινωσκετε. οτι ως πατρι τεκνον  συν εμοι εδουλευσεν εις το ευαγγελιον.   τουτον

                                           1  φθονον
1:15      λογον λαλειν.   τινες μεν και δια φθονον  και εριν. τινες δε και δι ευδοκιαν τον χριστον

                                           4  μονον
1:27      εμης παρουσιας παλιν προς υμας.   μονον  αξιως του ευαγγελιου του χριστου πολιτευεσθε.
2:27      θεος ηλεησεν αυτον. ουκ αυτον δε μονον  αλλα και εμε. ινα μη λυπην επι λυπην σχω.
1:29      υμιν εχαρισθη το υπερ χριστου. ου μονον  το εις αυτον πιστευειν αλλα και το υπερ αυτου
2:12        μη ως εν τη παρουσια μου μονον  αλλα νυν πολλω μαλλον εν τη απουσια μου. μετα

                                           2  λοιπον
3:1       της προς με λειτουργιας.   το λοιπον  αδελφοι μου. χαιρετε εν κυριω. τα αυτα
4:8         υμων εν χριστω ιησου.   το λοιπον  αδελφοι. οσα εστιν αληθη, οσα σεμνα, οσα

                                           1  σκοπον
3:14      εμπροσθεν επεκτεινομενος.  κατα σκοπον  διωκω εις το βραβειον της ανω κλησεως του θεου

                                           2  καρπον
1:11        ημεραν χριστου.  πεπληρωμενοι καρπον  δικαιοσυνης τον δια ιησου χριστου εις δοξαν
4:17        το δομα. αλλα επιζητω τον καρπον  τον πλεοναζοντα εις λογον υμων.   απεχω δε

                                           1  τυπον
3:17        ουτω περιπατουντας καθως εχετε τυπον  ημας.  πολλοι γαρ περιπατουσιν ους πολλακις

                                           1  αναγκαιοτερον
1:24      επιμενειν (εν) τη σαρκι αναγκαιοτερον  δι υμας.  και τουτο πεποιθως οιδα οτι μενω και

                                           1  οκνηρον
3:1       αυτα γραφειν υμιν εμοι μεν ουκ οκνηρον  υμιν δε ασφαλες. βλεπετε τους κυνας.  βλεπετε

                                           1  μεσον
2:15      και ακεραιοι. τεκνα θεου αμωμα μεσον  γενεας σκολιας και διεστραμμενης. εν οις

                                           1  κρεισσον
1:23      ειναι. πολλω (γαρ) μαλλον κρεισσον  το δε επιμενειν (εν) τη σαρκι αναγκαιοτερον

                                           10  τον
1:30      αλλα και το υπερ αυτου πασχειν.   τον  αυτον αγωνα εχοντες οιον ειδετε εν εμοι και
3:7         ην μοι κερδη. ταυτα ηγημαι δια τον  χριστον ζημιαν.  αλλα μενουνγε και ηγουμαι
1:15      και εριν. τινες δε και δι ευδοκιαν τον  χριστον κηρυσσουσιν.  οι μεν εξ αγαπης.
4:17      το δομα, αλλα επιζητω τον καρπον τον  πλεοναζοντα εις λογον υμων.   απεχω δε παντα
2:25      αναγκαιον δε ηγησαμην επαφροδιτον τον  αδελφον και συνεργον και συνστρατιωτην μου.
1:17        κειμαι.  οι δε εξ εριθειας τον  χριστον καταγγελλουσιν. ουχ αγνως. οιομενοι
```

1:11	πεπληρωμενοι καρπον δικαιοσυνης τον	δια ιησου χριστου εις δοξαν και επαινον θεου.
4:6	τα αιτηματα υμων γνωριζεσθω προς τον	θεον. και η ειρηνη του θεου η υπερεχουσα
1:14	μου περισσοτερως τολμαν αφοβως τον	λογον λαλειν. τινες μεν και δια φθονον και
4:17	οτι επιζητω το δομα. αλλα επιζητω τον	καρπον τον πλεοναζοντα εις λογον υμων. απεχω

1 επαφροδιτον

2:25	αναγκαιον δε ηγησαμην επαφροδιτον	τον αδελφον και συνεργον και συνστρατιωτην

1 ευαρεστον

4:18	οσμην ευωδιας, θυσιαν δεκτην, ευαρεστον	τω θεω. ο δε θεος μου πληρωσει πασαν χρειαν

5 χριστον

3:8	και ηγουμαι σκυβαλα ινα χριστον	κερδησω και ευρεθω εν αυτω, μη εχων εμην
3:7	μοι κερδη. ταυτα ηγημαι δια τον χριστον	ζημιαν. αλλα μενουνγε και ηγουμαι παντα
1:15	τινες δε και δι ευδοκιαν τον χριστον	κηρυσσουσιν. οι μεν εξ αγαπης, ειδοτες οτι
1:17	κειμαι, οι δε εξ εριθειας τον χριστον	καταγγελλουσιν, ουχ αγνως, οιομενοι θλιψιν
3:20	απεκδεχομεθα κυριον ιησουν χριστον	ος μετασχηματισει το σωμα της ταπεινωσεως

10 αυτον

2:28	σχω. σπουδαιοτερως ουν επεμψα αυτον	ινα ιδοντες αυτον παλιν χαρητε καγω αλυποτερος
3:21	κατα την ενεργειαν του δυνασθαι αυτον	και υποταξαι αυτω τα παντα. ωστε, αδελφοι
3:10	επι τη πιστει. του γνωναι αυτον	και την δυναμιν της αναστασεως αυτου και
2:27	αλλα ο θεος ηλεησεν αυτον, ουκ αυτον	δε μονον αλλα και εμε, ινα μη λυπην επι λυπην
2:27	θανατω. αλλα ο θεος ηλεησεν αυτον	ουκ αυτον δε μονον αλλα και εμε, ινα μη λυπην
1:30	και το υπερ αυτου πασχειν. τον αυτον	αγωνα εχοντες οιον ειδετε εν εμοι και νυν
2:29	αλυποτερος ω. προσδεχεσθε ουν αυτον	εν κυριω μετα πασης χαρας. και τους τοιουτους
2:28	ουν επεμψα αυτον ινα ιδοντες αυτον	παλιν χαρητε καγω αλυποτερος ω. προσδεχεσθε
1:29	το υπερ χριστου, ου μονον το εις αυτον	πιστευειν αλλα και το υπερ αυτου πασχειν. τον
2:9	δε σταυρου. διο και ο θεος αυτον	υπερυψωσεν και εχαρισατο αυτω το ονομα το υπερ

2 εαυτον

2:7	ηγησατο το ειναι ισα θεω, αλλα εαυτον	εκενωσεν μορφην δουλου λαβων, εν ομοιωματι
2:8	ως ανθρωπος εταπεινωσεν εαυτον	γενομενος υπηκοος μεχρι θανατου. θανατου δε

1 εμαυτον

3:13	χριστου (ιησου). αδελφοι, εγω εμαυτον	ου λογιζομαι κατειληφεναι. εν δε, τα μεν οπισω

1 τουτον

2:23	εδουλευσεν εις το ευαγγελιον. τουτον	μεν ουν ελπιζω πεμψαι ως αν αφιδω τα περι εμε

1 αδελφον

2:25	δε ηγησαμην επαφροδιτον τον αδελφον	και συνεργον και συνστρατιωτην μου, υμων δε

1 συμμορφον

3:21	το σωμα της ταπεινωσεως ημων συμμορφον	τω σωματι της δοξης αυτου κατα την ενεργειαν

1 υπερεχον

3:8	παντα ζημιαν ειναι δια το υπερεχον	της γνωσεως χριστου ιησου του κυριου μου, δι

1 ισοψυχον

2:20	τα περι υμων. ουδενα γαρ εχω ισοψυχον	οστις γνησιως τα περι υμων μεριμνησει. οι

5 νυν

2:12	μη ως εν τη παρουσια μου μονον αλλα νυν	πολλω μαλλον εν τη απουσια μου. μετα φοβου και
1:20	αλλ εν παση παρρησια ως παντοτε και νυν	μεγαλυνθησεται χριστος εν τω σωματι μου, ειτε
1:30	εχοντες οιον ειδετε εν εμοι και νυν	ακουετε εν εμοι. ει τις ουν παρακλησις εν
1:5	απο της πρωτης ημερας αχρι του νυν	πεποιθως αυτο τουτο, οτι ο εναρξαμενος εν
3:18	ους πολλακις ελεγον υμιν, νυν	δε και κλαιων λεγω, τους εχθρους του σταυρου

5 ουν

2:29	καγω αλυποτερος ω. προσδεχεσθε ουν	αυτον εν κυριω μετα πασης χαρας. και τους
3:15	του θεου εν χριστω ιησου. οσοι ουν	τελειοι, τουτο φρονωμεν. και ει τι ετερως
2:23	εις το ευαγγελιον. τουτον μεν ουν	ελπιζω πεμψαι ως αν αφιδω τα περι εμε εξαυτης.
2:1	και νυν ακουετε εν εμοι. ει τις ουν	παρακλησις εν χριστω, ει τι παραμυθιον αγαπης,
2:28	λυπην επι λυπην σχω. σπουδαιοτερως ουν	επεμψα αυτον ινα ιδοντες αυτον παλιν χαρητε

1 νουν

4:7	ειρηνη του θεου η υπερεχουσα παντα νουν	φρουρησει τας καρδιας υμων και τα νοηματα υμων

1 ιησουν

3:20	και σωτηρα απεκδεχομεθα κυριον ιησουν	χριστον, ος μετασχηματισει το σωμα της

```
                                          4  συν
1:23   επιθυμιαν εχων εις το αναλυσαι και  συν  χριστω ειναι. πολλω (γαρ) μαλλον κρεισσον.      το
4:21   εν χριστω ιησου. ασπαζονται υμας οι  συν  εμοι αδελφοι.    ασπαζονται υμας παντες οι
2:22        γινωσκετε, οτι ως πατρι τεκνον  συν  εμοι εδουλευσεν εις το ευαγγελιον.    τουτον μεν
1:1           ιησου τοις ουσιν εν φιλιπποις  συν  επισκοποις και διακονοις.    χαρις υμιν και

                                          3  ων
3:19        εχθρους του σταυρου του χριστου,  ων  το τελος απωλεια. ων ο θεος η κοιλια και η
3:19        του χριστου, ων το τελος απωλεια. ων  ο θεος η κοιλια και η δοξα εν τη αισχυνη
4:3           και των λοιπων συνεργων μου, ων  τα ονοματα εν βιβλω ζωης.    χαιρετε εν κυριω

                                          1  λαβων
2:7     εαυτον εκενωσεν μορφην δουλου λαβων  εν ομοιωματι ανθρωπων γενομενος. και σχηματι

                                          1  ενεργων
2:13   κατεργαζεσθε.  θεος γαρ εστιν ο ενεργων  εν υμιν και το θελειν και το ενεργειν υπερ της

                                          1  συνεργων
4:3     και κλημεντος και των λοιπων συνεργων  μου, ων τα ονοματα εν βιβλω ζωης.    χαιρετε εν

                                          1  ιδων
1:27       πολιτευεσθε. ινα ειτε ελθων και ιδων  υμας ειτε απων ακουω τα περι υμων. οτι στηκετε

                                          1  ελθων
1:27   του χριστου πολιτευεσθε. ινα ειτε ελθων  και ιδων υμας ειτε απων ακουω τα περι υμων.

                                          1  επιποθων
2:26    μου. πεμψαι προς υμας.   επειδη επιποθων  ην παντας υμας. και αδημονων διοτι ηκουσατε

                                          1  κλαιων
3:18    πολλακις ελεγον υμιν, νυν δε και κλαιων  λεγω. τους εχθρους του σταυρου του χριστου.

                                          1  εβραιων
3:5     φυλης βενιαμειν, εβραιος εξ εβραιων  κατα νομον φαρισαιος.    κατα ζηλος διωκων την

                                          1  επιγειων
2:10   παν γονυ καμψη επουρανιων και επιγειων  και καταχθονιων.    και πασα γλωσσα

                                          1  επουρανιων
2:10   ονοματι ιησου παν γονυ καμψη επουρανιων  και επιγειων και καταχθονιων.    και πασα γλωσσα

                                          1  καταχθονιων
2:10   επουρανιων και επιγειων και καταχθονιων  και πασα γλωσσα εξομολογησεται οτι κυριος

                                          1  διωκων
3:6      νομον φαρισαιος.    κατα ζηλος διωκων  την εκκλησιαν. κατα δικαιοσυνην την εν νομω

                                          4  ημων
3:20   αυτων. οι τα επιγεια φρονουντες.    ημων  γαρ το πολιτευμα εν ουρανοις υπαρχει. εξ ου
4:20   χριστω ιησου.  τω δε θεω και πατρι ημων  η δοξα εις τους αιωνας των αιωνων. αμην.
1:2      υμιν και ειρηνη απο θεου πατρος ημων  και κυριου ιησου χριστου.    ευχαριστω τω θεω
3:21       το σωμα της ταπεινωσεως ημων  συμμορφον τω σωματι της δοξης αυτου κατα την

                                          1  διαλογισμων
2:14   ποιειτε χωρις γογγυσμων και διαλογισμων  ινα γενησθε αμεμπτοι και ακεραιοι. τεκνα

                                          1  γογγυσμων
2:14      παντα ποιειτε χωρις γογγυσμων  και διαλογισμων. ινα γενησθε αμεμπτοι και

                                          24  υμων
1:3      τω θεω μου επι παση τη μνεια υμων  παντοτε εν παση δεησει μου υπερ παντων υμων
1:5       ποιουμενος. επι τη κοινωνια υμων  εις το ευαγγελιον απο της πρωτης ημερας αχρι
1:26   χαραν της πιστεως. ινα το καυχημα υμων  περισσευη εν χριστω ιησου εν εμοι δια της εμης
4:7     τας καρδιας υμων και τα νοηματα υμων  εν χριστω ιησου.   το λοιπον, αδελφοι. οσα
4:6      μετα ευχαριστιας τα αιτηματα υμων  γνωριζεσθω προς τον θεον.   και η ειρηνη του
1:9     και τουτο προσευχομαι ινα η αγαπη υμων  ετι μαλλον και μαλλον περισσευη εν επιγνωσει
4:9      και ο θεος της ειρηνης εσται μεθ υμων  εχαιρε δε εν κυριω μεγαλως οτι ηδη ποτε
2:19    ινα καγω ευψυχω γνους τα περι υμων  ουδενα γαρ εχω ισοψυχον. οστις γνησιως τα
2:20    ισοψυχον. οστις γνησιως τα περι υμων  μεριμνησει.   οι παντες γαρ τα εαυτων ζητουσιν.
1:27   ιδων υμας ειτε απων ακουω τα περι υμων  οτι στηκετε εν ενι πνευματι. μια ψυχη
4:19   δε θεος μου πληρωσει πασαν χρειαν υμων  κατα το πλουτος αυτου εν δοξη εν χριστω ιησου.
1:25    και παραμενω πασιν υμιν εις την υμων  προκοπην και χαραν της πιστεως.   ινα το
```

4:17	καρπον τον πλεοναζοντα εις λογον υμων	απεχω δε παντα και περισσευω. πεπληρωμαι
1:7	εμοι τουτο φρονειν υπερ παντων υμων	δια το εχειν με εν τη καρδια υμας, εν τε τοις
1:4	εν παση δεησει μου υπερ παντων υμων	μετα χαρας την δεησιν ποιουμενος. επι τη
2:30	τη ψυχη, ινα αναπληρωση το υμων	υστερημα της προς με λειτουργιας. το λοιπον.
4:18	δεξαμενος παρα επαφροδιτου τα παρ υμων	οσμην ευωδιας. θυσιαν δεκτην. ευαρεστον τω
4:7	παντα νουν φρουρησει τας καρδιας υμων	και τα νοηματα υμων εν χριστω ιησου. το
4:5	παλιν ερω, χαιρετε. το επιεικες υμων	γνωσθητω πασιν ανθρωποις. ο κυριος εγγυς.
1:19	αποβησεται εις σωτηριαν δια της υμων	δεησεως και επιχορηγιας του πνευματος ιησου
4:23	ιησου χριστου μετα του πνευματος υμων	
2:17	θυσια και λειτουργια της πιστεως υμων	χαιρω και συνχαιρω πασιν υμιν. το δε αυτο
1:28	εστιν αυτοις ενδειξις απωλειας. υμων	δε σωτηριας. και τουτο απο θεου. οτι υμιν
2:25	συνεργον και συνστρατιωτην μου. υμων	δε αποστολον και λειτουργον της χρειας μου.

	1	αντικειμενων	
1:28		εν μηδενι υπο των αντικειμενων	ητις εστιν αυτοις ενδειξις απωλειας. υμων δε

	1	αδημονων	
2:26		επιποθαν ην παντας υμας, και αδημονων	διοτι ηκουσατε οτι ησθενησεν. και γαρ

	1	αιωνων	
4:20		ημων η δοξα εις τους αιωνας των αιωνων	αμην. ασπασασθε παντα αγιον εν χριστω ιησου.

	1	απων	
1:27		ινα ειτε ελθων και ιδων υμας ειτε απων	ακουω τα περι υμων, οτι στηκετε εν ενι

	1	λοιπων	
4:3		μοι μετα και κλημεντος και των λοιπων	συνεργων μου, ων τα ονοματα εν βιβλω ζωης.

	1	ανθρωπων	
2:7		δουλου λαβων, εν ομοιωματι ανθρωπων	γενομενος. και σχηματι ευρεθεις ως ανθρωπος

	1	ετερων	
2:4		εκαστος σκοπουντες. αλλα και τα ετερων	εκαστοι. τουτο φρονειτε εν υμιν ο και εν

	1	νεκρων	
3:11		εις την εξαναστασιν την εκ νεκρων	ουχ οτι ηδη ελαβον η ηδη τετελειωμαι. διωκω

	5	των	
4:3		μοι μετα και κλημεντος και των	λοιπων συνεργων μου. ων τα ονοματα εν βιβλω
1:23		ου γνωριζω. συνεχομαι δε εκ των	δυο. την επιθυμιαν εχων εις το αναλυσαι και
1:28		και μη πτυρομενοι εν μηδενι υπο των	αντικειμενων, ητις εστιν αυτοις ενδειξις
1:14		λοιποις πασιν. και τους πλειονας των	αδελφων εν κυριω πεποιθοτας τοις δεσμοις μου
4:20		πατρι ημων η δοξα εις τους αιωνας των	αιωνων. αμην. ασπασασθε παντα αγιον εν χριστω

	1	παθηματων	
3:10		αυτου και κοινωνιαν παθηματων	αυτου. συμμορφιζομενος τω θανατω αυτου. ει

	2	παντων	
1:7		δικαιον εμοι τουτο φρονειν υπερ παντων	υμων. δια το εχειν με εν τη καρδια υμας. εν τε
1:4		παντοτε εν παση δεησει μου υπερ παντων	υμων μετα χαρας την δεησιν ποιουμενος. επι τη

	1	αυτων	
3:19		η κοιλια και η δοξα εν τη αισχυνη αυτων	οι τα επιγεια φρονουντες. ημων γαρ το

	4	εαυτων	
2:4		υπερεχοντας εαυτων, μη τα εαυτων	εκαστος σκοπουντες. αλλα και τα ετερων
2:21		μεριμνησει. οι παντες γαρ τα εαυτων	ζητουσιν. ου τα ιησου χριστου. την δε δοκιμην
2:12		μου, μετα φοβου και τρομου την εαυτων	σωτηριαν κατεργαζεσθε. θεος γαρ εστιν ο
2:3		αλληλους ηγουμενοι υπερεχοντας εαυτων	μη τα εαυτων εκαστος σκοπουντες. αλλα και τα

	1	αδελφων	
1:14		πασιν. και τους πλειονας των αδελφων	εν κυριω πεποιθοτας τοις δεσμοις μου

	3	εχων	
3:9		κερδησω και ευρεθω εν αυτω, μη εχων	εμην δικαιοσυνην την εκ νομου αλλα την δια
1:23		δε εκ των δυο. την επιθυμιαν εχων	εις το αναλυσαι και συν χριστω ειναι. πολλω
3:4		εν σαρκι πεποιθοτες. καιπερ εγω εχων	πεποιθησιν και εν σαρκι. ει τις δοκει αλλος

	1	υπαρχων	
2:6		χριστω ιησου. ος εν μορφη θεου υπαρχων	ουχ αρπαγμον ηγησατο το ειναι ισα θεω. αλλα

1 απαξ

4:16 μονοι. οτι και εν θεσσαλονικη και απαξ και δις εις την χρειαν μοι επεμψατε. ουχ οτι

4 εξ

1:17 του ευαγγελιου κειμαι. οι δε εξ εριθειας τον χριστον καταγγελλουσιν. ουχ
1:16 τον χριστον κηρυσσουσιν. οι μεν εξ αγαπης, ειδοτες οτι εις απολογιαν του
3:5 ισραηλ, φυλης βενιαμειν, εβραιος εξ εβραιων, κατα νομον φαρισαιος. κατα ζηλος
3:20 το πολιτευμα εν ουρανοις υπαρχει. εξ ου και σωτηρα απεκδεχομεθα κυριον ιησουν

12 ο

4:19 θυσιαν δεκτην, ευαρεστον τω θεω. ο δε θεος μου πληρωσει πασαν χρειαν υμων κατα το
2:27 ησθενησεν παραπλησιον θανατω. αλλα ο θεος ηλεησεν αυτον, ουκ αυτον δε μονον αλλα
2:9 θανατου, θανατου δε σταυρου. διο και ο θεος αυτον υπερυψωσεν και εχαρισατο αυτω το
4:9 ειδετε εν εμοι, ταυτα πρασσετε. και ο θεος της ειρηνης εσται μεθ υμων. εχαρην δε εν
1:6 του νυν, πεποιθως αυτο τουτο, οτι ο εναρξαμενος εν υμιν εργον αγαθον επιτελεσει
2:5 εκαστοι. τουτο φρονειτε εν υμιν ο και εν χριστω ιησου. ος εν μορφη θεου υπαρχων
2:13 κατεργαζεσθε. θεος γαρ εστιν ο ενεργων εν υμιν και το θελειν και το ενεργειν
3:19 του χριστου. ων το τελος απωλεια, ων ο θεος η κοιλια και η δοξα εν τη αισχυνη αυτων.
3:15 και ει τι ετερως φρονειτε, και τουτο ο θεος υμιν αποκαλυψει. πλην εις ο εφθασαμεν.
3:16 ο θεος υμιν αποκαλυψει. πλην εις ο εφθασαμεν, τω αυτω στοιχειν. συμμιμηται μου
1:8 παντας υμας οντας. μαρτυς γαρ μου ο θεος, ως επιποθω παντας υμας εν σπλαγχνοις
4:5 υμων γνωσθητω πασιν ανθρωποις. ο κυριος εγγυς. μηδεν μεριμνατε αλλ εν παντι τη

1 διο

2:9 μεχρι θανατου. θανατου δε σταυρου. διο και ο θεος αυτον υπερυψωσεν και εχαρισατο αυτω

4 απο

1:2 διακονοις. χαρις υμιν και ειρηνη απο θεου πατρος ημων και κυριου ιησου χριστου.
4:15 εν αρχη του ευαγγελιου, οτε εξηλθον απο μακεδονιας, ουδεμια μοι εκκλησια εκοινωνησεν
1:5 τη κοινωνια υμων εις το ευαγγελιον απο της πρωτης ημερας αχρι του νυν, πεποιθως αυτο
1:28 υμων δε σωτηριας, και τουτο απο θεου. οτι υμιν εχαρισθη το υπερ χριστου. ου

2 υπο

1:28 και μη πτυρομενοι εν μηδενι υπο των αντικειμενων, ητις εστιν αυτοις ενδειξις
3:12 και καταλαβω, εφ ω και κατελημφθην υπο χριστου (ιησου). αδελφοι, εγω εμαυτον ου

35 το

3:1 υστερημα της προς με λειτουργιας. το λοιπον, αδελφοι μου, χαιρετε εν κυριω. τα αυτα
4:5 κυριω παντοτε. παλιν ερω, χαιρετε. το επιεικες υμων γνωσθητω πασιν ανθρωτοις. ο
2:18 χαιρω και συνχαιρω πασιν υμιν. το δε αυτο και υμεις χαιρετε και συγχαιρετε μοι.
1:24 ειναι. πολλω (γαρ) μαλλον κρεισσον. το δε επιμενειν (εν) τη σαρκι αναγκαιοτερον δι
4:8 τα νοηματα υμων εν χριστω ιησου. το λοιπον, αδελφοι, οσα εστιν αληθη, οσα σεμνα,
3:8 και ηγουμαι παντα ζημιαν ειναι δια το υπερεχον της γνωσεως χριστου ιησου του κυριου
2:30 τοιουτους εντιμους εχετε. οτι δια το εργον χριστου μεχρι θανατου ηγγισεν
1:7 τουτο φρονειν υπερ παντων υμων, δια το εχειν με εν τη καρδια υμας, εν τε τοις δεσμοις
2:9 και εχαρισατο αυτω το ονομα το υπερ παν ονομα, ινα εν τω ονοματι ιησου παν
1:26 προκοπην και χαραν της πιστεως, ινα το καυχημα υμων περισσευη εν χριστω ιησου εν εμοι
2:2 πληρωσατε μου την χαραν ινα το αυτο φρονητε, την αυτην αγαπην εχοντες,
4:19 μου πληρωσει πασαν χρειαν υμων κατα το πλουτος αυτου εν δοξη εν χριστω ιησου. τω δε
1:22 και το αποθανειν κερδος. ει δε το ζην εν σαρκι, τουτο μοι καρπος εργου. και τι
4:10 κυριω μεγαλως οτι ηδη ποτε ανεθαλετε το υπερ εμου φρονειν. εφ ω και εφρονειτε
1:29 τουτο απο θεου. οτι υμιν εχαρισθη το υπερ χριστου, ου μονον το εις αυτον πιστευειν
2:30 τη ψυχη, ινα αναπληρωση το υμων υστερημα της προς με λειτουργιας. το
1:29 το εις αυτον πιστευειν αλλα και το υπερ αυτου πασχειν. τον αυτον αγωνα εχοντες
2:13 ο ενεργων εν υμιν και το θελειν και το ενεργειν υπερ της ευδοκιας. παντα ποιειτε
2:13 θεος γαρ εστιν ο ενεργων εν υμιν και το θελειν και το ενεργειν υπερ της ευδοκιας.
1:21 εμοι γαρ το ζην χριστος και το αποθανειν κερδος. ει δε το ζην εν σαρκι.
3:21 ιησουν χριστον. ος μετασχηματισει το σωμα της ταπεινωσεως ημων συμμορφον τω σωματι
1:29 εχαρισθη το υπερ χριστου, ου μονον το εις αυτον πιστευειν αλλα και το υπερ αυτου
3:19 εχθρους του σταυρου του χριστου, ων το τελος απωλεια, ων ο θεος η κοιλια και η δοξα
2:6 θεου υπαρχων ουχ αρπαγμον ηγησατο το ειναι ισα θεω, αλλα εαυτον εκενωσεν μορφην
1:21 δια ζωης ειτε δια θανατου. εμοι γαρ το ζην χριστος και το αποθανειν κερδος. ει δε το
3:20 οι τα επιγεια φρονουντες. ημων γαρ το πολιτευμα εν ουρανοις υπαρχει. εξ ου και
1:10 εν επιγνωσει και παση αισθησει, εις το δοκιμαζειν υμας τα διαφεροντα, ινα ητε
2:22 πατρι τεκνον συν εμοι εδουλευσεν εις το ευαγγελιον. τουτον μεν ουν ελπιζω πεμψαι ως
1:5 επι τη κοινωνια υμων εις το ευαγγελιον απο της πρωτης ημερας αχρι του νυν,
1:23 εκ των δυο. την επιθυμιαν εχων εις το αναλυσαι και συν χριστω ειναι. πολλω (γαρ)
3:14 κατα σκοπον διωκω εις το βραβειον της ανω κλησεως του θεου εν χριστω
4:2 παρακαλω και συντυχην παρακαλω το αυτο φρονειν εν κυριω. ναι ερωτω και σε,
4:17 μοι επεμψατε. ουχ οτι επιζητω το δομα. αλλα επιζητω τον καρπον τον πλεοναζοντα
2:9 αυτον υπερυψωσεν και εχαρισατο αυτω το ονομα το υπερ παν ονομα, ινα εν τω ονοματι
2:2 την αυτην αγαπην εχοντες, συμψυχοι. το εν φρονουντες. μηδεν κατ εριθειαν μηδε κατα

		1	ηγησατο
2:6	μορφη θεου υπαρχων ουχ αρπαγμον ηγησατο	το ειναι ισα θεω. αλλα εαυτον εκενωσεν μορφην

		1	εχαρισατο
2:9	ο θεος αυτον υπερυψωσεν και εχαρισατο	αυτω το ονομα το υπερ παν ονομα. ινα εν τω

		4	αυτο
2:18	και συνχαιρω πασιν υμιν. το δε αυτο	και υμεις χαιρετε και συγχαιρετε μοι. ελπιζω
2:2	πληρωσατε μου την χαραν ινα το αυτο	φρονητε, την αυτην αγαπην εχοντες. συμψυχοι.
4:2	παρακαλω και συντυχην παρακαλω το αυτο	φρονειν εν κυριω. ναι ερωτω και σε. γνησιε
1:6	ημερας αχρι του νυν. πεποιθως αυτο	τουτο. οτι ο εναρξαμενος εν υμιν εργον αγαθον

		10	τουτο
2:5	αλλα και τα ετερων εκαστοι. τουτο	φρονειτε εν υμιν ο και εν χριστω ιησου. ος εν
1:25	σαρκι αναγκαιοτερον δι υμας. και τουτο	πεποιθως οιδα οτι μενω και παραμενω πασιν υμιν
1:9	εν σπλαγχνοις χριστου ιησου. και τουτο	προσευχομαι. ινα η αγαπη υμων ετι μαλλον και
3:15	και ει τι ετερως φρονειτε. και τουτο	ο θεος υμιν αποκαλυψει. πλην εις ο εφθασαμεν.
1:28	απωλειας, υμων δε σωτηριας. και τουτο	απο θεου. οτι υμιν εχαρισθη το υπερ χριστου.
1:7	ιησου. καθως εστιν δικαιον εμοι τουτο	φρονειν υπερ παντων υμων. δια το εχειν με εν
1:19	αλλα και χαρησομαι. οιδα γαρ οτι τουτο	μοι αποβησεται εις σωτηριαν δια της υμων
1:6	αχρι του νυν. πεποιθως αυτο τουτο	οτι ο εναρξαμενος εν υμιν εργον αγαθον
1:22	κερδος. ει δε το ζην εν σαρκι, τουτο	μοι καρπος εργου. και τι αιρησομαι ου γνωριζω.
3:15	χριστω ιησου. οσοι ουν τελειοι. τουτο	φρονωμεν. και ει τι ετερως φρονειτε. και τουτο

		1	δυο
1:23	ου γνωριζω. συνεχομαι δε εκ των δυο	την επιθυμιαν εχων εις το αναλυσαι και συν

		12	γαρ
1:19	χαιρω. αλλα και χαρησομαι. οιδα γαρ	οτι τουτο μοι αποβησεται εις σωτηριαν δια της
2:20	ευψυχω γνους τα περι υμων. ουδενα γαρ	εχω ισοψυχον. οστις γνησιως τα περι υμων
2:27	διοτι ηκουσατε οτι ησθενησεν. και γαρ	ησθενησεν παραπλησιον θανατω. αλλα ο θεος
3:18	καθως εχετε τυπον ημας. πολλοι γαρ	περιπατουσιν ους πολλακις ελεγον υμιν. νυν δε
1:21	δια ζωης ειτε δια θανατου. εμοι γαρ	το ζην χριστος και το αποθανειν κερδος. ει δε
1:18	εγειρειν τοις δεσμοις μου. τι γαρ	πλην οτι παντι τροπω. ειτε προφασει ειτε
3:20	οι τα επιγεια φρονουντες. ημων γαρ	το πολιτευμα εν ουρανοις υπαρχει. εξ ου και
2:21	τα περι υμων μεριμνησει. οι παντες γαρ	τα εαυτων ζητουσιν. ου τα ιησου χριστου. την
3:3	βλεπετε την κατατομην. ημεις γαρ	εσμεν η περιτομη. οι πνευματι θεου λατρευοντες
2:13	εαυτων σωτηριαν κατεργαζεσθε. θεος γαρ	εστιν ο ενεργων εν υμιν και το θελειν και το
1:8	χαριτος παντας υμας οντας. μαρτυς γαρ	μου ο θεος, ως επιποθω παντας υμας εν
4:11	ουχ οτι καθ υστερησιν λεγω. εγω γαρ	εμαθον εν οις ειμι αυταρκης ειναι. οιδα και

		1	παρ
4:18	δεξαμενος παρα επαφροδιτου τα παρ	υμων. οσμην ευωδιας. θυσιαν δεκτην. ευαρεστον

		1	καιπερ
3:4	και ουκ εν σαρκι πεποιθοτες. καιπερ	εγω εχων πεποιθησιν και εν σαρκι. ει τις δοκει

		7	υπερ
2:13	υμιν και το θελειν και το ενεργειν υπερ	της ευδοκιας. παντα ποιειτε χωρις γογγυσμων
1:7	εστιν δικαιον εμοι τουτο φρονειν υπερ	παντων υμων. δια το εχειν με εν τη καρδια
2:9	και εχαρισατο αυτω το ονομα το υπερ	παν ονομα. ινα εν τω ονοματι ιησου παν γονυ
4:10	μεγαλως οτι ηδη ποτε ανεθαλετε το υπερ	εμου φρονειν. εφ ω και εφρονειτε ηκαιρεισθε
1:29	απο θεου. οτι υμιν εχαρισθη το υπερ	χριστου. ου μονον το εις αυτον πιστευειν αλλα
1:29	το εις αυτον πιστευειν αλλα και το υπερ	αυτου πασχειν. τον αυτον αγωνα εχοντες οιον
1:4	υμων, παντοτε εν παση δεησει μου υπερ	παντων υμων μετα χαρας την δεησιν ποιουμενος.

		1	γενεας
2:15	ακεραιοι, τεκνα θεου αμωμα μεσον γενεας	σκολιας και διεστραμμενης. εν οις φαινεσθε ως

		1	επιχορηγιας
1:19	δια της υμων δεησεως και επιχορηγιας	του πνευματος ιησου χριστου. κατα την

		1	λειτουργιας
2:30	υμων υστερημα της προς με λειτουργιας	το λοιπον. αδελφοι μου. χαιρετε εν κυριω.

		1	καρδιας
4:7	παντα νουν φρουρησει τας καρδιας	υμων και τα νοηματα υμων εν χριστω ιησου. το

		1	ευωδιας
4:18	επαφροδιτου τα παρ υμων, οσμην ευωδιας	θυσιαν δεκτην, ευαρεστον τω θεω. ο δε θεος

1 εριθειας
1:17   ευαγγελιου κειμαι.   οι δε εξ εριθειας   τον χριστον καταγγελλουσιν, ουχ αγνως.

1 απωλειας
1:28   ητις εστιν αυτοις ενδειξις απωλειας   υμων δε σωτηριας, και τουτο απο θεου.   οτι

1 χρειας
2:25   δε αποστολον και λειτουργον της χρειας   μου, πεμψαι προς υμας.   επειδη επιποθων ην

1 οικιας
4:22   μαλιστα δε οι εκ της καισαρος οικιας   η χαρις του κυριου ιησου χριστου μετα του

1 ευδοκιας
2:13   και το ενεργειν υπερ της ευδοκιας   παντα ποιειτε χωρις γογγυσμων και

1 σκολιας
2:15   τεκνα θεου αμωμα μεσον γενεας σκολιας   και διεστραμμενης, εν οις φαινεσθε ως φωστηρες

1 μακεδονιας
4:15   ευαγγελιου, οτε εξηλθον απο μακεδονιας   ουδεμια μοι εκκλησια εκοινωνησεν εις λογον

1 σωτηριας
1:28   ενδειξις απωλειας, υμων δε σωτηριας   και τουτο απο θεου.   οτι υμιν εχαρισθη το

1 παρουσιας
1:26   ιησου εν εμοι δια της εμης παρουσιας   παλιν προς υμας.   μονον αξιως του ευαγγελιου

1 ευχαριστιας
4:6   προσευχη και τη δεησει μετα ευχαριστιας   τα αιτηματα υμων γνωριζεσθω προς τον θεον.

1 ημας
3:17   περιπατουντας καθως εχετε τυπον ημας   πολλοι γαρ περιπατουσιν ους πολλακις ελεγον

12 υμας
1:7   υμων. δια το εχειν με εν τη καρδια υμας   εν τε τοις δεσμοις μου και εν τη απολογια και
1:12   και επαινον θεου.   γινωσκειν δε υμας   βουλομαι, αδελφοι, οτι τα κατ εμε μαλλον εις
4:22   οι συν εμοι αδελφοι.   ασπαζονται υμας   παντες οι αγιοι, μαλιστα δε οι εκ της καισαρος
4:21   αγιον εν χριστω ιησου. ασπαζονται υμας   οι συν εμοι αδελφοι.   ασπαζονται υμας παντες
1:24   (εν) τη σαρκι αναγκαιοτερον δι υμας   και τουτο πεποιθως οιδα οτι μενω και
1:10   παση αισθησει.   εις το δοκιμαζειν υμας   τα διαφεροντα, ινα ητε ειλικρινεις και
1:27   ινα ειτε ελθων και ιδων υμας   ειτε απων ακουω τα περι υμων, οτι στηκετε εν
2:26   υμας, επειδη επιποθων ην παντας υμας   και αδημονων διοτι ηκουσατε οτι ησθενησεν.
1:7   μου της χαριτος παντας υμας   οντας.   μαρτυς γαρ μου ο θεος, ως επιποθω
1:8   γαρ μου ο θεος, ως επιποθω παντας υμας   εν σπλαγχνοις χριστου ιησου.   και τουτο
2:25   της χρειας μου, πεμψαι προς υμας   επειδη επιποθων ην παντας υμας, και αδημονων
1:26   δια της εμης παρουσιας παλιν προς υμας   μονον αξιως του ευαγγελιου του χριστου

1 πλειονας
1:14   τοις λοιποις πασιν.   και τους πλειονας   των αδελφων εν κυριω πεποιθοτας τοις δεσμοις

1 κυνας
3:1   υμιν δε ασφαλες. βλεπετε τους κυνας   βλεπετε τους κακους εργατας, βλεπετε την

1 αιωνας
4:20   και πατρι ημων η δοξα εις τους αιωνας   των αιωνων. αμην.   ασπασασθε παντα αγιον εν

2 χαρας
1:4   δεησει μου υπερ παντων υμων μετα χαρας   την δεησιν ποιουμενος,   επι τη κοινωνια υμων
2:29   ουν αυτον εν κυριω μετα πασης χαρας   και τους τοιουτους εντιμους εχετε,   οτι δια

2 ημερας
1:6   εργον αγαθον επιτελεσει αχρι ημερας   χριστου ιησου.   καθως εστιν δικαιον εμοι τουτο
1:5   εις το ευαγγελιον απο της πρωτης ημερας   αχρι του νυν.   πεποιθως αυτο τουτο, οτι ο

1 τας
4:7   η υπερεχουσα παντα νουν φρουρησει τας   καρδιας υμων και τα νοηματα υμων εν χριστω

1 εργατας
3:2   κυνας, βλεπετε τους κακους εργατας   βλεπετε την κατατομην.   ημεις γαρ εσμεν η

		3 παντας
2:26	προς υμας. επειδη επιποθων ην παντας	υμας. και αδημονων διοτι ηκουσατε οτι
1:7	συνκοινωνους μου της χαριτος παντας	υμας οντας. μαρτυς γαρ μου ο θεος, ως επιποθω
1:8	γαρ μου ο θεος, ως επιποθω παντας	υμας εν σπλαγχνοις χριστου ιησου. και τουτο

		1 οντας
1:7	μου της χαριτος παντας υμας οντας	μαρτυς γαρ μου ο θεος, ως επιποθω παντας

		1 υπερεχοντας
2:3	αλληλους ηγουμενοι υπερεχοντας	εαυτων. μη τα εαυτων εκαστος σκοπουντες, αλλα

		1 περιπατουντας
3:17	και σκοπειτε τους ουτω περιπατουντας	καθως εχετε τυπον ημας. πολλοι γαρ

		1 πεποιθοτας
1:14	των αδελφων εν κυριω πεποιθοτας	τοις δεσμοις μου περισσοτερως τολμαν αφοβως

		1 επιεικες
4:5	παλιν ερω, χαιρετε. το επιεικες	υμων γνωσθητω πασιν ανθρωποις. ο κυριος εγγυς.

		1 ασφαλες
3:1	εμοι μεν ουκ οκνηρον, υμιν δε ασφαλες	βλεπετε τους κυνας. βλεπετε τους κακους

		2 τινες
1:15	τολμαν αφοβως τον λογον λαλειν. τινες	μεν και δια φθονον και εριν, τινες δε και δι
1:15	μεν και δια φθονον και εριν, τινες	δε και δι ευδοκιαν τον χριστον κηρυσσουσιν.

		1 αιτινες
4:3	συζυγε, συλλαμβανου αυταις, αιτινες	εν τω ευαγγελιω συνηθλησαν μοι μετα και

		1 φωστηρες
2:15	εν οις φαινεσθε ως φωστηρες	εν κοσμω. λογον ζωης επεχοντες, εις καυχημα

		2 παντες
2:21	τα περι υμων μεριμνησει. οι παντες	γαρ τα εαυτων ζητουσιν, ου τα ιησου χριστου.
4:22	εμοι αδελφοι. ασπαζονται υμας παντες	οι αγιοι. μαλιστα δε οι εκ της καισαρος

		1 συγκοινωνησαντε
4:14	πλην καλως εποιησατε συγκοινωνησαντες	μου τη θλιψει. οιδατε δε και υμεις,

		1 ιδοντες
2:28	ουν επεμψα αυτον ινα ιδοντες	αυτον παλιν χαρητε καγω αλυποτερος ω.

		1 λατρευοντες
3:3	περιτομη. οι πνευματι θεου λατρευοντες	και καυχωμενοι εν χριστω ιησου και ουκ εν

		2 εχοντες
1:30	αυτου πασχειν. τον αυτον αγωνα εχοντες	οιον ειδετε εν εμοι και νυν ακουετε εν εμοι.
2:2	αυτο φρονητε, την αυτην αγαπην εχοντες	συμψυχοι, το εν φρονουντες. μηδεν κατ

		1 επεχοντες
2:16	εν κοσμω. λογον ζωης επεχοντες	εις καυχημα εμοι εις ημεραν χριστου, οτι ουκ

		1 συναθλουντες
1:27	εν ενι πνευματι, μια ψυχη συναθλουντες	τη πιστει του ευαγγελιου. και μη πτυρομενοι

		2 φρονουντες
3:19	αισχυνη αυτων, οι τα επιγεια φρονουντες	ημων γαρ το πολιτευμα εν ουρανοις υπαρχει.
2:2	εχοντες, συμψυχοι, το εν φρονουντες	μηδεν κατ εριθειαν μηδε κατα κενοδοξιαν.

		1 σκοπουντες
2:4	μη τα εαυτων εκαστος σκοπουντες	αλλα και τα ετερων εκαστοι. τουτο φρονειτε

		1 ειδοτες
1:16	κηρυσσουσιν. οι μεν εξ αγαπης, ειδοτες	οτι εις απολογιαν του ευαγγελιου κειμαι. οι

		1 πεποιθοτες
3:3	ιησου και ουκ εν σαρκι πεποιθοτες	καιπερ εγω εχων πεποιθησιν και εν σαρκι. ει

		1 αυταρκης
4:11	εγω γαρ εμαθον εν οις ειμι αυταρκης	ειναι. οιδα και ταπεινουσθαι, οιδα και

		1 φυλης
3:5	οκταημερος. εκ γενους ισραηλ. φυλης	βενιαμειν. εβραιος εξ εβραιων. κατα νομον

		1 εμης
1:26	εν χριστω ιησου εν εμοι δια της εμης	παρουσιας παλιν προς υμας. μονον αξιως του

		1 διεστραμμενης
2:15	μεσον γενεας σκολιας και διεστραμμενης	εν οις φαινεσθε ως φωστηρες εν κοσμω. λογον

		1 ειρηνης
4:9	ταυτα πρασσετε. και ο θεος της ειρηνης	εσται μεθ υμων. εχαρην δε εν κυριω μεγαλως

		1 δικαιοσυνης
1:11	πεπληρωμενοι καρπον δικαιοσυνης	τον δια ιησου χριστου εις δοξαν και επαινον

		1 δοξης
3:21	ημων συμμορφον τω σωματι της δοξης	αυτου κατα την ενεργειαν του δυνασθαι αυτον

		2 αγαπης
2:1	εν χριστω, ει τι παραμυθιον αγαπης	ει τις κοινωνια πνευματος. ει τις σπλαγχνα
1:16	χριστον κηρυσσουσιν. οι μεν εξ αγαπης	ειδοτες οτι εις απολογιαν του ευαγγελιου

		1 πασης
2:29	ουν αυτον εν κυριω μετα πασης	χαρας. και τους τοιουτους εντιμους εχετε, οτι

		16 της
2:17	ετι τη θυσια και λειτουργια της	πιστεως υμων. χαιρω και συνχαιρω πασιν υμιν.
1:26	εν χριστω ιησου εν εμοι δια της	εμης παρουσιας παλιν προς υμας. μονον αξιως
1:19	μοι αποβησεται εις σωτηριαν δια της	υμων δεησεως και επιχορηγιας του πνευματος
2:30	ινα αναπληρωση το υμων υστερημα της	προς με λειτουργιας. το λοιπον, αδελφοι μου.
3:21	χριστον. ος μετασχηματισει το σωμα της	ταπεινωσεως ημων συμμορφον τω σωματι της δοξης
3:21	ημων συμμορφον τω σωματι της	δοξης αυτου κατα την ενεργειαν του δυνασθαι
4:22	παντες οι αγιοι. μαλιστα δε οι εκ της	καισαρος οικιας. η χαρις του κυριου ιησου
1:25	εις την υμων προκοπην και χαραν της	πιστεως. ινα το καυχημα υμων περισσευη εν
3:10	του γνωναι αυτον και την δυναμιν της	αναστασεως αυτου και κοινωνιαν παθηματων
2:25	υμων δε αποστολον και λειτουργον της	χρειας μου. πεμψαι προς υμας. επειδη επιποθων
3:14	κατα σκοπον διωκω εις το βραβειον της	ανω κλησεως του θεου εν χριστω ιησου. οσοι
3:8	παντα ζημιαν ειναι δια το υπερεχον της	γνωσεως χριστου ιησου του κυριου μου. δι ον τα
1:5	κοινωνια υμων εις το ευαγγελιον απο της	πρωτης ημερας αχρι του νυν. πεποιθως αυτο
2:13	και το θελειν και το ενεργειν υπερ της	ευδοκιας. παντα ποιειτε χωρις γογγυσμων και
4:9	εν εμοι. ταυτα πρασσετε. και ο θεος της	ειρηνης εσται μεθ υμων. εχαρην δε εν κυριω
1:7	του ευαγγελιου συνκοινωνους μου της	χαριτος παντας υμας οντας. μαρτυς γαρ μου ο

		1 εξαυτης
2:23	πεμψαι ως αν αφιδω τα περι εμε εξαυτης	πεποιθα δε εν κυριω οτι και αυτος ταχεως

		1 πρωτης
1:5	υμων εις το ευαγγελιον απο της πρωτης	ημερας αχρι του νυν. πεποιθως αυτο τουτο. οτι

		3 ζωης
1:20	χριστος εν τω σωματι μου, ειτε δια ζωης	ειτε δια θανατου. εμοι γαρ το ζην χριστος και
2:16	ως φωστηρες εν κοσμω. λογον ζωης	επεχοντες, εις καυχημα εμοι εις ημεραν
4:3	μου, ων τα ονοματα εν βιβλω ζωης	χαιρετε εν κυριω παντοτε. παλιν ερω.

		1 αυταις
4:3	σε, γνησιε συζυγε. συλλαμβανου αυταις	αιτινες εν τω ευαγγελιω συνηθλησαν μοι μετα

		1 δις
4:16	οτι και εν θεσσαλονικη και απαξ και δις	εις την χρειαν μοι επεμψατε. ουχ οτι επιζητω

		23 εις
1:10	εν επιγνωσει και παση αισθησει. εις	το δοκιμαζειν υμας τα διαφεροντα. ινα ητε
4:20	τω δε θεω και πατρι ημων η δοξα εις	τους αιωνας των αιωνων. αμην. ασπασασθε παντα
4:17	επιζητω τον καρπον τον πλεοναζοντα εις	λογον υμων. απεχω δε παντα και περισσευω.
2:16	οτι ουκ εις κενον εδραμον ουδε εις	κενον εκοπιασα. αλλα ει και σπενδομαι επι τη
1:19	οιδα γαρ οτι τουτο μοι αποβησεται εις	σωτηριαν δια της υμων δεησεως και επιχορηγιας
2:16	ζωης επεχοντες. εις καυχημα εμοι εις	ημεραν χριστου. οτι ουκ εις κενον εδραμον ουδε
1:10	ινα ητε ειλικρινεις και απροσκοποι εις	ημεραν χριστου. πεπληρωμενοι καρπον
1:16	οι μεν εξ αγαπης, ειδοτες οτι εις	απολογιαν του ευαγγελιου κειμαι. οι δε εξ
2:16	εμοι εις ημεραν χριστου. οτι ουκ εις	κενον εδραμον ουδε εις κενον εκοπιασα. αλλα
4:15	ουδεμια μοι εκκλησια εκοινωνησεν εις	λογον δοσεως και λημψεως ει μη υμεις μονοι.
2:22	ως πατρι τεκνον συν εμοι εδουλευσεν εις	το ευαγγελιον. τουτον μεν ουν ελπιζω πεμψαι

3:16	τουτο ο θεος υμιν αποκαλυψει. πλην εις ο εφθασαμεν, τω αυτω στοιχειν. συμμιμηται μου
1:25	οτι μενω και παραμενω πασιν υμιν εις την υμων προκοπην και χαραν της πιστεως, ινα
1:12	αδελφοι, οτι τα κατ εμε μαλλον εις προκοπην του ευαγγελιου εληλυθεν, ωστε τους
1:5	ποιουμενος, επι τη κοινωνια υμων εις το ευαγγελιον απο της πρωτης ημερας αχρι του
1:23	δε εκ των δυο, την επιθυμιαν εχων εις το αναλυσαι και συν χριστω ειναι, πολλω (γαρ)
1:29	το υπερ χριστου, ου μονον το εις αυτον πιστευειν αλλα και το υπερ αυτου
4:16	και εν θεσσαλονικη και απαξ και δις εις την χρειαν μοι επεμψατε. ουχ οτι επιζητω το
2:11	οτι κυριος ιησους χριστος εις δοξαν θεου πατρος. ωστε, αγαπητοι μου, καθως
1:11	δικαιοσυνης τον δια ιησου χριστου εις δοξαν και επαινον θεου. γινωσκειν δε υμας
3:14	επεκτεινομενος, κατα σκοπον διωκω εις το βραβειον της ανω κλησεως του θεου εν χριστω
3:11	τω θανατω αυτου, ει πως καταντησω εις την εξαναστασιν την εκ νεκρων. ουχ οτι ηδη
2:16	εν κοσμω, λογον ζωης επεχοντες, εις καυχημα εμοι εις ημεραν χριστου. οτι ουκ εις

1 ευρεθεις

2:7	γενομενος. και σχηματι ευρεθεις ως ανθρωπος εταπεινωσεν εαυτον γενομενος

1 ημεις

3:3	εργατας, βλεπετε την κατατομην. ημεις γαρ εσμεν η περιτομη, οι πνευματι θεου

3 υμεις

4:15	λογον δοσεως και λημψεως ει μη υμεις μονοι. οτι και εν θεσσαλονικη και απαξ και
4:15	μου τη θλιψει. οιδατε δε και υμεις φιλιππησιοι, οτι εν αρχη του ευαγγελιου, οτε
2:18	πασιν υμιν. το δε αυτο και υμεις χαιρετε και συγχαιρετε μοι. ελπιζω δε εν

1 ειλικρινεις

1:10	υμας τα διαφεροντα, ινα ητε ειλικρινεις και απροσκοποι εις ημεραν χριστου.

1 πολλακις

3:18	πολλοι γαρ περιπατουσιν ους πολλακις ελεγον υμιν, νυν δε και κλαιων λεγω, τους

1 ενδειξις

1:28	ητις εστιν αυτοις ενδειξις απωλειας, υμων δε σωτηριας, και τουτο απο

2 οις

4:11	υστερησιν λεγω. εγω γαρ εμαθον εν οις ειμι αυταρκης ειναι. οιδα και ταπεινουσθαι.
2:15	σκολιας και διεστραμμενης, εν οις φαινεσθε ως φωστηρες εν κοσμω. λογον ζωης

1 αγιοις

1:1	δουλοι χριστου ιησου πασιν τοις αγιοις εν χριστω ιησου τοις ουσιν εν φιλιπποις συν

3 δεσμοις

1:7	εν τη καρδια υμας, εν τε τοις δεσμοις μου και εν τη απολογια και βεβαιωσει του
1:17	οιομενοι θλιψιν εγειρειν τοις δεσμοις μου. τι γαρ; πλην οτι παντι τροπω, ειτε
1:14	εν κυριω πεποιθοτας τοις δεσμοις μου περισσοτερως τολμαν αφοβως τον λογον

1 ουρανοις

3:20	ημων γαρ το πολιτευμα εν ουρανοις υπαρχει, εξ ου και σωτηρα απεκδεχομεθα κυριον

1 διακονοις

1:1	φιλιπποις συν επισκοποις και διακονοις χαρις υμιν και ειρηνη απο θεου πατρος ημων

1 σπλαγχνοις

1:8	ως επιποθω παντας υμας εν σπλαγχνοις χριστου ιησου. και τουτο προσευχομαι, ινα η

1 λοιποις

1:13	εν ολω τω πραιτωριω και τοις λοιποις πασιν. και τους πλειονας των αδελφων εν κυριω

1 επισκοποις

1:1	τοις ουσιν εν φιλιπποις συν επισκοποις και διακονοις. χαρις υμιν και ειρηνη απο θεου

1 φιλιπποις

1:1	εν χριστω ιησου τοις ουσιν εν φιλιπποις συν επισκοποις και διακονοις. χαρις υμιν και

1 ανθρωποις

4:5	επιεικες υμων γνωσθητω πασιν ανθρωποις ο κυριος εγγυς. μηδεν μεριμνατε αλλ εν παντι

7 τοις

1:7	εχειν με εν τη καρδια υμας, εν τε τοις δεσμοις μου και εν τη απολογια και βεβαιωσει
1:13	γενεσθαι εν ολω τω πραιτωριω και τοις λοιποις πασιν. και τους πλειονας των αδελφων
1:17	αγνως, οιομενοι θλιψιν εγειρειν τοις δεσμοις μου. τι γαρ; πλην οτι παντι τροπω,
1:1	δουλοι χριστου ιησου πασιν τοις αγιοις εν χριστω ιησου τοις ουσιν εν φιλιπποις
1:14	των αδελφων εν κυριω πεποιθοτας τοις δεσμοις μου περισσοτερως τολμαν αφοβως τον
3:13	δε, τα μεν οπισω επιλανθανομενος τοις δε εμπροσθεν επεκτεινομενος, κατα σκοπον

1:1	πασιν τοις αγιοις εν χριστω ιησου τοις ουσιν εν φιλιπποις συν επισκοποις και		

1 αυτοις

1:28   υπο των αντικειμενων, ητις εστιν αυτοις ενδειξις απωλειας, υμων δε σωτηριας, και τουτο

2 χαρις

1:2   συν επισκοποις και διακονοις. χαρις υμιν και ειρηνη απο θεου πατρος ημων και

4:23   δε οι εκ της καισαρος οικιας. η χαρις του κυριου ιησου χριστου μετα του πνευματος

1 χωρις

2:14   υπερ της ευδοκιας. παντα ποιειτε χωρις γογγυσμων και διαλογισμων. ινα γενησθε

1 παρακλησις

2:1   εν εμοι. ει τις ουν παρακλησις εν χριστω, ει τι παραμυθιον αγαπης, ει τις

6 τις

2:1   εμοι και νυν ακουετε εν εμοι. ει τις ουν παρακλησις εν χριστω, ει τι παραμυθιον

4:8   οσα ευφημα, ει τις αρετη και ει τις επαινος, ταυτα λογιζεσθε. α και εμαθετε και

3:4   εχων πεποιθησιν και εν σαρκι. ει τις δοκει αλλος πεποιθεναι εν σαρκι, εγω μαλλον.

4:8   αγνα, οσα προσφιλη, οσα ευφημα. ει τις αρετη και ει τις επαινος, ταυτα λογιζεσθε. α

2:1   χριστω, ει τι παραμυθιον αγαπης, ει τις κοινωνια πνευματος, ει τις σπλαγχνα και

2:1   ει τις κοινωνια πνευματος, ει τις σπλαγχνα και οικτιρμοι, πληρωσατε μου την

1 ητις

1:28   εν μηδενι υπο των αντικειμενων, ητις εστιν αυτοις ενδειξις απωλειας, υμων δε

1 οστις

2:20   υμων. ουδενα γαρ εχω ισοψυχον, οστις γνησιως τα περι υμων μεριμνησει, οι παντες

2 ος

3:21   απεκδεχομεθα κυριον ιησουν χριστον, ος μετασχηματισει το σωμα της ταπεινωσεως ημων

2:6   εν υμιν ο και εν χριστω ιησου, ος εν μορφη θεου υπαρχων ουχ αρπαγμον ηγησατο το

1 κερδος

1:21   το ζην χριστος και το αποθανειν κερδος ει δε το ζην εν σαρκι, τουτο μοι καρπος

8 θεος

2:13   την εαυτων σωτηριαν κατεργαζεσθε. θεος γαρ εστιν ο ενεργων εν υμιν και το θελειν και

4:19   δεκτην, ευαρεστον τω θεω. ο δε θεος μου πληρωσει πασαν χρειαν υμων κατα το πλουτος

2:27   παραπλησιον θανατω. αλλα ο θεος ηλεησεν αυτον, ουκ αυτον δε μονον αλλα και

2:9   θανατου δε σταυρου. διο και ο θεος αυτον υπερυψωσεν και εχαρισατο αυτω το ονομα

4:9   εν εμοι, ταυτα πρασσετε. και ο θεος της ειρηνης εσται μεθ υμων. εχαρην δε εν

3:19   ων το τελος απωλεια. ων ο θεος η κοιλια και η δοξα εν τη αισχυνη αυτων, οι τα

3:15   ει τι ετερως φρονειτε, και τουτο ο θεος υμιν αποκαλυψει. πλην εις ο εφθασαμεν, τω

1:8   υμας οντας. μαρτυς γαρ μου ο θεος ως επιποθω παντας υμας εν σπλαγχνοις χριστου

1 τιμοθεος

1:1   παυλος και τιμοθεος δουλοι χριστου ιησου πασιν τοις αγιοις εν

1 εβραιος

3:5   γενους ισραηλ, φυλης βενιαμειν, εβραιος εξ εβραιων, κατα νομον φαρισαιος, κατα ζηλος

1 φαρισαιος

3:5   εξ εβραιων, κατα νομον φαρισαιος κατα ζηλος διωκων την εκκλησιαν, κατα

2 κυριος

2:11   πασα γλωσσα εξομολογησεται οτι κυριος ιησους χριστος εις δοξαν θεου πατρος. ωστε,

4:5   υμων γνωσθητω πασιν ανθρωποις. ο κυριος εγγυς. μηδεν μεριμνατε αλλ εν παντι τη

1 τελος

3:19   του σταυρου του χριστου. ων το τελος απωλεια. ων ο θεος η κοιλια και η δοξα εν τη

1 ζηλος

3:6   κατα νομον φαρισαιος, κατα ζηλος διωκων την εκκλησιαν, κατα δικαιοσυνην την εν

1 αλλος

3:4   και εν σαρκι. ει τις δοκει αλλος πεποιθεναι εν σαρκι, εγω μαλλον. περιτομη

1:1   παυλος και τιμοθεος δουλοι χριστου ιησου πασιν τοις

1 παυλος

		1 στεφανος
4:1	και επιποθητοι. χαρα και στεφανος	μου. ουτως στηκετε εν κυριω. αγαπητοι.

		1 δεξαμενος
4:18	και περισσευω. πεπληρωμαι δεξαμενος	παρα επαφροδιτου τα παρ υμων. οσμην ευωδιας.

		1 εναρξαμενος
1:6	πεποιθως αυτο τουτο. οτι ο εναρξαμενος	εν υμιν εργον αγαθον επιτελεσει αχρι ημερας

		1 παραβολευσαμενο
2:30	μεχρι θανατου ηγγισεν παρεβολευσαμενος	τη ψυχη. ινα αναπληρωση το υμων υστερημα της

		1 συμμορφιζομενος
3:10	παθηματων αυτου. συμμορφιζομενος	τω θανατω αυτου. ει πως καταντησω εις την

		1 επιλανθανομενος
3:13	εν δε. τα μεν οπισω επιλανθανομενος	τοις δε εμπροσθεν επεκτεινομενος. κατα σκοπον

		3 γενομενος
2:8	ανθρωπος εταπεινωσεν εαυτον γενομενος	υπηκοος μεχρι θανατου. θανατου δε σταυρου.
2:7	λαβων, εν ομοιωματι ανθρωπων γενομενος	και σχηματι ευρεθεις ως ανθρωπος εταπεινωσεν
3:6	κατα δικαιοσυνην την εν νομω γενομενος	αμεμπτος. (αλλα) ατινα ην μοι κερδη. ταυτα

		1 επεκτεινομενος
3:13	τοις δε εμπροσθεν επεκτεινομενος	κατα σκοπον διωκω εις το βραβειον της ανω

		1 ποιουμενος
1:4	υμων μετα χαρας την δεησιν ποιουμενος	επι τη κοινωνια υμων εις το ευαγγελιον απο

		1 επαινος
4:8	ευφημα. ει τις αρετη και ει τις επαινος	ταυτα λογιζεσθε. α και εμαθετε και

		1 υπηκοος
2:8	εταπεινωσεν εαυτον γενομενος υπηκοος	μεχρι θανατου. θανατου δε σταυρου. διο και ο

		1 καρπος
1:22	ει δε το ζην εν σαρκι. τουτο μοι καρπος	εργου. και τι αιρησομαι ου γνωριζω. συνεχομαι

		1 ανθρωπος
2:7	και σχηματι ευρεθεις ως ανθρωπος	εταπεινωσεν εαυτον γενομενος υπηκοος μεχρι

		1 καισαρος
4:22	οι αγιοι. μαλιστα δε οι εκ της καισαρος	οικιας. η χαρις του κυριου ιησου χριστου μετα

		1 οκταημερος
3:5	σαρκι. εγω μαλλον. περιτομη οκταημερος	εκ γενους ισραηλ. φυλης βενιαμειν. εβραιος εξ

		1 αλυποτερος
2:28	αυτον παλιν χαρητε καγω αλυποτερος	ω. προσδεχεσθε ουν αυτον εν κυριω μετα πασης

		4 προς
2:25	λειτουργον της χρειας μου. πεμψαι προς	υμας. επειδη επιποθων ην παντας υμας. και
1:26	εμοι δια της εμης παρουσιας παλιν προς	υμας. μονον αξιως του ευαγγελιου του χριστου
2:30	αναπληρωση το υμων υστερημα της προς	με λειτουργιας. το λοιπον. αδελφοι μου.
4:6	τα αιτηματα υμων γνωριζεσθω προς	τον θεον. και η ειρηνη του θεου η υπερεχουσα

		2 πατρος
2:11	ιησους χριστος εις δοξαν θεου πατρος	ωστε. αγαπητοι μου. καθως παντοτε
1:2	χαρις υμιν και ειρηνη απο θεου πατρος	ημων και κυριου ιησου χριστου. ευχαριστω τω

		3 πνευματος
2:1	αγαπης. ει τις κοινωνια πνευματος	ει τις σπλαγχνα και οικτιρμοι. πληρωσατε μου
4:23	κυριου ιησου χριστου μετα του πνευματος	υμων.
1:19	δεησεως και επιχορηγιας του πνευματος	ιησου χριστου. κατα την αποκαραδοκιαν και

		1 χαριτος
1:7	ευαγγελιου συνκοινωνους μου της χαριτος	παντας υμας οντας. μαρτυς γαρ μου ο θεος. ως

		1 κλημεντος
4:3	συνηθλησαν μοι μετα και κλημεντος	και των λοιπων συνεργων μου. ων τα ονοματα εν

		1	αμεμπτος
3:6	την εν νομω γενομενος αμεμπτος	(αλλα) ατινα ην μοι κερδη. ταυτα ηγημαι δια

		1	εκαστος
2:4	εαυτων, μη τα εαυτων εκαστος	σκοπουντες, αλλα και τα ετερων εκαστοι. τουτο

		4	χριστος
1:20	παντοτε και νυν μεγαλυνθησεται χριστος	εν τω σωματι μου. ειτε δια ζωης ειτε δια
1:21	δια θανατου. εμοι γαρ το ζην χριστος	και το αποθανειν κερδος. ει δε το ζην εν
2:11	οτι κυριος ιησους χριστος	εις δοξαν θεου πατρος. ωστε, αγαπητοι μου.
1:18	ειτε προφασει ειτε αληθεια. χριστος	καταγγελλεται. και εν τουτω χαιρω. αλλα και

		1	αυτος
2:24	πετοιθα δε εν κυριω οτι και αυτος	ταχεως ελευσομαι. αναγκαιον δε ηγησαμην

		1	πλουτος
4:19	πασαν χρειαν υμων κατα το πλουτος	αυτου εν δοξη εν χριστω ιησου. τω δε θεω και

		1	εγγυς
4:5	πασιν ανθρωποις. ο κυριος εγγυς	μηδεν μεριμνατε αλλ εν παντι τη προσευχη και

		1	ους
3:18	ημας. πολλοι γαρ περιπατουσιν ους	πολλακις ελεγον υμιν. νυν δε και κλαιων λεγω.

		1	κακους
3:2	τους κυνας. βλεπετε τους κακους	εργατας. βλεπετε την κατατομην. ημεις γαρ

		1	αλληλους
2:3	αλλα τη ταπεινοφροσυνη αλληλους	ηγουμενοι υπερεχοντας εαυτων. μη τα εαυτων

		1	εντιμους
2:29	χαρας, και τους τοιουτους εντιμους	εχετε. οτι δια το εργον χριστου μεχρι θανατου

		1	δεσμους
1:13	ευαγγελιου εληλυθεν. ωστε τους δεσμους	μου φανερους εν χριστω γενεσθαι εν ολω τω

		1	γνους
2:19	πεμψαι υμιν. ινα καγω ευψυχω γνους	τα περι υμων. ουδενα γαρ εχω ισοψυχον. οστις

		1	γενους
3:5	μαλλον. περιτομη οκταημερος. εκ γενους	ισραηλ. φυλης βενιαμειν. εβραιος εξ εβριων.

		1	συνκοινωνους
1:7	βεβαιωσει του ευαγγελιου συνκοινωνους	μου της χαριτος παντας υμας οντας. μαρτυς γαρ

		1	φανερους
1:13	ωστε τους δεσμους μου φανερους	εν χριστω γενεσθαι εν ολω τω πραιτωριω και

		1	εχθρους
3:18	νυν δε και κλαιων λεγω. τους εχθρους	του σταυρου του χριστου. ων το τελος απωλεια.

		1	ιησους
2:11	γλωσσα εξομολογησεται οτι κυριος ιησους	χριστος εις δοξαν θεου πατρος. ωστε, αγαπητοι

		8	τους
3:2	βλεπετε τους κυνας. βλεπετε τους	κακους εργατας. βλεπετε την κατατομην. ημεις
3:1	οκνηρον. υμιν δε ασφαλες. βλεπετε τους	κυνας. βλεπετε τους κακους εργατας. βλεπετε
3:17	μου γινεσθε, αδελφοι. και σκοπειτε τους	ουτω περιπατουντας καθως εχετε τυπον ημας.
1:13	του ευαγγελιου εληλυθεν. ωστε τους	δεσμους μου φανερους εν χριστω γενεσθαι εν ολω
1:14	και τοις λοιποις πασιν. και τους	πλειονας των αδελφων εν κυριω πεποιθοτας τοις
2:29	εν κυριω μετα πασης χαρας. και τους	τοιουτους εντιμους εχετε. οτι δια το εργον
4:20	δε θεω και πατρι ημων η δοξα εις τους	αιωνας των αιωνων. αμην. ασπασασθε παντα
3:18	υμιν. νυν δε και κλαιων λεγω. τους	εχθρους του σταυρου του χριστου. ων το τελος

		1	τοιουτους
2:29	μετα πασης χαρας. και τους τοιουτους	εντιμους εχετε. οτι δια το εργον χριστου

		1	μαρτυς
1:8	της χαριτος παντας υμας οντας. μαρτυς	γαρ μου ο θεος. ως επιποθω παντας υμας εν

```
                                                7  ως
1:20  αισχυνθησομαι. αλλ εν παση παρρησια  ως  παντοτε και νυν μεγαλυνθησεται χριστος εν τω
2:15  και διεστραμμενης. εν οις φαινεσθε  ως  φωστηρες εν κοσμω.  λογον ζωης επεχοντες. εις
2:12  μου. καθως παντοτε υπηκουσατε. μη   ως  εν τη παρουσια μου μονον αλλα νυν πολλω μαλλον
2:23       τουτον μεν ουν ελπιζω πεμψαι  ως  αν αφιδω τα περι εμε εξαυτης.   πεποιθα δε εν
2:22  την δε δοκιμην αυτου γινωσκετε. οτι  ως  πατρι τεκνον συν εμοι εδουλευσεν εις το
2:7        γενομενος. και σχηματι ευρεθεις  ως  ανθρωπος εταπεινωσεν εαυτον γενομενος υπηκοος
1:8   υμας οντας.  μαρτυς γαρ μου ο θεος.  ως  επιποθω παντας υμας εν σπλαγχνοις χριστου

                                                1  αφοβως
1:14  δεσμοις μου περισσοτερως τολμαν αφοβως  τον λογον λαλειν.  τινες μεν και δια φθονον

                                                1  αναστασεως
3:10   αυτον και την δυναμιν της αναστασεως  αυτου και κοινωνιαν παθηματων αυτου.

                                                1  δεησεως
1:19      εις σωτηριαν δια της υμων δεησεως  και επιχορηγιας του πνευματος ιησου χριστου.

                                                1  κλησεως
3:14   διακω εις το βραβειον της ανω κλησεως  του θεου εν χριστω ιησου.  οσοι ουν τελειοι.

                                                1  δοσεως
4:15      εκκλησια εκοινωνησεν εις λογον δοσεως  και λημψεως ει μη υμεις μονοι.  οτι και εν

                                                1  γνωσεως
3:8        ειναι δια το υπερεχον της γνωσεως  χριστου ιησου του κυριου μου. δι ον τα παντα

                                                1  ταπεινωσεως
3:21  μετασχηματισει το σωμα της ταπεινωσεως  ημων συμμορφον τω σωματι της δοξης αυτου κατα

                                                3  πιστεως
3:9        την εκ νομου αλλα την δια πιστεως  χριστου. την εκ θεου δικαιοσυνην επι τη
2:17  επι τη θυσια και λειτουργια της πιστεως  υμων. χαιρω και συνχαιρω πασιν υμιν.  το δε
1:25  την υμων προκοπην και χαραν της πιστεως  ινα το καυχημα υμων περισσευη εν χριστω

                                                2  ταχεως
2:19   δε εν κυριω ιησου τιμοθεον ταχεως  πεμψαι υμιν. ινα καγω ευψυχω γνους τα περι
2:24      δε εν κυριω οτι και αυτος ταχεως  ελευσομαι.  αναγκαιον δε ηγησαμην επαφροδιτον

                                                1  λημψεως
4:15      εις λογον δοσεως και λημψεως  ει μη υμεις μονοι.  οτι και εν θεσσαλονικη και

                                                3  καθως
1:7        αχρι ημερας χριστου ιησου.  καθως  εστιν δικαιον εμοι τουτο φρονειν υπερ παντων
3:17  σκοπειτε τους ουτω περιπατουντας καθως  εχετε τυπον ημας.  πολλοι γαρ περιπατουσιν ους
2:12  θεου πατρος.  ωστε, αγαπητοι μου, καθως  παντοτε υπηκουσατε. μη ως εν τη παρουσια μου

                                                2  πεποιθως
1:6   πρωτης ημερας αχρι του νυν,  πεποιθως  αυτο τουτο. οτι ο εναρξαμενος εν υμιν εργον
1:25      δι υμας.  και τουτο πεποιθως  οιδα οτι μενω και παραμενω πασιν υμιν εις την

                                                1  αξιως
1:27  παρουσιας παλιν προς υμας.  μονον αξιως  του ευαγγελιου του χριστου πολιτευεσθε, ινα

                                                1  γνησιως
2:20  ουδενα γαρ εχω ισοψυχον. οστις γνησιως  τα περι υμων μεριμνησει.  οι παντες γαρ τα

                                                1  μεγαλως
4:10   μεθ υμων.  εχαρην δε εν κυριω μεγαλως  οτι ηδη ποτε ανεθαλετε το υπερ εμου φρονειν.

                                                1  καλως
4:14    εν τω ενδυναμουντι με.  πλην καλως  εποιησατε συγκοινωνησαντες μου τη θλιψει.

                                                1  αγνως
1:17   τον χριστον καταγγελλουσιν. ουχ αγνως  οιομενοι θλιψιν εγειρειν τοις δεσμοις μου.

                                                1  πως
3:11        τω θανατω αυτου.  ει πως  καταντησω εις την εξαναστασιν την εκ νεκρων.

                                                1  ετερως
3:15        τουτο φρονωμεν. και ει τι ετερως  φρονειτε. και τουτο ο θεος υμιν αποκαλυψει.
```

1 σπουδαιοτερως
2:28 μη λυπην επι λυπην σχω. σπουδαιοτερως ουν επεμψα αυτον ινα ιδοντες αυτον παλιν

1 περισσοτερως
1:14 . τοις δεσμοις μου περισσοτερως τολμαν αφοβως τον λογον λαλειν. τινες μεν και

1 ουτως
4:1 χαρα και στεφανος μου. ουτως στηκετε εν κυριω. αγαπητοι. ευοδιαν παρακαλω

2 κατ
1:12 δε υμας βουλομαι. αδελφοι οτι τα κατ εμε μαλλον εις προκοπην του ευαγγελιου
2:3 συμψυχοι. το εν φρονουντες. μηδεν κατ εριθειαν μηδε κατα κενοδοξιαν. αλλα τη

1 γονυ
2:10 ινα εν τω ονοματι ιησου παν γονυ καμψη επουρανιων και επιγειων και καταχθονιων.

5 ου
1:22 μοι καρπος εργου. και τι αιρησομαι ου γνωριζω. συνεχομαι δε εκ των δυο. την
3:13 (ιησου). αδελφοι. εγω εμαυτον ου λογιζομαι κατειληφεναι. εν δε. τα μεν οπισω
3:20 το πολιτευμα εν ουρανοις υπαρχει. εξ ου και σωτηρα απεκδεχομεθα κυριον ιησουν χριστον.
2:21 οι παντες γαρ τα εαυτων ζητουσιν. ου τα ιησου χριστου. την δε δοκιμην αυτου
1:29 οτι υμιν εχαρισθη το υπερ χριστου. ου μονον το εις αυτον πιστευειν αλλα και το υπερ

1 φοβου
2:12 μαλλον εν τη απουσια μου. μετα φοβου και τρομου την εαυτων σωτηριαν κατεργαζεσθε.

1 εργου
1:22 το ζην εν σαρκι. τουτο μοι καρπος εργου και τι αιρησομαι ου γνωριζω. συνεχομαι δε εκ

10 θεου
2:15 αμεμπτοι και ακεραιοι. τεκνα θεου αμωμα μεσον γενεας σκολιας και διεστραμμενης.
2:6 και εν χριστω ιησου. ος εν μορφη θεου υπαρχων ουχ αρπαγμον ηγησατο το ειναι ισα θεω.
3:3 γαρ εσμεν η περιτομη, οι πνευματι θεου λατρευοντες και καυχωμενοι εν χριστω ιησου και
3:9 την δια πιστεως χριστου. την εκ θεου δικαιοσυνην επι τη πιστει. του γνωναι αυτον
2:11 κυριος ιησους χριστος εις δοξαν θεου πατρος. ωστε, αγαπητοι μου, καθως παντοτε
1:11 χριστου εις δοξαν και επαινον θεου γινωσκειν δε υμας βουλομαι. αδελφοι, οτι τα
1:2 χαρις υμιν και ειρηνη απο θεου πατρος ημων και κυριου ιησου χριστου.
1:28 υμων δε σωτηριας. και τουτο απο θεου οτι υμιν εχαρισθη το υπερ χριστου. ου μονον
4:7 προς τον θεον. και η ειρηνη του θεου η υπερεχουσα παντα νουν φρουρησει τας καρδιας
3:14 το βραβειον της ανω κλησεως του θεου εν χριστω ιησου. οσοι ουν τελειοι. τουτο

6 ευαγγελιου
4:15 Φιλιππησιοι, οτι εν αρχη του ευαγγελιου οτε εξηλθον απο μακεδονιας, ουδεμια μοι
1:7 απολογια και βεβαιωσει του ευαγγελιου συνκοινωνους μου της χαριτος παντας υμας
1:27 συναθλουντες τη πιστει του ευαγγελιου και μη πτυρομενοι εν μηδενι υπο των
1:16 οτι εις απολογιαν του ευαγγελιου κειμαι. οι δε εξ εριθειας τον χριστον
1:12 εμε μαλλον εις προκοπην του ευαγγελιου εληλυθεν. ωστε τους δεσμους μου φανερους εν
1:27 προς υμας. μονον αξιως του ευαγγελιου του χριστου πολιτευεσθε, ινα ειτε ελθων και

3 κυριου
1:2 ειρηνη απο θεου πατρος ημων και κυριου ιησου χριστου. ευχαριστω τω θεω μου επι παση
4:23 καισαρος οικιας. η χαρις του κυριου ιησου χριστου μετα του πνευματος υμων.
3:8 της γνωσεως χριστου ιησου του κυριου μου. δι ον τα παντα εζημιωθην. και ηγουμαι

1 δουλου
2:7 αλλα εαυτον εκενωσεν μορφην δουλου λαβων. εν ομοιωματι ανθρωπων γενομενος. και

24 μου
1:20 κατα την αποκαραδοκιαν και ελπιδα μου οτι εν ουδενι αισχυνθησομαι, αλλ εν παση
2:12 αλλα νυν πολλω μαλλον εν τη απουσια μου μετα φοβου και τρομου την εαυτων σωτηριαν
2:12 υπηκουσατε. μη ως εν τη παρουσια μου μονον αλλα νυν πολλω μαλλον εν τη απουσια μου.
2:2 σπλαγχνα και οικτιρμοι. πληρωσατε μου την χαραν ινα το αυτο φρονητε. την αυτην
3:17 τω αυτω στοιχειν. συμμιμηται μου γινεσθε, αδελφοι. και σκοπειτε τους ουτω
1:4 μνεια υμων. παντοτε εν παση δεησει μου υπερ παντων υμων μετα χαρας την δεησιν
2:12 δοξαν θεου πατρος. ωστε, αγαπητοι μου καθως παντοτε υπηκουσατε, μη ως εν τη
4:1 αυτω τα παντα. ωστε. αδελφοι μου αγαπητοι και επιποθητοι, χαρα και στεφανος
3:1 λειτουργιας. το λοιπον, αδελφοι μου χαιρετε εν κυριω. τα αυτα γραφειν υμιν εμοι
1:20 μεγαλυνθησεται χριστος εν τω σωματι μου ειτε δια ζωης ειτε δια θανατου. εμοι γαρ το
2:25 και συνεργον και συνστρατιωτην μου υμων δε αποστολον και λειτουργον της χρειας
4:3 κλημεντος και των λοιπων συνεργων μου ων τα ονοματα εν βιβλω ζωης. χαιρετε εν
1:8 παντας υμας οντας. μαρτυς γαρ μου ο θεος. ως επιποθω παντας υμας εν σπλαγχνοις
2:25 αποστολον και λειτουργον της χρειας μου πεμψαι προς υμας. επειδη επιποθων ην παντας

4:14	καλως εποιησατε συγκοινωνησαντες μου	τη θλιψει. οιδατε δε και υμεις, φιλιππησιοι,
1:7	τη καρδια υμας, εν τε τοις δεσμοις μου	και εν τη απολογια και βεβαιωσει του
1:17	θλιψιν εγειρειν τοις δεσμοις μου	τι γαρ; πλην οτι παντι τροπω, ειτε προφασει
1:14	εν κυριω πεποιθοτας τοις δεσμοις μου	περισσοτερως τολμαν αφοβως τον λογον λαλειν.
4:19	ευαρεστον τω θεω. ο δε θεος μου	πληρωσει πασαν χρειαν υμων κατα το πλουτος
4:1	και επιποθητοι, χαρα και στεφανος μου	ουτως στηκετε εν κυριω, αγαπητοι. ευοδιαν
1:13	εληλυθεν, ωστε τους δεσμους μου	φανερους εν χριστω γενεσθαι εν ολω τω
1:7	του ευαγγελιου συνκοινωνους μου	της χαριτος παντας υμας οντας. μαρτυς γαρ μου
3:8	γνωσεως χριστου ιησου του κυριου μου	δι ον τα παντα εζημιωθην, και ηγουμαι σκυβαλα
1:3	ιησου χριστου. ευχαριστω τω θεω μου	επι παση τη μνεια υμων, παντοτε εν παση

1 εμου

4:10	οτι ηδη ποτε ανεθαλετε το υπερ εμου	φρονειν, εφ ω και εφρονειτε ηκαιρεισθε δε.

1 νομου

3:9	μη εχων εμην δικαιοσυνην την εκ νομου	αλλα την δια πιστεως χριστου, την εκ θεου

1 τρομου

2:12	τη απουσια μου, μετα φοβου και τρομου	την εαυτων σωτηριαν κατεργαζεσθε. θεος γαρ

1 συλλαμβανου

4:3	και σε, γνησιε συζυγε, συλλαμβανου	αυταις, αιτινες εν τω ευαγγελιω συνηθλησαν μοι

2 σταυρου

2:8	μεχρι θανατου, θανατου δε σταυρου	διο και ο θεος αυτον υπερυψωσεν και
3:18	κλαιων λεγω, τους εχθρους του σταυρου	του χριστου, ων το τελος απωλεια, ων ο θεος η

19 ιησου

1:11	καρπον δικαιοσυνης τον δια ιησου	χριστου εις δοξαν και επαινον θεου. γινωσκειν
2:21	γαρ τα εαυτων ζητουσιν, ου τα ιησου	χριστου. την δε δοκιμην αυτου γινωσκετε, οτι
2:10	παν ονομα, ινα εν τω ονοματι ιησου	παν γονυ καμψη επουρανιων και επιγειων και
1:19	και επιχορηγιας του πνευματος ιησου	χριστου. κατα την αποκαραδοκιαν και ελπιδα
1:2	απο θεου πατρος ημων και κυριου ιησου	χριστου. ευχαριστω τω θεω μου επι παση τη
4:23	οικιας. η χαρις του κυριου ιησου	χριστου μετα του πνευματος υμων.
1:1	και τιμοθεος δουλοι χριστου ιησου	πασιν τοις αγιοις εν χριστω ιησου τοις ουσιν
1:6	επιτελεσει αχρι ημερας χριστου ιησου	καθως εστιν δικαιον εμοι τουτο φρονειν υπερ
1:8	παντας υμας εν σπλαγχνοις χριστου ιησου	και τουτο προσευχομαι, ινα η αγαπη υμων ετι
3:8	το υπερεχον της γνωσεως χριστου ιησου	του κυριου μου, δι ον τα παντα εζημιωθην, και
2:19	μοι. ελπιζω δε εν κυριω ιησου	τιμοθεον ταχεως πεμψαι υμιν, ινα καγω ευψυχω
4:19	πλουτος αυτου εν δοξη εν χριστω ιησου	τω δε θεω και πατρι ημων η δοξα εις τους
1:26	καυχημα υμων περισσευη εν χριστω ιησου	εν εμοι δια της εμης παρουσιας παλιν προς
2:5	φρονειτε εν υμιν ο και εν χριστω ιησου	ος εν μορφη θεου υπαρχων ουχ αρπαγμον
3:3	και καυχωμενοι εν χριστω ιησου	και ουκ εν σαρκι πεποιθοτες. καιπερ εγω εχων
4:21	ασπασασθε παντα αγιον εν χριστω ιησου	ασπαζονται υμας οι συν εμοι αδελφοι.
4:7	και τα νοηματα υμων εν χριστω ιησου	το λοιπον, αδελφοι, οσα εστιν αληθη, οσα
1:1	ιησου πασιν τοις αγιοις εν χριστω ιησου	τοις ουσιν εν φιλιπποις συν επισκοποις και
3:14	ανω κλησεως του θεου εν χριστω ιησου	οσοι ουν τελειοι, τουτο φρονωμεν. και ει τι

18 του

3:10	εκ θεου δικαιοσυνην επι τη πιστει, του	γνωναι αυτον και την δυναμιν της αναστασεως
4:23	χαρις του κυριου ιησου χριστου μετα του	πνευματος υμων.
4:7	προς τον θεον. και η ειρηνη του	θεου η υπερεχουσα παντα νουν φρουρησει τας
4:15	και υμεις, φιλιππησιοι, οτι εν αρχη του	ευαγγελιου, οτε εξηλθον απο μακεδονιας,
1:7	και εν τη απολογια και βεβαιωσει του	ευαγγελιου συνκοινωνους μου της χαριτος παντας
1:27	μια ψυχη συναθλουντες τη πιστει του	ευαγγελιου. και μη πτυρομενοι εν μηδενι υπο
1:5	απο της πρωτης ημερας αχρι του	νυν. πεποιθως αυτο τουτο, οτι ο εναρξαμενος
1:16	αγαπης, ειδοτες οτι εις απολογιαν του	ευαγγελιου κειμαι. οι δε εξ εριθειας τον
3:21	της δοξης αυτου κατα την ενεργειαν του	δυνασθαι αυτον και υποταξαι αυτω τα παντα.
1:12	οτι τα κατ εμε μαλλον εις προκοπην του	ευαγγελιου εληλυθεν. ωστε τους δεσμους μου
1:19	της υμων δεησεως και επιχορηγιας του	πνευματος ιησου χριστου, κατα την
4:23	οι εκ της καισαρος οικιας. η χαρις του	κυριου ιησου χριστου μετα του πνευματος υμων.
3:18	δε και κλαιων λεγω, τους εχθρους του	σταυρου του χριστου, ων το τελος απωλεια, ων
3:14	εις το βραβειον της ανω κλησεως του	θεου εν χριστω ιησου. οσοι ουν τελειοι, τουτο
1:27	παλιν προς υμας. μονον αξιως του	ευαγγελιου του χριστου πολιτευεσθε, ινα ειτε
1:27	υμας. μονον αξιως του ευαγγελιου του	χριστου πολιτευεσθε, ινα ειτε ελθων και ιδων
3:18	λεγω, τους εχθρους του σταυρου του	χριστου, ων το τελος απωλεια, ων ο θεος η
3:8	υπερεχον της γνωσεως χριστου ιησου του	κυριου μου, δι ον τα παντα εζημιωθην, και

4 θανατου

1:20	μου, ειτε δια ζωης ειτε δια θανατου	εμοι γαρ το ζην χριστος και το αποθανειν
2:8	εαυτον γενομενος υπηκοος μεχρι θανατου	θανατου δε σταυρου. διο και ο θεος αυτον
2:30	οτι δια το εργον χριστου μεχρι θανατου	ηγγισεν παραβολευσαμενος τη ψυχη, ινα
2:8	υπηκοος μεχρι θανατου, θανατου δε σταυρου	διο και ο θεος αυτον υπερυψωσεν

1 επαφροδιτου

4:18 πεπληρωμαι δεξαμενος παρα επαφροδιτου τα παρ υμων. οσμην ευωδιας, θυσιαν δεκτην.

17 χριστου

1:1   παυλος και τιμοθεος δουλοι χριστου ιησου πασιν τοις αγιοις εν χριστω ιησου τοις
2:16 εις καυχημα εμοι εις ημεραν χριστου οτι ουκ εις κενον εδραμον ουδε εις κενον
1:10 και απροσκοποι εις ημεραν χριστου πεπληρωμενοι καρπον δικαιοσυνης τον δια
2:30 εχετε. οτι δια το εργον χριστου μεχρι θανατου ηγγισεν παραβολευσαμενος τη
3:12 εφ ω και κατελημφθην υπο χριστου (ιησου). αδελφοι, εγω εμαυτον ου λογιζομαι
1:29 οτι υμιν εχαρισθη το υπερ χριστου ου μονον το εις αυτον πιστευειν αλλα και το
1:6   αγαθον επιτελεσει αχρι ημερας χριστου ιησου. καθως εστιν δικαιον εμοι τουτο φρονειν
1:8   παντας υμας εν σπλαγχνοις χριστου ιησου. και τουτο προσευχομαι, ινα η αγαπη
3:8   δια το υπερεχον της γνωσεως χριστου ιησου του κυριου μου, δι ον τα παντα
3:9   εκ νομου αλλα την δια πιστεως χριστου την εκ θεου δικαιοσυνην επι τη πιστει, του
1:11 δικαιοσυνης τον δια ιησου χριστου εις δοξαν και επαινον θεου. γινωσκειν δε υμας
2:21 τα εαυτων ζητουσιν. ου τα ιησου χριστου την δε δοκιμην αυτου γινωσκετε. οτι ως πατρι
1:19 επιχορηγιας του πνευματος ιησου χριστου κατα την αποκαραδοκιαν και ελπιδα μου οτι εν
1:2   πατρος ημων και κυριου ιησου χριστου ευχαριστω τω θεω μου επι παση τη μνεια υμων.
4:23 η χαρις του κυριου ιησου χριστου μετα του πνευματος υμων.
1:27 μονον αξιως του ευαγγελιου του χριστου πολιτευεσθε, ινα ειτε ελθων και ιδων υμας ειτε
3:18 τους εχθρους του σταυρου του χριστου ων το τελος απωλεια, ων ο θεος η κοιλια και

7 αυτου

2:22 τα ιησου χριστου. την δε δοκιμην αυτου γινωσκετε. οτι ως πατρι τεκνον συν εμοι
3:10 αυτου και κοινωνιαν παθηματων αυτου συμμορφιζομενος τω θανατω αυτου. ει πως
1:29 αυτον πιστευειν αλλα και το υπερ αυτου πασχειν. τον αυτον αγωνα εχοντες οιον ειδετε
3:21 συμμορφον τω σωματι της δοξης αυτου κατα την ενεργειαν του δυνασθαι αυτον και
4:19 πασαν χρειαν υμων κατα το πλουτος αυτου εν δοξη εν χριστω ιησου. τω δε θεω και πατρι
3:10 και την δυναμιν της αναστασεως αυτου και κοινωνιαν παθηματων αυτου. συμμορφιζομενος
3:10 αυτου, συμμορφιζομενος τω θανατω αυτου ει πως καταντησω εις την εξαναστασιν την εκ

2 εφ

4:10 ποτε ανεθαλετε το υπερ εμου φρονειν. εφ ω και εφρονειτε ηκαιρεισθε δε. ουχ οτι καθ
3:12 διωκω δε ει και καταλαβω. εφ ω και κατελημφθην υπο χριστου (ιησου).

5 ουχ

4:11 εφ ω και εφρονειτε ηκαιρεισθε δε. ουχ οτι καθ υστερησιν λεγω. εγω γαρ εμαθον εν οις
4:17 δις εις την χρειαν μοι επεμψατε. ουχ οτι επιζητω το δομα. αλλα επιζητω τον καρπον
3:12 εις την εξαναστασιν την εκ νεκρων. ουχ οτι ηδη ελαβον η ηδη τετελειωμαι, διωκω δε ει
2:6   ιησου. ος εν μορφη θεου υπαρχων ουχ αρπαγμον ηγησατο το ειναι ισα θεω, αλλα
1:17 τον χριστον καταγγελλουσιν, ουχ αγνως. οιομενοι θλιψιν εγειρειν τοις δεσμοις

3 ω

2:28 αυτον παλιν χαρητε καγω αλυποτερος ω προσδεχεσθε ουν αυτον εν κυριω μετα πασης
4:10 ανεθαλετε το υπερ εμου φρονειν, εφ ω και εφρονειτε ηκαιρεισθε δε. ουχ οτι καθ
3:12 διωκω δε ει και καταλαβω, εφ ω και κατελημφθην υπο χριστου (ιησου). αδελφοι.

1 καταλαβω

3:12 τετελειωμαι, διωκω δε ει και καταλαβω εφ ω και κατελημφθην υπο χριστου (ιησου).

2 καγω

2:19 τιμοθεον ταχεως πεμψαι υμιν, ινα καγω ευψυχω γνους τα περι υμων. ουδενα γαρ εχω
2:28 ινα ιδοντες αυτον παλιν χαρητε καγω αλυποτερος ω. προσδεχεσθε ουν αυτον εν κυριω

4 εγω

3:4   ουκ εν σαρκι πετοιθοτες. καιπερ εγω εχων πετοιθησιν και εν σαρκι. ει τις δοκει
3:4   δοκει αλλος πεποιθεναι εν σαρκι, εγω μαλλον. περιτομη οκταημερος, εκ γενους
3:13 υπο χριστου (ιησου). αδελφοι, εγω εμαυτον ου λογιζομαι κατειληφεναι. εν δε, τα
4:11 δε. ουχ οτι καθ υστερησιν λεγω, εγω γαρ εμαθον εν οις ειμι αυταρκης ειναι. οιδα

2 λεγω

4:11 δε. ουχ οτι καθ υστερησιν λεγω εγω γαρ εμαθον εν οις ειμι αυταρκης ειναι.
3:18 ελεγον υμιν, νυν δε και κλαιων λεγω τους εχθρους του σταυρου του χριστου. ων το

1 αφιδω

2:23 μεν ουν ελπιζω πεμψαι ως αν αφιδω τα περι εμε εξαυτης. πεποιθα δε εν κυριω οτι

4 θεω

2:6   ουχ αρπαγμον ηγησατο το ειναι ισα θεω αλλα εαυτον εκενωσεν μορφην δουλου λαβων, εν
4:20 εν δοξη εν χριστω ιησου. τω δε θεω και πατρι ημων η δοξα εις τους αιωνας των
4:18 θυσιαν δεκτην, ευαρεστον τω θεω ο δε θεος μου πληρωσει πασαν χρειαν υμων
1:3   κυριου ιησου χριστου. ευχαριστω τω θεω μου επι παση τη μνεια υμων, παντοτε εν παση

2 ελπιζω

2:19   χαιρετε και συγχαιρετε μοι. ελπιζω δε εν κυριω ιησου τιμοθεον ταχεως πεμψαι υμιν.
2:23   το ευαγγελιον. τουτον μεν ουν ελπιζω πεμψαι ως αν αφιδω τα περι εμε εξαυτης.

1 γνωριζω

1:22   εργου. και τι αιρησομαι ου γνωριζω συνεχομαι δε εκ των δυο. την επιθυμιαν εχων

1 ευρεθω

3:9   σκυβαλα ινα χριστον κερδησω και ευρεθω εν αυτω. μη εχων εμην δικαιοσυνην την εκ νομου

1 επιποθω

1:8   μαρτυς γαρ μου ο θεος, ως επιποθω παντας υμας εν σπλαγχνοις χριστου ιησου. και

1 γνωριζεσθω

4:6   ευχαριστιας τα αιτηματα υμων γνωριζεσθω προς τον θεον. και η ειρηνη του θεου η

1 ευαγγελιω

4:3   αυταις. αιτινες εν τω ευαγγελιω συνηθλησαν μοι μετα και κλημεντος και των

9 κυριω

2:24   περι εμε εξαυτης. πεποιθα δε εν κυριω οτι και αυτος ταχεως ελευσομαι. αναγκαιον δε
4:10   εσται μεθ υμων. εχαρην δε εν κυριω μεγαλως οτι ηδη ποτε ανεθαλετε το υπερ εμου
2:19   και συγχαιρετε μοι. ελπιζω δε εν κυριω ιησου τιμοθεον ταχεως πεμψαι υμιν, ινα καγω
4:1   στεφανος μου. ουτως στηκετε εν κυριω αγαπητοι. ευοδιαν παρακαλω και συντυχην
4:4   εν βιβλω ζωης. χαιρετε εν κυριω παντοτε. παλιν ερω, χαιρετε. το επιεικες υμων
3:1   λοιπον, αδελφοι μου, χαιρετε εν κυριω τα αυτα γραφειν υμιν εμοι μεν ουκ οκνηρον,
4:2   παρακαλω το αυτο φρονειν εν κυριω ναι ερωτα και σε, γνησιε συζυγε, συλλαμβανου
2:29   ω. προσδεχεσθε ουν αυτον εν κυριω μετα πασης χαρας, και τους τοιουτους εντιμους
1:14   και τους πλειονας των αδελφων εν κυριω πεποιθοτας τοις δεσμοις μου περισσοτερως

1 πραιτωριω

1:13   εν χριστω γενεσθαι εν ολω τω πραιτωριω και τοις λοιποις πασιν. και τους πλειονας των

2 διωκω

3:14   επεκτεινομενος, κατα σκοπον διωκω εις το βραβειον της ανω κλησεως του θεου εν
3:12   οτι ηδη ελαβον η ηδη τετελειωμαι, διωκω δε ει και καταλαβω, εφ ω και κατελημφθην υπο

2 παρακαλω

4:2   εν κυριω, αγαπητοι. ευοδιαν παρακαλω και συντυχην παρακαλω το αυτο φρονειν εν
4:2   ευοδιαν παρακαλω και συντυχην παρακαλω το αυτο φρονειν εν κυριω. ναι ερωτα και σε.

1 βιβλω

4:3   συνεργων μου, ων τα ονοματα εν βιβλω ζωης. χαιρετε εν κυριω παντοτε. παλιν ερω.

2 πολλω

2:12   εν τη παρουσια μου μονον αλλα νυν πολλω μαλλον εν τη απουσια μου, μετα φοβου και
1:23   το αναλυσαι και συν χριστω ειναι. πολλω (γαρ) μαλλον κρεισσον. το δε επιμενειν (εν)

1 ολω

1:13   μου φανερους εν χριστω γενεσθαι εν ολω τα πραιτωριω και τοις λοιποις πασιν. και τους

1 νομω

3:6   εκκλησιαν. κατα δικαιοσυνην την εν νομω γενομενος αμεμπτος. (αλλα) ατινα ην μοι

1 κοσμω

2:15   εν οις φαινεσθε ως φωστηρες εν κοσμω λογον ζωης επεχοντες. εις καυχημα εμοι εις

1 ανω

3:14   σκοπον διωκω εις το βραβειον της ανω κλησεως του θεου εν χριστω ιησου. οσοι ουν

1 μενω

1:25   υμας. και τουτο πεποιθως οιδα οτι μενω και παραμενω πασιν υμιν εις την υμων προκοπην

1 παραμενω

1:25   πεποιθως οιδα οτι μενω και παραμενω πασιν υμιν εις την υμων προκοπην και χαραν της

1 τροπω

1:18   μου. τι γαρ; πλην οτι παντι τροπω ειτε προφασει ειτε αληθεια. χριστος

1 ερω

4:4   χαιρετε εν κυριω παντοτε. παλιν ερω χαιρετε. το επιεικες υμων γνωσθητω πασιν

2 χαιρω

1:18	καταγγελλεται. και εν τουτω χαιρω αλλα και χαρησομαι. οιδα γαρ οτι τουτο μοι
2:17	και λειτουργια της πιστεως υμων, χαιρω και συνχαιρω πασιν υμιν. το δε αυτο και υμεις

1 συνχαιρω

2:17	της πιστεως υμων, χαιρω και συνχαιρω πασιν υμιν. το δε αυτο και υμεις χαιρετε και

1 κερδησω

3:8	και ηγουμαι σκυβαλα ινα χριστον κερδησω και ευρεθω εν αυτω. μη εχων εμην δικαιοσυνην

1 καταντησω

3:11	τω θανατω αυτου, ει πως καταντησω εις την εξαναστασιν την εκ νεκρων. ουχ οτι

1 οπισω

3:13	κατειληφεναι. εν δε, τα μεν οπισω επιλανθανομενος τοις δε εμπροσθεν

11 τω

4:20	αυτου εν δοξη εν χριστω ιησου. τω δε θεω και πατρι ημων η δοξα εις τους αιωνας
2:10	το ονομα το υπερ παν ονομα. ινα εν τω ονοματι ιησου παν γονυ καμψη επουρανιων και
4:3	συλλαμβανου αυταις, αιτινες εν τω ευαγγελιω συνηθλησαν μοι μετα και κλημεντος
1:20	και νυν μεγαλυνθησεται χριστος εν τω σωματι μου. ειτε δια ζωης ειτε δια θανατου.
4:13	και υστερεισθαι. παντα ισχυω εν τω ενδυναμουντι με. πλην καλως εποιησατε
4:18	ευωδιας, θυσιαν δεκτην, ευαρεστον τω θεω. ο δε θεος μου πληρωσει πασαν χρειαν υμων
3:21	σωμα της ταπεινωσεως ημων συμμορφον τω σωματι της δοξης αυτου κατα την ενεργειαν του
3:10	παθηματων αυτου. συμμορφιζομενος τω θανατω αυτου. ει πως καταντησω εις την
1:13	φανερους εν χριστω γενεσθαι εν ολω τω πραιτωριω και τοις λοιποις πασιν. και τους
1:3	και κυριου ιησου χριστου. ευχαριστω τω θεω μου επι παση τη μνεια υμων. παντοτε εν
3:16	αποκαλυψει. πλην εις ο εφθασαμεν. τω αυτω στοιχειν. συμμιμηται μου γινεσθε.

2 θανατω

2:27	και γαρ ησθενησεν παραπλησιον θανατω αλλα ο θεος ηλεησεν αυτον, ουκ αυτον δε μονον
3:10	αυτου. συμμορφιζομενος τω θανατω αυτου, ει πως καταντησω εις την εξαναστασιν

2 επιζητω

4:17	ουχ οτι επιζητω το δομα. αλλα επιζητω τον καρπον τον πλεοναζοντα εις λογον υμων.
4:17	χρειαν μοι επεμψατε. ουχ οτι επιζητω το δομα, αλλα επιζητω τον καρπον τον

1 γνωσθητω

4:5	χαιρετε. το επιεικες υμων γνωσθητω πασιν ανθρωποις. ο κυριος εγγυς. μηδεν

1 ευχαριστω

1:3	και κυριου ιησου χριστου. ευχαριστω τω θεω μου επι παση τη μνεια υμων. παντοτε εν

11 χριστω

4:19	κατα το πλουτος αυτου εν δοξη εν χριστω ιησου. τω δε θεω και πατρι ημων η δοξα εις
1:26	ινα το καυχημα υμων περισσευη εν χριστω ιησου εν εμοι δια της εμης παρουσιας παλιν
2:5	τουτο φρονειτε εν υμιν ο και εν χριστω ιησου. ος εν μορφη θεου υπαρχων ουχ αρπαγμον
3:3	λατρευοντες και καυχωμενοι εν χριστω ιησου και ουκ εν σαρκι πεποιθοτες. καιπερ εγω
4:21	αμην. ασπασασθε παντα αγιον εν χριστω ιησου. ασπαζονται υμας οι συν εμοι αδελφοι.
4:7	υμων και τα νοηματα υμων εν χριστω ιησου. το λοιπον, αδελφοι. οσα εστιν αληθη,
1:1	ιησου πασιν τοις αγιοις εν χριστω ιησου τοις ουσιν εν φιλιπποις συν επισκοποις
2:1	εμοι. ει τις ουν παρακλησις εν χριστω ει τι παραμυθιον αγαπης, ει τις κοινωνια
1:13	τους δεσμους μου φανερους εν χριστω γενεσθαι εν ολω τω πραιτωριω και τοις λοιποις
3:14	της ανω κλησεως του θεου εν χριστω ιησου. οσοι ουν τελειοι. τουτο φρονωμεν. και
1:23	εχων εις το αναλυσαι και συν χριστω ειναι, πολλω (γαρ) μαλλον κρεισσον. το δε

4 αυτω

3:21	του δυνασθαι αυτον και υποταξει αυτω τα παντα. ωστε, αδελφοι μου αγαπητοι και
3:9	ινα χριστον κερδησω και ευρεθω εν αυτω μη εχων εμην δικαιοσυνην την εκ νομου αλλα
2:9	αυτον υπερυψωσεν και εχαρισατο αυτω το ονομα το υπερ παν ονομα, ινα εν τω ονοματι
3:16	πλην εις ο εφθασαμεν, τω αυτω στοιχειν. συμμιμηται μου γινεσθε. αδελφοι.

1 ουτω

3:17	αδελφοι. και σκοπειτε τους ουτω περιπατουντας καθως εχετε τυπον ημας. πολλοι

1 τουτω

1:18	χριστος καταγγελλεται. και εν τουτω χαιρω. αλλα και χαρησομαι. οιδα γαρ οτι τουτο

1 ερωτω

4:3	το αυτο φρονειν εν κυριω. ναι ερωτω και σε, γνησιε συζυγε, συλλαμβανου αυταις.

1 περισσευω
4:18   υμων.   απεχω δε παντα και περισσευω πεπληρωμαι δεξαμενος παρα επαφροδιτου τα παρ

1 ακουω
1:27   ελθων και ιδων υμας ειτε απων ακουω τα περι υμων, οτι στηκετε εν ενι πνευματι, μια

1 ισχυω
4:13   και υστερεισθαι.   παντα ισχυω εν τω ενδυναμουντι με.   πλην καλως εποιησατε

1 εχω
2:20   γνους τα περι υμων.   ουδενα γαρ εχω ισοψυχον, οστις γνησιως τα περι υμων

1 απεχω
4:18   τον πλεοναζοντα εις λογον υμων.   απεχω δε παντα και περισσευω. πεπληρωμαι δεξαμενος

1 σχω
2:27   και εμε, ινα μη λυπην επι λυπην σχω σπουδαιοτερως ουν επεμψα αυτον ινα ιδοντες

1 ευψυχω
2:19   ταχεως πεμψαι υμιν, ινα καγω ευψυχω γνους τα περι υμων.   ουδενα γαρ εχω ισοψυχον.